ABBREVIATIONS IN GREEK LITERARY PAPYRI
AND OSTRACA

BULLETIN OF THE
AMERICAN SOCIETY OF PAPYROLOGISTS

SUPPLEMENTS

Editors
Ann E. Hanson
Ludwig Koenen
Susan A. Stephens

Number 3
ABBREVIATIONS IN GREEK LITERARY PAPYRI
AND OSTRACA
by
Kathleen McNamee

ABBREVIATIONS IN GREEK LITERARY PAPYRI AND OSTRACA

KATHLEEN McNAMEE

SCHOLARS PRESS

Distributed by
Scholars Press
101 Salem Street
PO Box 2268
Chico, California 95927

PA
3369
.M38

ABBREVIATIONS IN GREEK LITERARY PAPYRI AND OSTRACA

Kathleen McNamee

© 1981
The American Society of Papyrologists

Library of Congress Cataloging in Publication Data

McNamee, Kathleen.
  Abbreviations in Greek literary papyri and ostraca.

(Bulletin of the American Society of Papyrologists.
Supplements ; no. 3)
    Includes bibliographical references.
    1. Manuscripts, Greek (Papyri) 2. Ostraka.
3. Abbreviations, Greek. 4. Greek language—
Glossaries, vocabularies, etc. I. Title.
II. Series.
PA3369. M38   481'.7   81-9428
ISBN 0-89130-530-0 (pbk.)   AACR2

Printed in the United States of America
1 2 3 4 5
Edwards Brothers, Inc.
Ann Arbor, Michigan 48106

PREFACE

The need for a thorough study of the abbreviations used in ancient literary papyri first occurred to me while I was doing research for my dissertation, "Marginalia and Commentaries in Greek Literary Papyri" (Duke University 1977). I hope the present Index will fill that need. It should be particularly useful as a reference manual for editors of literary papyri and ostraca, but documentary papyrologists will also find instructive parallels here for the abbreviations in their texts. Students of Greek palaeography may also be served, for the Index records the forms of abbreviations used by scribes during a period of about a thousand years, from the third century B.C. until the seventh or eighth century A.D.

I should like to express my thanks to the tireless editors of the American Society of Papyrologists, particularly L. Koenen, who brought his scholarly judgment to bear on the project throughout its development, and gave generously of his time in order to resolve countless large and small problems. A.E. Hanson and S.A. Stephens also scrupulously worked through the manuscript and enabled me to eliminate errors, repair omissions and arrange material in useful fashion. For helpful comments on an earlier version I am indebted to W.H. Willis, who first encouraged me to undertake the project, and to E.G. Turner. Any errors that remain after the scrutiny of these scholars are my own. For assistance with particular papyri I thank I. Andorlini and M. Manfredi, who provided me with the results of Miss Andorlini's work on *PSI* X 1180; and R.A. Coles, who checked readings in certain Oxyrhynchus papyri. Mrs L.C. Youtie kindly made available to me papyri in the collection of the University of Michigan, and M. Koenen patiently assisted in the preparation of this troublesome manuscript. I am grateful, finally, for a grant from Wayne State Unversity which helped defray the cost of typing.

Detroit, Michigan   K. McNamee
22 July 1981

CONTENTS

Preface..v
Bibliography...ix
Introduction...xi
List of Papyri and Ostraca......................................xvii
Part I: Alphabetical Index of Abbreviations........................1
Part II: Syllables Regularly Represented by Particular
         Abbreviation Marks......................................115
Appendices
   I. Deviations from the Suprascript-Letter Method
      in Suspensions...118
  II. Papyri Containing "Pseudo-Abbreviations"...................120
 III. Contractions...120
  IV. Non-Alphabetic Symbols for Words...........................121
   V. Bilingual Papyri Containing Greek Abbreviations............121
  VI. Secular Papyri Containing Christian Abbreviations..........122
 VII. Acrophonic Numerals..122

BIBLIOGRAPHY

(For abbreviations of publications of primary sources
see List of Papyri and Ostraca)

BICS = *Bulletin of the Institute of Classical Studies*, London.

Callim. = *Callimachus* vols. I-II, ed. R. Pfeiffer. Oxford 1949-53; repr. New York 1979.

CFNR = *Callimachi Fragmenta Nuper Reperta*, ed. R. Pfeiffer. Lietzmann's Kleine Texte 145; Bonn 1921.

CGF = *Comicorum Graecorum Fragmenta in Papyris Reperta*, ed. C. Austin. Berlin and New York 1973.

CLA = *Codices Latini Antiquiores*, ed. E.A. Lowe. Oxford 1934-70.

FIRA = *Fontes Iuris Romani Antejustinianae*, ed. J. Baviera and J. Furlani. Florence 1940.

Iambi et Eleg. = *Iambi et Elegi Graeci ante Alexandrum Cantati*, ed. M.L. West. Oxford 1971.

Lampe = G.W.H. Lampe et al., *Lexicon of Patristic Greek*. Oxford 1961-68.

LSJ = H.G. Liddell, R. Scott, H.S. Jones and R. McKenzie, *Greek-English Lexicon*. 9th ed. Oxford 1940; suppl. ed. E.A. Barber et al., Oxford 1968.

New Pal. Soc. = *The New Palaeographical Society: Facsimiles of Ancient Manuscripts, Etc.* London 1903-30.

Nova Fr. Eur. = *Nova Fragmenta Euripidea in Papyris Reperta*, ed. C. Austin. Kleine Texte für Vorlesungen und Übungen 187; Berlin 1968.

OCT = *The Oxford Classical Dictionary*, ed. N.G.L. Hammond and H.H. Scullard. 2nd ed. Oxford 1971.

Pack^2 = R.A. Pack, *The Greek and Latin Literary Texts from Greco-Roman Egypt*. 2nd ed. Ann Arbor 1965.

Pal.Soc. = *The Palaeographical Society: Facsimiles of Manuscripts and Inscriptions*. London 1873-94.

Pind. = *Pindarus pars* II, ed. H. Maehler. Leipzig 1973.

PLF = *Poetarum Lesbiorum Fragmenta*, ed. E. Lobel and D.L. Page. Oxford 1963.

PMG = *Poetae Melici Graecae*, ed. D.L. Page. Oxford 1975.

RE = A. Pauly, G. Wissowa *et al.*, *Real-Encyclopädie der klassischen Altertums-wissenschaft*. Stuttgart 1893-).

Schol.Il. = *Scholia Graeca in Homeri Iliadem* vols. I-V, ed. H. Erbse. Berlin 1969-77.

Seider *Gr.Paläogr.* = R. Seider, *Paläographie der griechischen Papyri* vols. I-II. Stuttgart 1967-70.

SLG = *Supplementum Lyricis Graecis,* ed. D.L. Page. Oxford 1974.

TrGF = *Tragicorum Graecorum Fragmenta* vol. IV, ed. S. Radt (F730a-g ed. R. Kannicht). Göttingen 1977.

Turner *Codex* = E.G. Turner, *The Typology of the Early Codex*. Philadelphia 1977.

Turner *GMAW* = E.G. Turner, *Greek Manuscripts of the Ancient World*. Oxford 1971.

Turner *GP* = E.G. Turner, *Greek Papyri, an Introduction*. Oxford 1968.

Uebel = F. Uebel, "Literarische Texte unter Ausschluss der Christlichen," *Archiv für Papyrusforschung* 21 (1971) 167-206.

WB = F. Preisigke, *Wörterbuch der griechischen Papyrusurkunden* vols. I-III. Berlin 1925-31; suppl. ed. E. Kiessling, Berlin and Amsterdam 1944-69.

INTRODUCTION
A. General Remarks

Abbreviations can be found in literary texts dating from the third century B.C. to the seventh century of our era, but in papyri or ostraca copied before the first century B.C. they are rare.[1] They occur only in informal contexts, particularly in subliterary papyri and marginal notes, and were regularly excluded from texts of classical authors. The few books which provide exceptions to this rule are rapidly written copies which contain a high proportion of cursive letter forms and which were probably intended for the private use of scholars (see Turner *GMAW* p.17). Methods of abbreviation throughout the period covered by the evidence are the same in literary as in documentary papyri.[2] The most common means was suspension, in which one or more letters were omitted from the end of a word. The omission was usually marked in one of two ways, by abbreviation mark or by the suprascription of a letter.

Abbreviation marks were commonly employed from the first century B.C. through the Byzantine period either to mark the suppression of an inflectional ending or in certain standard abbreviations of a few very common words.[3] The latter system, here called brachygraphy, provided scribes with a set of concise forms for the words γάρ, δέ, καί, μέν, νῦν, οὖν, several prepositions and certain forms of εἰμί. With the exception of the terms for πρός (⳨) and for forms of εἰμί (/, \, //), these brachygraphic abbreviations always consist

---

1 There are at least three earlier texts known to me: *MPER* N.S. III 22, *O.Wilck.* II 1488, *P.Teb.* I 2; possibly also *APF* 17 (1960) 2 no. 2 and *P.Hamb.* II 120. For abbreviations used in this book see *infra*, Bibliography and List of Papyri and Ostraca.

2 See the examples listed by F. Bilabel, *RE* II.2. Stuttgart 1923, 2300-2306; H.I. Bell, *Studies Presented to D.M. Robinson*. St Louis 1951, 424-33; and A. Blanchard, *Sigles et abbréviations dans les papyrus documentaires grecs: Recherches de paléographie*. BICS Suppl. 30, London 1974.

3 R. Devréesse, *Introduction à l'étude des manuscrits grecs*. Paris 1954, 42-43. See also P.J. Parsons *P.Coll.Youtie* 411-12.

of the initial letter of the word and a suprascript pen stroke, the orientation of which is significant: δ´, for example, stands for δ(έ) but δ՝ represents δ(ιά). Any other use of abbreviation marks is rare before the third century A.D., and those examples which do occur follow no discernible system. The abbreviation mark may replace as few or as many letters as a scribe chose to suppress; it might be written above, below or along the line of text or it might transect one of the letters in the word. In *P.Bodm.* IV (Men. *Dysc.*, third century A.D.), for example, the main scribe used abbreviation marks in four different ways in suspensions of the name Sostratus: σωστρα´, σωστρ´, σωστρ̣, σωστρ/.

In abbreviations by suprascript letter the suprascript is usually the last letter retained in the word. Ordinarily it is written directly above or above and to the right of the letter that precedes it: βελ̄τ = βέλτ(ιον), βε^λ = βέλ(τιον); but sometimes it is displaced to the left: ισοσκ^λε = ἰσοσκελ(ές), λ^τυ = λύτ(ρων). When only the initial letter of a word is retained, it is written as a suprascript at the end of the preceding word, as in την^δ for τὴν δ(ικαιοσύνην).[4] Even a whole word may be suppressed by suspension, as in α^ν for ἀν(τὶ τοῦ) (see Index, Part I s.v.)

Sometimes suspension was indicated not by a suprascript but by the unusual manner or position in which letters were written, or by the use of a monogram in which the strokes of the last two letters retained unite or intersect: ⊢ = ἤγ(ουν), ⫪ = πρ(ός). Examples of these and other deviations from the use of suprascript letters are collected in Appendix I. In certain contexts, finally, suspensions could be written, as they sometimes were in documents, without any sign except the omission of letters. This kind of abbreviation occurs only where there is no risk of confusion for the reader, for example, in the names of zodiacal signs in astronomical tables and in designations of speaker in dramatic and epic texts. In such contexts the abbreviated words are discrete entries in columns of data or in margins and cannot be mistakenly confused with any other writing.

It should be noted, too, that even in unabbreviated words the final letter or letters are sometimes suprascript, usually because of restricted writing space; the same phenomenon occurs in documen-

---

4 See also (Index, Part I) ἀν(τὶ) τ(οῦ); ἦ(ν); ζ(ῴῳ); ζ(ῷον); ἥ(μισυ); θ(έρος); κ(οινή); ουνεχω( ); forms of ὁ, ἡ, τό; forms of τις.

tary texts. In literary texts such "pseudo-abbreviation" is a regular feature in certain words (ἄνω, κάτω, ?ἔξω) which were sometimes written in the margin to direct attention to notes or text elsewhere in the book roll; see Index, Part I s.v. εξω( ) or ἔξω. A list of papyri containing such forms is given in Appendix II.

Only two kinds of abbreviation other than suspension occur in literary texts, but both are exceptional. The first is contraction, in which one or more letters from the middle of a word are omitted, as in ἦκο(υ)σεν. Final letters may also be dropped: γί(νεσ)θ(αι). In Demosthenic texts the whole phrase ὦ ἄνδρες Ἀθηναῖοι is sometimes contracted to ὦα^ϑ or ω^ϑ (see Index, Part I s.v. ὦ). The omission of letters is indicated in the same ways as in suspensions, namely by abbreviation mark, suprascript letter, monogram or a combination of these. Usually the last letter(s) retained in a contraction belong to an inflectional ending or have semantic importance in the word, as in ἐπεπρ(ά)θ(ησαν) and τοσ(ού)των.[5] In other cases the last letter preserved is the first letter of the final syllable: Ἀρί(σταρ)χ(ος), μ(ε)τ(ά). In a few contractions some other letter is the last one retained; it may be the initial of an internal syllable or a salient consonant, as in σ(η)μ(είωσαι) and γ(ά)ρ, but sometimes its significance is not obvious. Instances of contraction have been collected in Appendix III.[6]

The second unusual type of abbreviation is a form of shorthand in which non-alphabetic symbols represent certain words. Abbreviations of this kind seem to be idiosyncratic in the work of only a few scribes, for only five such symbols, in eight papyri, have been located. A list is given in Appendix IV.

It was probably the individual scribe who usually decided whether abbreviation could be used in a given context and, if it could, how severe his abbreviations would be. In the manuscript of the *Athēnaiōn Politeia*, for instance, where four scribes were at work, the first made constant use of abbreviation but usually of the most conservative kind, for example, πεντακοσιομέδιμνο(ς), Πεισίστρατο(ς); in portions written by the second scribe, abbreviations occur only in marginal notes; the third hand used only one true abbreviation,

---

[5] On the contractions known as *nomina sacra* see *infra* xv and Appendix III.

[6] Excluded from Appendix III are contractions produced simply by the use of brachygraphic-type abbreviation within a word, for example π`δ´δ´γμ^ε for π(αρα)δ(ε)δ(ε)γμέ(νη).

κ´ for κ(αί) (col. xxiii.41); and the fourth, like the first, abbreviated extensively. The first scribe's reluctance to use extreme abbreviations is typical of the habits of many scribes in literary papyri, as Part I of the following Index will demonstrate. In most abbreviations the number of letters omitted was normally very small, presumably so that there could be no ambiguity about the expansion of the word. Only when context allowed could abbreviation be severe. In the lemmata of *hypomnemata*, for example, extreme abbreviations are likely to be found, for the ancient user of the commentary could always have close to hand a copy of the text from which the lemmata were copied.

B. Organization of the Index

The abbreviations listed here have been collected from the Greek literary texts catalogued by R. Pack and F. Uebel and from those published subsequently.[7] In accordance with the usual practice, ostraca as well as papyri are included. Work still in progress has generally not been taken into account, and four papyri which probably contained abbreviations that are now illegible have been excluded.[8] For *P.Alex.* inv. 41 (p.17), which is reported to contain abbreviations, a transcript was not available. A complete list of papyri cited in the Index is given below in the List of Papyri and Ostraca.

The abbreviations are intended to be complete, with the following categories of exclusions:

   -Lacunose abbreviations, except those whose restoration is quite certain.
   -Shorthand notations, which differ in form and conception from the abbreviations conventionally

---

   [7] R.A. Pack, *The Greek and Latin Literary Texts from Greco-Roman Egypt*[2]. Ann Arbor 1965; F. Uebel, *APF* 21 (1971) 167-206. Publications since 1971 which have been checked include *Aeg.*, *APF*, *BASP*, *BICS*, *BICS* Suppl., *Chr.Eg.*, *JEA*, *JJP*, *Mus.Helv.*, *P.Oxy.*, *Stud.Pap.* and *ZPE*.
   [8] *P.Ant.* III 116, *P.Ness.* II 12, *P.Oxy.* XVIII 2164, *P.Oxy.* XXXII 2653.

Organization of the Index   xv

    used in literary papyri.[9]
- Abbreviations from texts written entirely in Latin. Greek abbreviations from a few bilingual papyri (mainly legal texts) are included. All are relatively late texts (fourth to seventh century) and were written, with one exception, in Greek and Latin. See Appendix V.
- Examples of *nu* represented by a horizontal pen stroke, whether indicating final *nu* at the end of a word or a *nu* within a line.[10]
- Abbreviations from horoscopes.
- Abbreviations from Christian and Jewish papyri which are also excluded from the catalogues of Pack and Uebel. Christian abbreviations of the type $\overline{\vartheta\varsigma}$ = ϑ(εό)ς which occur in secular texts are, however, included. (See Index, Part I s.v. ἄνϑρωπος, ϑεός, ᾿Ισραήλ, κύριος, πατήρ, πνεῦμα.) They occur in papyri dateable to the third to seventh century and written by scribes obviously accustomed to the Christian or Gnostic tradition. A list of these texts is given in Appendix VI. Such abbreviations even found their way into documentary papyri (see *P.Abinn.* 30-33).
- Acrophonic numerals, the use of which in literary papyri is restricted to stichometric totals in the colophons of manuscripts. See Appendix VII.

Editors' misreadings that consist of (1) unabbreviated words interpreted wrongly as abbreviations or (2) erroneous expansions of true abbreviations are not noted here. They will be presented in a supplement to the present collection. When I have been able to deter-

---

    9 In one literary text, *P.Oxy.* XV 1808 (Pl. *Resp.*), the marginal notes contain certain unique shorthand notations as well as a number of ordinary abbreviations by brachygraphy and suprascription. The conventional abbreviations are included in this Index; the shorthand notes are not, but it may be useful to present them here: ᛂ = εἰ, -ει, -ει- (5 times); ᛂ = -ας (3 times), τάς (twice); > = -αι; Ⳑ = α-; \ = -ος; ⳑ = οὐκ; doubtful cases: ⊃ = δέ; ⊂ = ἐν; / = -η-; \ = καί; ⊤, ⊏ = τῷ; ᛂ = -πάντας and a portion of another word; ⌐ = -τον; \\ = ὡς.

    10 In one papyrus a bar is used exceptionally to represent *nu* within a word: ἄϑος, *P.Holm.* v.24.

mine correct expansions by consultation of the original or of a photograph, I have included them here.

In Part I abbreviations are organized alphabetically according to the lexical form of the words they represent. This section includes all abbreviations found except those in which certain standard abbreviation marks were used to represent inflectional endings. Marks of this sort which appear with consistent meaning in at least four papyri are presented in Part II. The use of $\int$ or γ to represent -αι (sometimes -αι- or αι-) is also documented in Part II, although it is strictly a ligature rather than an abbreviation mark.[11]

Wherever the correct expansion of an abbreviation is not known, it has been listed separately in Part I, either in strict alphabetical order or after the other entries for the word(s) it resembles or probably represents. Cases of iotacism and unorthodox spelling have been adjusted tacitly, but the scribe's spelling in such words can usually be discovered at the end of the entry in question, where the written form of the abbreviation is recorded, if known.

---

11 Cases of $\int$ used in place of various other letter combinations, for example in ἐγ]κλίσε(ως), ειδ(οῦς?) etc., are included in Part I of the Index.

LIST OF PAPYRI AND OSTRACA

Explanatory Note

This list provides resolutions of abbreviations used for primary sources. After each bibliographical citation the following information is given within parentheses:
(1) The location of the abbreviation in the papyrus: T = main text, M = marginal note(s), interl. = interlinear note(s);
(2) the date of the papyrus, Arabic numerals referring to centuries B.C., Roman numerals to centuries of our era;
(3) an indication, if relevant, that a plate (pl.) showing abbreviations has been published; or that a privately held photograph (ph.) has been consulted; or that the author has seen the papyrus (*vidi*).
Abbreviations of papyrological editions follow the system of R.S. Bagnall, J.F. Oates and W.H. Willis, *Checklist of Editions of Greek Papyri and Ostraca*^{2}. BASP Suppl. 1; Missoula, Montana 1978. Unexplained abbreviations follow the usage of *OCD*.

Aeg. = *Aegyptus* 2 (1921) 17-22, ed. M. Norsa: book catalogue (T; III) Pack^2 2087.

Aeg. 2 (1921) 281-88, ed. H.I. Bell: list of payments for copying Mss. (T; II) Pack^2 2092.

Aeg. 13 (1933) 367-73: see *P.Vars.* 5.

Aeg. 13 (1933) 621-43, ed. E. Schönbauer: legal catechism (M; V/VI; partial pl.) Pack^2 2277.

Aeg. 37 (1957) 77-88, ed. A. Oguse: conjugation (heading in the text; II/III) Pack^2 2163.

Akten XIII = *Akten des* XIII *Internationalen Papyrologenkongresses* Marburg/Lahn 2. bis 6. August 1971. Münchener Beiträge zur Papyrusforschung und antiken Rechtsgeschichte 66; Munich 1974; 99-110, ed. D. Del Corno: treatise (?) on dithyramb (T; III; ph.) Pack^2 1381.

AJP = *American Journal of Philology* 61 (1940) 209-10, ed. F.M. Heichelheim: tragic anthology? (T; I/II) Pack^2 1571.

Anc.Eg. = *Ancient Egypt* 1 (1914) 52-54, ed. H. Thompson: table of fractions (M; Byzantine) Pack^2 2312.

An.Lond. = *Anonymi Londinensis ex Aristotelis Iatricis Menoniis et Aliis Medicis Eclogae*, ed. H. Diels. Supplementum Aristotelicum 3.1; Berlin 1883: medical treatise (Soranus of Ephesus?; T; I/II; partial pl; drawings of some abbr.; for forms of others see pp.ix-x *ad loc.*) Pack^2 2339. *SBA* (1901) 1319-21 is another fr. of the same papyrus.

Ant.Th. = the "Antinoe Theocritus," *Two Theocritus Papyri*, ed. A.S. Hunt and J.

Johnson. London 1930; 19-87: frr. of Theocr. 1, 2, 5, 10, 12-15, 17, 18, 22, 24, 26, 28-31 (M; V/VI; partial pl.; ph.) Pack^2 1487. *P.Ant.* III 207 is another fr. of the same papyrus.

Arch.Bibl. = *Archiv für Bibliographie, Buch- und Bibliothekswesen* 1 (1926) 92-93, ed. H. Gerstinger: Hom. *Od.* 3 (M; 1/I) Pack^2 1039. *Journ.Phil.* 22 (1894) 238-46 is another fr. of the same papyrus.

APF = *Archiv für Papyrusforschung* 2 (1903) 196-206, ed. O. Plasberg: comm. on Hom. *Il.* 5 (T; II) Pack^2 1179.

APF 6 (1920) 1-8, ed. A. Körte: mime (S and stage directions; II; partial pl.) Pack^2 2434.

APF 14 (1941): see *Akten* XIII 99-110.

APF 17 (1960) 2, no. 2, ed. J. Mau: geometrical problems (T [ostracon]; 3) Pack^2 2323.

APF 24/25 (1976) 55-84, ed. D. Samuel, with revisions of S.A. Stephens, *Yale Papyri in the Beinecke Library* II, forthcoming: oratory (T; I; partial pl.) Pack^2 2495.

Ar.Schol. = *Die Aristophanes-Scholien der Papyri^2*, ed. G. Zuntz. Berlin 1975; 5-27: Ar. *Eq.* (M; IV; pl.) Pack^2 142.

Ar.Schol. 29-47: see *Mél.Nicole*.

Ar.Schol. 47-55: see *P.Oxy.* XI 1371.

Astr.Mich. = *Publications of the Astronomical Observatory of the University of Michigan* 6 (1937) 77-100, ed. H.D. Curtis and F.E. Robbins: astronomical ephemeris for *A.D.* 467 (T; 467; pl.; *vidi*) Pack^2 2020.

Ath.Pol. = Arist. *Ath.Pol.*, ed. F.G. Kenyon. Oxford 1951 (T, M; I; pl.: *Aristotle on the Constitution of Athens: Facsimile of Papyrus* CXXXI *in the British Museum*. London 1891) Pack^2 163. The papyrus was written by four scribes, responsible for cols. i-xii, xiii-xx, xx-xxiv and xxv-xxx respectively; in this Index the col. and line in which an abbr. occurs in the papyrus is given after the chapter number of the Oxford edition.

Bacchyl.: Bacchyl. *Epinician Odes and Dithyrambs*, ed. B. Snell. Leipzig 1961 (title in margin; I/II; pl.: *The Poems of Bacchylides. Facsimile of Papyrus* DCCXXXIII *in the British Museum*. London 1897) Pack^2 175.

BASP = *Bulletin of the American Society of Papyrologists* 7 (1970) 35-38, ed. C.A. Nelson: astronomical table (T; III or IV; pl.).

BASP 8 (1971) 91-98: see *P.Oxy.* XLIV 3207.

Ber.Berl. = *Amtliche Berichte aus den Königlichen Kunstsammlungen,* Berlin. 34 (1913) 219, ed. G. Plaumann: declension of nouns and adjectives (T; ?) Pack^2 2738.

Ber.Berl. 37 (1916) 161-70, ed. W. Schubart: geometrical problems (T; II; pl.) Pack^2 2319.

BIFAO = *Bulletin de l'Institut Français d'Archéologie Orientale* 46 (1947) 30-32, ed. J. Schwartz: Hom. *Il*. 1 (S; III) Pack^2 602.

BIFAO 46 (1947) 66-67, ed. J. Schwartz Hom. *Od*. 17 (M; I?) Pack^2 1127.

BIFAO 54 (1954) 45-62, ed. J. Schwartz: Hom. *Il*. 1 (S; II; partial pl.) Pack^2 591.

BKT I: Didymus, comm. on Dem. 9, with revisions from the Teubner re-edition of L. Pearson and S. Stephens, forthcoming (T and colophon; II; partial pl.: *ed.pr*. and Seider *Gr.Paläogr*. II.2 pl.38) Pack^2 339.

BKT II: comm. on Pl. *Theaet*. (M; II) Pack^2 1393.

BKT III 10-19: treatise on physiology (T; 1) Pack^2 2346.

BKT IV: Hierocles Stoicus *Ethike Stoicheiosis* (T; II/III; partial pl.: *ed.pr*., cols. v, vi and Seider *Gr.Paläogr*. II.2 pl.39, col. ii) Pack^2 536.

BKT V Pt I 54: See *Comm.Arat*.

BKT V Pt I 114-17: Dioscorus of Aphrodito, panegyric (M; VI; ph.) Pack^2 349.

BKT V Pt II 1-6: Alc. frr. (M; I/II; pl.: *SBA* [1902] 195ff) Pack^2 60. *P.Aberd*. 7 is another fr. of the same papyrus.

BKT V Pt II 19-55: Corinna frr. (M; II; pl.) Pack^2 251.

BKT V Pt II 64-72: Eur. *Telephus* (S; II; pl.) Pack^2 449.

BKT V Pt II 73-79: Eur. *Cretans* (S; ca A.D. 150-200, so Turner *Codex* 41-42; pl.) Pack^2 437.

BKT V Pt II 88-96: Eur. *Hipp*. (S; VI) Pack^2 394.

BKT V Pt II 99-108: Ar. *Ach*., *Ran*., *Av*. (S; V/VI; ph.; partial pl.) Pack^2 139.

BKT V Pt II 108-10: Ar. *Nub*. (T, S; V) Pack^2 146.

BKT V Pt II 144: See *JHS* 62 (1942) 36-37.

BKT VII 31-34: political declamation (T; III/IV; partial pl.) Pack^2 2512.

BSAA = *Bulletin de la Société Archéologique d'Alexandrie* 14 (1912) 192-94: see *P.Lit.Pisa* 8.

BSAA 28 (1933) 123-32: See *Callim*. I pp.3, 11 etc., "*Schol. Flor*."

Byzantion 13 (1938) 635-57: See *Ar.Schol*. 5-27.

C.P.Lat. 288: See *ZPE* 38 (1980) 229-43.

Callim. = *Callimachus* vols. I-II, ed. R. Pfeiffer. Oxford 1949-53; I pp.3, 11, 13, 17, 31, "*Schol. Flor*.": comm. on Callim. *Aet*. 1 (T; II/III; pl. in *ed.pr*., *BSAA* 28 [1933] 123-32) Pack^2 196.

Callim. I pp.3, 7-8, "*Schol. Lond*.": comm. on Callim. *Aet*. 1 (T; I; ph.) Pack^2 197.

Callim. I frr. 23, 24, 57, 59, 227, 228: Callim. *Aet*. 1, 3, *Lyrica* (M; III; pl. of fr. 23 in *ed.pr*.: *SBA* [1914] 222-44 pl.1; for the forms of abbr. in other frr., see *SBA* [1912] 524-44, [1914] 222-44) Pack[2] 201.

Callim. I fr. 43: Callim. *Aet.* 2 (M; II; ph.; partial pl. in *ed.pr.*: *P.Oxy.* XVII 2080) Pack[2] 206.

Callim. I frr. 74, 110, 177, 230, 232, 384: see *P.Oxy.* XX 2258.

Callim. I frr. 191, 193, 194: Callim. *Iambi* (M; IV; ph.; pl.) Pack[2] 215.

Callim. II no. 45: Callim. *Del.* 53-69, 80-98 (M; V/VI; ph.) Pack[2] 192.

CFNR: see *CQ* 37 (1943) 23-32.

Chr.Eg. = *Chronique d'Egypte* 49 (1974) 115-20, ed. J. Lenaerts: *Lucius* or *The Ass* (T; IV) Pack[2] 2637.

Chr.Eg. 49 (1974) 324-31, ed. P.J. Sijpesteijn and K. Worp: list of authors and works (T; I; pl.).

Comm.Arat. = *Commentariorum in Aratum Reliquiae,* ed. E. Maass. Berlin 1898, lxix-lxx and 556-58: Aratus *Phaen.* (margin only; "late"; ph.) Pack[2] 119.

CQ 37 (1943) 23-32, ed. R. Pfeiffer: Parthenius *Arete?* (M; IV/V?) Pack[2] 1338.

Dem.Comm. = hypothesis and commentary on Dem. 21 published in *Athenaion Politeia*[3], ed. F.G. Kenyon. London 1892; pp.215-19 (T; I; pl.: *Aristotle on the Constitution of Athens: Facsimile of Papyrus CXXXI in the British Museum.* London 1891, cols. x-xi) Pack[2] 307.

DWA = *Denkschriften der (Kaiserlichen) Akademie der Wissenschaften in Wien,* Philosophisch-historische Klasse (1906) Abh. 2, 1-118, ed. A. Bauer and J. Strzygowski: world history (T; V; pl.) Pack[2] 2244.

DWA (1925) Abh. 2, ed. H. Gerstinger: comm. on Thuc. 1 (T; III) Pack[2] 1535.

Eos 32 (1929) 27-33, ed. G. Manteuffel: notes for performance of a mime (T; V/VI; pl.) Pack[2] 2437.

Et.Pap. = *Etudes de Papyrologie* 1 (1932) 13-15 no. 5, ed. W.G. Waddell: Callim. *Dian.* (M; I) Pack[2] 189.

Et.Pap. 3 (1936) 105 no. 23, ed. N. Lewis: school text (T; II/III) Pack[2] 2729.

Et.Pap. 7 (1948) 93-109, ed. J. Schwartz: school text (T; Byzantine) Pack[2] 2644.

Festschr. Berlin = *Festschrift zum 150-jahrigen Bestehen des Berliner Ägyptischen Museums,* Staatliche Museen zu Berlin. Mitteilungen aus der Ägyptischen Sammlung VIII, 1974; 397-98, no. 4, ed. W. Müller: epic poetry (M; V).

Festschr. Berlin 401-02, no. 11, ed. W. Müller: glossary (T; II).

Festschr. Berlin 435-38, no. IV, ed. K. Treu: Isoc. *Paneg.* (T, M; II; pl.).

FIRA: see *Schol.Sinait.*

Fontes Iuris Romani Antejustinianae (FIRA): see *Schol.Sinait.*

Hermathena 5 (1885) 237-57, ed. C. Graves: epic (T; IV; pl.) Pack[2] 1844.

Hermes 35 (1900) 611-12: see *ZPE* 7 (1971) 119-48.

HSCP = *Harvard Studies in Classical Philology* 83 (1979) 313-21, ed. T. Renner: scholia minora on Hom. *Il.* 1 (T; I/II; pl.).

JEA = *Journal of Egyptian Archaeology* 21 (1935) 199-209, ed. C.H. Roberts: Juv. 7 with Latin and Greek notes (M, interl.; *ca A.D.* 500; pl.) Pack^2 2925.

JHS 28 (1908) 125-26, no. VI, ed. J.G. Milne: school text: symbols for numerals (T; II) Pack^2 2719.

JHS 28 (1908) 126-27, no. VIII, ed. J.G. Milne: Philemon(?) copied as a school text (T; II) Pack^2 2721.

JHS 28 (1908) 131, no. XVI, ed. J.G. Milne: school text: ordinal numbers from first to twelfth (M; III/IV) Pack^2 2727.

JHS 62 (1942) 36-37, ed. P. Maas: charms against inflammation and headache (M; IV) Pack^2 1872.

JHS 62 (1942) 37-38, ed. P.Maas: charms against inflammations of the skin (heading in M; IV).

Journ.Phil. 21 (1893) 296-343, ed. F.G. Kenyon: Hom. *Il.* 23, 24 (M, colophon; I) Pack^2 998.

Journ.Phil. 22 (1894) 238-46, ed. F.G. Kenyon: Hom. *Od.* 3 (M; I; ph; partial pl.: *Pal.Soc.* Series 2 vol. II pl.182; Seider *Gr.Paläogr.* II.2 pl.19) Pack^2 1039. *Arch.Bibl.* 1 (1926) 92-93, no. 24 is another fr. of the same papyrus.

Journ.Phil. 22 (1894) 247-61, ed. F.G. Kenyon: Dem. 19 (T; II) Pack^2 293.

Journ.Phil. 26 (1899) 25-59, ed. A.S. Hunt: Hom. *Il.* 13, 14 (colophon; I) Pack^2 899.

Journ.Phil. 30 (1907) 1-83, ed. H.I. Bell: Isoc. *De Pace* (M; I/II) Pack^2 1272.

MDV = *Historisk-filologiske Meddelelser udgivne af det Kgl. Danske Videnskabernes Selskab* 36.4 (1956), ed. O. Neugebauer: astronomical ephemeris for *A.D.* 345-46 to 348-49 (T; IV; pl.) Pack^2 2010.

Mél.Bidez = *Annuaires de l'Institut de Philologie et d'Histoire Orientales et Slaves* 2 (1934) 603-12, ed. P. Mazon: Cratinus *Ploutoi* (S; II; pl.) Pack^2 253.

Mél.Maspero = *Mélanges Maspero*. Mémoires publiées par les membres de l'Institut Français d'Archéologie Orientale du Caire 67; Cairo 1934-37; fasc. I 148-51, ed. W.G. Waddell: comm. on Hom. *Il.* 6 (T; II; pl.: Erbse *Schol.Il.* II) Pack^2 1184.

Mél.Nicole = *Mélanges Nicole*. Geneva 1905; 212-17, ed. B.P. Grenfell and A.S. Hunt: Ar. *Eq.* (M; IV/V; ph.) Pack^2 141. The text is republished in *Ar.Schol.* 29-47.

MIFAO = *Mémoires publiés par les membres de la Mission Archéologique Française au Caire* 9 (1892) fasc. 1.1-89, ed. J. Baillet: mathematical tables and problems (T; VI; partial pl.) Pack^2 2306.

MIFAO 9 (1893) fasc. 2, ed. V. Scheil: Philo *varia* (T; III, so Turner *Codex* 113; partial pl. with T; partial pl.: Turner *Codex* pl.2) Pack^2 1345.

Misc.Terzaghi = *Lanx Satura. Miscellanea Philologica, Nicolao Terzaghi Oblata,* Genoa 1963; 315-18, mathematical fr. (T; VI/VII; pl.) Uebel 1440.

Mizraim = *Mizraim: Journal of Papyrology, Egyptology, etc.* 3 (1936) 18-22, ed. T.C. Skeat: mathematical table (T; VI) Pack^2 2316.

Mizraim 3 (1936) 23-25: see *ZPE* 31 (1978) 45-48.

MPER V 1-10, ed. T. Gomperz; with revisions from *CGF* 83: Epicharmus *Odysseus Automolus* (M; II; pl.; additional pl.: Seider *Gr.Paläogr.* II.2 pl.31) Pack^2 361.

MPER VI 81-97, ed. J. Karabacek: Xen. *Cyr.* (M; II; ph.) Pack^2 1551.

MPER N.S. I 1: problems in solid geometry (T; 1; partial pl.; list of abbreviations and sigla, pp.47-48) Pack^2 2322.

MPER N.S. I 23: Pind. *Pyth.* 1 (margin only survives; VI; ph.) Pack^2 1356.

MPER N.S. I 25: comm. on Dem. 19 (T; III) Pack^2 294.

MPER N.S. I 34: prose, comm.? (M?; V) Pack^2 2865.

MPER N.S. III 22: new comedy (S; 3; ph.) Pack^2 1668.

MPER N.S. III 47: see *Pap.Brux.* XIII.

Münch.Beitr. = *Münchener Beiträge zur Papyrusforschung und antiken Rechtsgeschichte* 35 (1945) 184-90, ed. W. Schubart: legal fr. on *Longi Temporis Praescriptio* (T; V?) Pack^2 2281.

Mus.Helv. = *Museum Helveticum* 33 (1976) 1-23, ed. E.G. Turner: satyr play (M, S; II; pl.).

O.Bodl. II 2171: list of scenes from the Trojan and Theban cycles of myth (T; II) Pack^2 1737.

O.Bodl. II 2177: tables of solar or lunar longitudes (T; III) Pack^2 2007.

O.Bodl. II 2178: astrological fr. (T; III?) Pack^2 2064.

O.Bodl. II 2182: prescription (T; II/III) Pack^2 2425.

O.Bodl. II 2184: prescription (T; IV?) Pack^2 2427.

O.Mich. I 659: school text (T; III/IV; pl. with the papyrology collection, University of Michigan) Pack^2 2687.

O.Stras. I 811: astrological fr. (T; II) Pack^2 2065.

O.Wilck. II 1488: collection of first lines of epigrams (T; 2) Pack^2 1596.

P.Aberd. 7: Alc. frr. (M; I/II; pl.) Pack^2 60. *BKT* V Pt II 1-6 is another fr. of the same papyrus.

P.Aberd. 128: astronomical tables (headings in T; I) Pack^2 2004.

P.Achm. 2: comm. and paraphrase of Hom. *Il.* 1 (T; III/IV) Pack^2 1159.

P.Achm. 5: *Anth.Pal.* 14.100 (title in M; IV/V) Pack² 1599.

P.Amh. II 11: didactic poetry: charms against inflammation and headache, in hexameters (M; 1/I; pl.) Pack² 1871.

P.Amh. II 13: old comedy, Ar.? (M; III; pl.) Pack² 1626.

P.Amh. II 18: *scholia minora* on Hom. *Od.* 15 (T; II; partial pl.) Pack² 1211.

P.Amh. II 24: Dem. 6 (M, title; IV; ph., partial pl.) Pack² 263.

P.Amh. II 160: prose (T; VI) Pack² 2797. No abbr.; κ∫ written for καί; see Index Part II E.

P.Ant. I 15, with revisions of J.W.B. Barns and H. Lloyd-Jones, *JHS* 84 (1964) 20-34: new comedy, Men. or Apollodorus? (part of a S note?; III/IV; pl.) Pack² 1659. *P.Schub.* 23 is another fr. of the same papyrus.

P.Ant. I 17: epic (M; III) Pack² 1786.

P.Ant. I 23: Eur. *Med.* (M; V/VI; ph.) Pack² 406.

P.Ant. I 27: Dem. 18 (T; III) Pack² 280.

P.Ant. II 55: new comedy (S; IV; pl.) Pack² 1642.

P.Ant. II 64: prescription (T; VI) Pack² 2390.

P.Ant. II 66: magico-medical prescriptions (T; V) Pack² 2391.

P.Ant. III 124: medical text (T; VI) Uebel 1451.

P.Ant. III 125: treatise on diet (T; VI) Uebel 1452.

P.Ant. III 126: medical encyclopedia (T; VI/VII; ph.) Uebel 1446.

P.Ant. III 127: medical encyclopedia (T, M; VII) Uebel 1447.

P.Ant. III 130: medical text (T; VI) Uebel 1458.

P.Ant. III 132: pharmacological text with recipes (T; VI) Uebel 1450.

P.Ant. III 140: magico-medical prescriptions (T; V/VI) Uebel 1457.

P.Ant. III 141: astrology (T; III/IV) Pack² 2066a, Uebel 1418.

P.Ant. III 143: paraphrase of Hom. *Il.* 23 (T; IV) Uebel 1342.

P.Ant. III 183: Hippoc. *Aphorismi* 3, 4 (M; VI; ph.) Uebel 1442.

P.Ant. III 186: Gal. *Synthesis Pharmacon* (T; VI) Uebel 1441.

P.Ant. III 207: Theoc. 15 (margin only), 26 (M; V/VI) Uebel 1352. An additional fr. of *Ant.Th.*

P.Ant. III 211: Ar. *Lys.* (S; V/VI) Uebel 1169.

P.Arg.Gr. = *Papyri Argentoratenses Graecae,* ed. C. Kalbfleisch. Programm, Rostock 1901; 4-8: on eye diseases (T; II) Pack² 2379.

xxiv   List of Papyri and Ostraca

P.Bad. IV 59: Manetho, fr. of epitome (T; V; pl.) Pack^2 1295.

P.Bodm. IV: Men. *Dyscolus* (S; T of hypothesis and didascaliae; III; pl.) Pack^2 1298.

P.Bodm. XXV: Men. *Samia* (S, M [once]; III; pl.) Uebel 1187. "Kö" denotes lines in Körte's ed., 1938; "S" in Sandbach's, 1976.

P.Bodm. XXVI: Men. *Aspis* (S; III; pl.) Uebel 1177.

P.Cair.Masp. I 67055: Dioscorus of Aphrodito, poems (T; VI) Pack^2 348. *P.Cair. Masp.* II 67179 and 67185 are frr. of the same papyrus.

P.Cair.Masp. II 67141: prescription (T; VI; pl.) Pack^2 2406.

P.Cair.Masp. II 67175: life of Isoc. (T; VI/VII?; pl.) Pack^2 2080.

P.Cair.Masp. II 67176: Dioscorus of Aphrodito, conjugations (T; VI) Pack^2 355. *P.Cair.Masp.* III 67351 is another fr. of the same papyrus.

P.Cair.Masp. II 67179: Dioscorus of Aphrodito, poems (heading of a poem; VI; pl.) Pack^2 348. *P.Cair.Masp.* I 67055 and II 67185 are frr. of the same papyrus.

P.Cair.Masp. II 67185 verso: Dioscorus of Aphrodito, poems (heading of a poem; VI; pl.) Pack^2 348. *P.Cair.Masp.* I 67055 and II 67179 are frr. of the same papyrus.

P.Cair.Masp. III 67316 verso: Dioscorus of Aphrodito, poems (heading of a poem; VI) Pack^2 348.

P.Cair.Masp. III 67318: Dioscorus of Aphrodito, poems (heading of a poem; VI) Pack^2 348.

P.Cair.Masp. III 67351: Dioscorus of Aphrodito, conjugations (T; VI) Pack^2 355. *P.Cair.Masp.* II 67176 is another fr. of the same papyrus.

P.Cair.Men. = *The Cairo Codex of Menander,* ed. H. Riad, Abd el-Kadr Selim and L. Koenen. University of London, Institute of Classical Studies 1978; pl. I-XLVIII: Men. *Heros, Epit., Sam., Pk., fabula incerta* (S; IV/V; pl.) Pack^2 1301. "Kö" denotes lines in Körte's ed., 1938; "S" in Sandbach's, 1976.

P.Cair.Men. pl. XLIX-LIV: Eup. *Demoi* (S; IV/V; pl.) Pack^2 375.

P.Chic. 3: on land mensuration (T; I/II) Pack^2 2318.

P.Coll.Youtie I 2, ed. A. Henrichs and W. Müller: Apollonius Sophistes *Lexicon Homericum* (T; V/VI).

P.Coll.Youtie I 3, ed. E.G. Turner: titles and *incipits* for Hyperides' speeches (T; II/III; pl.).

P.Coll.Youtie I 4, ed. T. Renner: prescription (T; III; pl.).

P.Corn. 55: school text: mythological genealogy (T; I) Pack^2 2646.

P.Edfou II 308: school text (T; I) Pack^2 2683.

P.Erl. 16: "Acta Alexandrinorum"? (T; II) Pack^2 2235.

P.Fay. 209: Hom. *Il.* 3 (S; I) Pack² 692.

P.Flor. II 112: comm. on a lost comedy of Ar. (M; II/III; pl.) Pack² 157.

P.Flor. III 391: treatise on palmomancy (T; III) Pack² 2110.

P.Fouad 8: "Acta Alexandrinorum"? (T; I) Pack² 2223.

P.Giss.Univ. IV 40: comm. on unidentified text (T; *ca* A.D. 100; pl.) Pack² 2810.

P.Graec.Mag. 4: hymns to various deities (T; III/IV) Pack² 1865.

P.Graec.Mag. 4.835-49: astrological fr. (T; IV) Pack² 2067.

P.Grenf. I 2: Hom. *Il.* 8 (S; I/II) Pack² 822.

P.Hamb. II 120: new comedy (S; 3; pl.) Pack² 1643.

P.Hamb. II 166: conjugation (headings in text; VI) Pack² 2165.

P.Harr. 38: Eur. *Med.* (M, S; II; partial pl.) Pack² 405.

P.Harr. 60: astronomical ephemeris (heading; III) Pack² 2009.

P.Harr. 123: Hom. *Od.* 1 (S; III) Pack² 1019.

P.Haun. I 3: *scholia minora* on Hom. *Il.* 6 (T; III) Pack² 1182.

P.Haun. I 6, with revisions of A. Bülow-Jacobsen, *ZPE* 36 (1979) 91-100: work on Ptolemaic history (T; II; pl. in *ed.pr.*) Pack² 2210.

P.Haw. 24-28: Hom. *Il.* 1, 2 (M; II; *vidi*; partial pl.: Turner *GMAW* no. 13 and *Schol.Il.* I) Pack² 616.

P.Heid. N.F. II 197: treatise on grammar (heading?; I?; partial pl.) Pack² 2146.

P.Heid. N.F. II 198: fr. on the noun (T; II/III; pl.) Pack² 2158.

P.Holm.: treatise on chemistry (T, M; III/IV; partial pl.) Pack² 1998.

P.Köln I 12: Ap.Rhod. *Argon.* 1 (M; I; pl., *ZPE* 5 [1970] 49-56) Pack² 98 + Uebel 1232.

P.Köln I 34: Hom. *Il.* 14 (interl.; I).

P.Köln II 59: Alc. (M; I; pl. in *ed.pr.*, *ZPE* 1 [1967] 81-95) Uebel 1369.

P.Leid. II 199-259, with revisions of O. Lagercrantz, *P.Holm.* 65-66: treatise on chemistry (T; III/IV; partial facs.) Pack² 1997.

P.Lit.Pisa = *Papyri Letterari Greci,* various edd.; introduction by A. Carlini. Università degli studi di Pisa, Istituti per le scienze dell' antichità, biblioteca degli studi classici e orientale 13 (1978); 8: comm. on Hom. *Od.* 11 (T; I; pl.) Pack² 2614. *Ed.pr.*: *BSAA* 14 (1892) 192-94.

P.Lond. I 46.172-95: hymn to Hermes in a medical text (M, T; IV; pl.) Pack² 1866.

P.Lond. II 265: metrology (T; I) Pack² 2326.

P.Lond. V 1718 verso: Dioscorus of Aphrodito, metrological tables and problems (T; VI) Pack^2 354.

P.Lond.Lit. 6: Hom. Il. 2 (S, colophon; I; partial pl.: New Pal.Soc. Series 2 vol. I pl.53) Pack^2 643.

P.Lond.Lit. 28: Hom. Il. 24 (S; II; partial pl.: Pal.Soc. Series 1 vol. II pl.153; New Pal.Soc. Series 2 vol. I pl.76) Pack^2 1013.

P.Lond.Lit. 51: monody (T; II) Pack^2 1922.

P.Lond.Lit. 138: oratory: legal pleas (T; I; the forms of some abbr. are given by F.G. Kenyon, Mélanges H. Weil. Paris 1898, 245) Pack^2 2515.

P.Lond.Lit. 172: fr. on medical astrology? (T; III) Pack^2 2055.

P.Lond.Lit. 179: see Dem. Comm.

P.Lond.Lit. 181: see Callim. I pp.3, 7-8.

P.Lond.Lit. 194: see Chr.Eg. 49 (1974) 115-20.

P.Lund V 77-84: lunar tables (T; II; pl.) Pack^2 2015.

P.Lund V 85-88: planetary ephemeris (T; II; pl.) Pack^2 2016.

P.Marm.: Favorinus De Exsilio (M; before A.D. 215? pl.) Pack^2 455.

P.Mert. I 12: letter to a physician (T; A.D. 58; pl.) Pack^2 2407.

P.Mert. II 57: fr. on prognostications (T; II; pl.) Pack^2 2043.

P.Mich. III 145: table of fractions and arithmetical problems (T; II; vidi) Pack^2 2309.

P.Mich. III 146: table of fractions (T; IV) Pack^2 2310.

P.Mich. III 149: astrological-astronomical treatise (T; II; vidi) Pack^2 2017.

P.Mich. III 150: astronomical table (T; III/IV; vidi) Pack^2 2018.

P.Mich. inv. 1359 ined.: Dem. 6 (T; IV?; vidi).

P.Mich. inv. 2459 ined.: literary fr., commentary? (T; II; vidi).

P.Michael. 62: tables of division and problems in arithmetic (T; VI?; partial pl.: Aeg. 33 [1953] 222-40) Pack^2 2308.

P.Mil. II 73: writing exercise? (T; III) Uebel 1515.

P.Mil.Vogl. I 6: see P.Köln I 12.

P.Ness. II 11: Latin-Greek glossary for Verg. Aen. 1, 2, 4 (M, interl., T; VI; partial pl.) Pack^2 2939.

P.Oxy. I 19: Hdt. 1 (interl.; II/III) Pack^2 465.

P.Oxy. I 35 verso: history: royal canon from Augustus to Decius (M; III) Pack^2 2213.

P.Oxy. I 79 verso: moral precepts (heading?; III) Pack^2 2588.

P.Oxy. II 211: Men. *Pk.* (S, stage directions; I/II; partial pl.) Pack^2 1304. "Kö" denotes lines in Körte's ed., 1938; "S" in Sandbach's, 1976.

P.Oxy. II 222: list of Olympian victors (T; III; pl.: Turner *GMAW* no. 65) Pack^2 2188. *P.Oxy.* XXIII 2381 is another fr. of the same papyrus.

P.Oxy. II 223: Hom. *Il.* 5 (S; III) Pack^2 733.

P.Oxy. III 409: Men. *Colax* (M; II; pl.) Pack^2 1311.

P.Oxy. III 413: the Chariton mime and farce (S, T, M, interl.; II; ph.) Pack^2 1745.

P.Oxy. III 432: comedy (S; III) Pack^2 1682.

P.Oxy. III 445: Hom. *Il.* 6 (M; II/III; ph.; pl.: *Schol.Il.* II; partial pl. with text) Pack^2 778.

P.Oxy. III 465: astrological calendar (T; II) Pack^2 2056.

P.Oxy. III 545: Hom. *Il.* 4 (M; II/III) Pack^2 731.

P.Oxy. IV 663: hypothesis to Cratinus *Dionysalexandros* (T; II/III; ph.) Pack^2 252.

P.Oxy. IV 671: epigrams (M; III) Pack^2 1614.

P.Oxy. IV 685: Hom. *Il.* 17 (M; II; pl.: *Schol.Il.* III) Pack^2 950.

P.Oxy. IV 700: Dem. 18 (M; II) Pack^2 276.

P.Oxy. IV 770: Hom. *Il.* 13 (M; II) Pack^2 909.

P.Oxy. V 841: Pind. Paeans 1-10 (M; II; partial ph., partial pl.) Pack^2 1361.

P.Oxy. V 842: "Hellenica Oxyrhynchia" (T; II/III) Pack^2 2189.

P.Oxy. V 843: Pl. *Symp.* (M; II) Pack^2 1399.

P.Oxy. V 844: Isoc. *Paneg.* (M; II) Pack^2 1263.

P.Oxy. VI 852: Eur. *Hyps.* (M, S; II/III; ph., partial pl.: Turner *GMAW* no. 31) Pack^2 438.

P.Oxy. VI 853: comm. on Thuc. 2 (T; II) Pack^2 1536.

P.Oxy. VI 855: Men. *Perinthia* (S; III; ph.) Pack^2 1317.

P.Oxy. VI 856: comm. on Ar. *Ach.* (T; III; ph., partial pl.: Turner *GMAW* no. 73) Pack^2 138.

P.Oxy. VI 885: treatise on divination (M; II/III) Pack^2 2105.

P.Oxy. VII 1011: see *Callim.* I frr. 191, 193, 194.

P.Oxy. VII 1013: Men. *Misumenus* (S; V/VI) Pack^2 1314. "Kö" denotes lines in Körte's ed., 1938; "S" in Sandbach's, 1976.

P.Oxy. VII 1017: Pl. *Phdr.* (M; II/III; ph., partial pl.) Pack^2 1401.

P.Oxy. VIII 1082: Cercidas *Meliambi* (M; II; ph., partial pl.) Pack^2 237.

P.Oxy. VIII 1083: satyr play (S; II; partial pl.) Pack^2 1739. *P.Oxy.* XXVII 2453 is another fr. of the same papyrus.

P.Oxy. VIII 1086: comm. on Hom. *Il.* 2 (T, M; 1; pl., *Schol.Il.* I) Pack^2 1173.

P.Oxy. VIII 1087: comm. on Hom. *Il.* 7 (T; I; pl.) Pack^2 1186.

P.Oxy. VIII 1088: prescriptions (T, M; I) Pack^2 2409.

P.Oxy. VIII 1092: Hdt. 2 (M; II; pl.) Pack^2 473.

P.Oxy. VIII 1093: Dem. 40 (T; II) Pack^2 328.

P.Oxy. VIII 1099: Greek paraphrase of Verg. *Aen.* 4 (T; V/VI) Pack^2 2950.

P.Oxy. IX 1174: Soph. *Ichneutae* (M, S; II; ph., partial pl.) Pack^2 1473.

P.Oxy. IX 1175: Soph. *Eurypylus* (M; II; ph., partial pl.) Pack^2 1472.

P.Oxy. X 1231: Sappho (M; acrophonic numeral in colophon; II; pl.) Pack^2 1445.

P.Oxy. X 1234: Alc. (M; II; partial pl.) Pack^2 59. *P.Oxy.* XI 1360, XVIII 2166(c) and XXI pp.130-34 are frr. of the same papyrus.

P.Oxy. X 1238: Men. *Sicyonios*, fr. 11 Sandbach (S; I; pl.) Pack^2 1647.

P.Oxy. X 1240: Eup. *Demoi* (S; II; ph.) Pack^2 376.

P.Oxy. XI 1358: Hes. *Catalogus* (M; III; pl.) Pack^2 522.

P.Oxy. XI 1360: Alc. (M; II) Pack^2 59. *P.Oxy.* X 1234, XVIII 2166(c) and XXI pp. 130-34 are frr. of the same papyrus.

P.Oxy. XI 1361: Bacchyl. *Scolia* or *Encomia* (M; I; pl.) Pack^2 179.

P.Oxy. XI 1364: Antiphon Sophistes *Peri Aletheias* (M; III) Pack^2 92.

P.Oxy. XI 1369: Soph. *OT* (S; V/VI) Pack^2 1469.

P.Oxy. XI 1370: Eur. *Or.* (S; V; partial pl.) Pack^2 402.

P.Oxy. XI 1371: Ar. *Nub.* (M, S; V; pl.) Pack^2 145.

P.Oxy. XI 1382: aretalogy of Sarapis (T; II) Pack^2 2480.

P.Oxy. XI 1383: song (T; III) Pack^2 1929.

P.Oxy. XI 1384: medical prescriptions (M; V) Pack^2 2410.

P.Oxy. XI 1399: Choerilus *Persica* (title only survives; III; pl.) Pack^2 245.

P.Oxy. XI 1401: verse anthology, including portions of Ar. *Av.* (S; V) Pack^2 1578.

P.Oxy. XIII 1604: Pind. *Dithyrambs* 1-3 (M; II; partial pl.) Pack^2 1367.

P.Oxy. XIII 1605: Men. *Misumenus* (S; III) Pack^2 1316. "Kö" denotes lines in Körte's ed., 1938; "S" in Sandbach's, 1976.

P.Oxy. XIII 1609 verso: on liquid measures (T; II/III) Pack^2 2328.

P.Oxy. XIII 1611: work on literary criticism? (M; III) Pack^2 2290.

P.Oxy. XIII 1617: Ar. *Plut.* (S; V) Pack^2 152.

P.Oxy. XIII 1619: Hdt. 3 (M; I/II; partial pl.) Pack^2 474.

P.Oxy. XIII 1620: Thuc. 1 (M; II/III; pl.) Pack^2 1506.

P.Oxy. XV 1788: Alc. (M; II; partial pl.) Pack^2 61. *P.Oxy.* XXI pp.139-45 is another fr. of the same papyrus.

P.Oxy. XV 1789: Alc. (M; I; partial pl.; no legible abbr. survive) Pack^2 55. *P.Oxy.* XVIII 2166(e) is another fr. of the same papyrus.

P.Oxy. XV 1793: Callim. *Elegiae* (M; I) Pack^2 234.

P.Oxy. XV 1801: glossary: comic lections in *beta* (T; I) Pack^2 2121.

P.Oxy. XV 1805: Soph. *Trach.* (M; II; *vidi*) Pack^2 1471.

P.Oxy. XV 1808: Pl. *Resp.* (M; II; pl.) Pack^2 1421.

P.Oxy. XV 1809: Pl. *Phd.* (M; II; pl.: Turner *GMAW* no. 19) Pack^2 1391.

P.Oxy. XV 1811: Dem. 24 (M; III; ph.) Pack^2 323.

P.Oxy. XV 1824: new comedy, Men.? (S; III) Pack^2 1649.

P.Oxy. 2064, published in *Two Theocritus Papyri,* ed. A.S. Hunt and J. Johnson, London 1930, 3-19: Theocr., various poems (M; II; ph., partial pl.) Pack^2 1489.

P.Oxy. XVII 2076: Sappho Book 2 (M; II; pl.) Pack^2 1448.

P.Oxy. XVII 2080: see *Callim.* I fr. 43.

P.Oxy. XVII 2085: comm. on Euphorion? (T; II; ph.) Pack^2 374.

P.Oxy. XVII 2086 verso: rhetorical treatise (T; III) Pack^2 2300.

P.Oxy. XVII 2087: glossary of words in *alpha* (T; II; ph., including the unpublished first col.) Pack^2 2120.

P.Oxy. XVIII 2165: Alc. (M; II; pl.) Pack^2 62.

P.Oxy. XVIII 2166(c): Alc. (M; II) Pack^2 59. *P.Oxy.* X 1234, XI 1360 and XXI pp. 130-34 are frr. of the same papyrus.

P.Oxy. XVIII 2166(e): Alc. (M; I) Pack^2 55. *P.Oxy.* XV 1789 is another fr. of the same papyrus.

P.Oxy. XVIII 2174: Hipponax *Iambi* (M; II; pl.) Pack^2 547.

P.Oxy. XVIII 2176: comm. on Hipponax (T, M, interl.; II; pl.) Pack^2 551.

P.Oxy. XVIII 2180: Soph. *OT* (M; II; ph.) Pack^2 1466.

P.Oxy. XVIII 2181: Pl. *Phd.* (M; II) Pack^2 1389.

P.Oxy. XIX p.68 n.1: see *Callim.* II no. 45.

P.Oxy. XIX 2220: Euphorion frr. (M; I; pl.) Pack^2 373.

P.Oxy. XIX 2224: Eur. *Hipp.* (S; II) Pack^2 395.

P.Oxy. XX 2255: Aesch. frr. (M; II; pl.) Pack^2 45.

P.Oxy. XX 2256: Aesch. frr. and hypotheses to various plays (abbr. in the text of the hypotheses; II/III?; pl.) Pack^2 46.

P.Oxy. XX 2257: hypothesis to Aesch. *Aetnaeae* and other frr. (the majority of abbr. occur in the text of the hypothesis; a few occur in marginal notes; II? pl.) Pack^2 47.

P.Oxy. XX 2258 = *Callim.* I frr. 74, 110, 177, 230 (argument), 232, 384; II scholia to *Dian.*, *Del.*, with addenda: Callim. *varia* (M; VI/VII; partial pl.) Pack^2 186.

P.Oxy. XX 2262: comm. on Callim. *Aet.* 1 (T; II; pl.) Pack^2 204.

P.Oxy. XXI pp.130-34: Alc. (M; II) Pack^2 59. *P.Oxy.* X 1234, XI 1360 and XVIII 2166(c) are fragments of the same papyrus.

P.Oxy. XXI pp.139-45: Alc. (M; II) Pack^2 61. *P.Oxy.* XV 1788 is another fr. of the same papyrus.

P.Oxy. XXI 2292: comm. on Sappho (T; II; pl.) Pack^2 1453.

P.Oxy. XXI 2294: bibliographical details about Sappho's poems (T; II; pl.) Pack^2 1455.

P.Oxy. XXI 2295: Alc. (M; I; pl.) Pack^2 63.

P.Oxy. XXI 2297: Alc. (M; II; pl.) Pack^2 65.

P.Oxy. XXI 2299: Alc. (M; I?; pl.) Pack^2 67.

P.Oxy. XXI 2301: Alc. (M; II?; pl.) Pack^2 69.

P.Oxy. XXI 2304: Alc. (M; II?; pl.) Pack^2 72.

P.Oxy. XXI 2306: comm. on Alc. (T; II; pl.) Pack^2 74.

P.Oxy. XXI 2307: comm. on Alc. (T; II; pl.) Pack^2 75.

P.Oxy. XXII 2313: Archil. *Tetrametra* (M; I/II; pl.) Pack^2 128.

P.Oxy. XXII 2315: Archil. *Epodoi* (M; II; pl.) Pack^2 133.

P.Oxy. XXII 2318: Archil.(?) *Trimetra* (M; II; pl.) Pack^2 127.

P.Oxy. XXII 2321: Anac. frr. (M; II; pl.) Pack^2 86.

P.Oxy. XXII 2327: early elegy (Simon.?) (M; II; pl.) Pack^2 1750.

P.Oxy. XXII 2333: Aesch. *Sept.* (M; II) Pack^2 23.

P.Oxy. XXII 2335: Eur. *Andr.* (S; II) Pack^2 381.

P.Oxy. XXIII 2361: Bacchyl. *Eroticon*? (M; II/III: pl.) Pack² 181.

P.Oxy. XXIII 2363: Bacchyl. *Ode* 14 A-B (M; II/III; pl.) Pack² 176.

P.Oxy. XXIII 2367: comm. on Bacchyl. *Odes* 3-5 (T; II?; pl.) Pack² 182.

P.Oxy. XXIII 2368: comm. on Bacchyl.(?) *Dithyrambs* or *Paeans* (T, M; II; pl.) Pack² 183.

P.Oxy. XXIII 2369: Soph. *Inachus* (S; 1/I; pl.) Pack² 1474.

P.Oxy. XXIII 2381: list of Olympic victors (T; III; pl.) Pack² 2188. P.Oxy. II 222 is another fr. of the same papyrus.

P.Oxy. XXIV 2387: Alcm. *Partheneia* (M; 1/I; pl.) Pack² 79.

P.Oxy. XXIV 2389: comm. on Alcm. (T; I; pl.) Pack² 81.

P.Oxy. XXIV 2390: comm. on Alcm., etc. (T; II; pl.) Pack² 82.

P.Oxy. XXIV 2394: choral lyric in Doric dialect (M; II/III; pl.) Pack² 1890.

P.Oxy. XXIV 2396: label of Tryphon *Spartan Dialect* (II; pl.) Pack² 1540.

P.Oxy. XXV 2427: Epicharmus frr. of *Promatheus* or *Pyrrha*, *Sphinx*? (M; II/III; pl.) Pack² 360.

P.Oxy. XXV 2429: comm. on Epicharmus *Odysseus Automolus*, and on another play? (T, M; II; pl.) Pack² 362.

P.Oxy. XXV 2430: choral lyric in Doric dialect, Simon.? (M; I/II; pl.) Pack² 1910.

P.Oxy. XXV 2433: label for comm. on Simon. (title; II; pl.) Pack² 1460.

P.Oxy. XXV 2434: comm. on lyric verses: of Simon.? (T; II; pl.) Pack² 1951.

P.Oxy. XXVI 2441: Pind. *Paeans* 14-15 (M; II; pl.) Pack² 1370.

P.Oxy. XXVI 2442: Pind. *Paeans* 7, 8, 17, 19, 20-22; frr. 33a + d, 59, 60, 140a (M; III; pl.) Pack² 1360.

P.Oxy. XXVI 2445: Pind. *Dithyramb* 4, fr. 210 (II; pl.) Pack² 1368.

P.Oxy. XXVI 2447: Pind. *Threnoi* 1-7 (M; II; pl.) Pack² 1374.

P.Oxy. XXVI 2450: Pind fr. 169 (M; I/II; pl.) Pack² 1369.

P.Oxy. XXVI 2451: comm. on Pind. *Isth.* (T; I/II; pl.) Pack² 1358.

P.Oxy. XXVII 2452: Soph. *Theseus*? (S; II; pl. for most frr.) Pack² 1479.

P.Oxy. XXVII 2453: Soph. *Polyidos* or *Manteis* and other plays (S; II; pl.) Pack² 1739. P.Oxy. VIII 1083 is another fr. of the same papyrus.

P.Oxy. XXVII 2454: Hellenistic(?) tragedy: Heracles on Oeta (M; II; pl.) Pack² 1711.

P.Oxy. XXVII 2458: Eur. *Cresphontes* (S; III; pl.) Pack² 436.

xxxii   List of Papyri and Ostraca

P.Oxy. XXVII 2461: Eur. *Theseus*(?) and *Cretans* (S; II; pl.) Pack^2 451.

P.Oxy. XXVII 2462: Men.; titles of plays (T; II; pl.) Pack^2 1297.

P.Oxy. XXVII 2468: Pl. *Politicus* (M; II; partial pl., showing no abbr.) Pack^2 1396.

P.Oxy. XXVIII 2495: Hes. *Catalogus* (II; interl.; pl.) Pack^2 510a.

P.Oxy. XXIX 2506: comm. on melic poets (M; I/II; pl.) Pack^2 1950.

P.Oxy. XXX 2526: Euphorion? (M, interl.; II; pl.) Uebel 1249.

P.Oxy. XXXI 2536: Theon, comm. on Pind. *Pyth.* 12 (T; II; pl.) Uebel 1375.

P.Oxy. XXXI 2537: hypotheses of speeches of Lys. (T; II/III; pl.) Uebel 1507.

P.Oxy. XXXI 2553: calendar of cult offerings (T; II/III; pl.) Uebel 1470.

P.Oxy. XXXI 2554: predictions by astrology (T; III; partial pl.) Uebel 1417.

P.Oxy. XXXII 2617: Stesich. *Geryoneis* (M, interl.; I; pl.) Uebel 1386.

P.Oxy. XXXII 2636: comm. on choral lyric (T; II; pl.) Uebel 1382.

P.Oxy. XXXII 2637: comm. on choral lyric (M; II; pl.) Uebel 1393.

P.Oxy. XXXIII 2656: Men. *Misoumenus* (S; IV; pl. in *ed.pr.*: BICS Suppl. 17 [1965]) Uebel 1184. "Kö" denotes lines in Körte's ed., 1938; "S" in Sandbach's, 1976.

P.Oxy. XXXIII 2659: list of comic poets and their plays (T; II; pl.) Uebel 1196.

P.Oxy. XXXIV 2693: Ap.Rhod. *Argon.* 3 (M; II; pl.) Uebel 1239.

P.Oxy. XXXIV 2694 recto: Ap.Rhod. *Argon.* 2, 4 (M; II; pl. in *ed.pr.*: BICS 7 [1960] 45-56) Pack^2 103. See the following entry.

P.Oxy. XXXIV 2694 verso: comm. on Ap.Rhod. *Argon.* 4 (T, M?; II; pl. in *ed.pr.* [same as for the foregoing]) Pack^2 103.

P.Oxy. XXXIV 2697: Ap.Rhod. *Argon.* 2 (M; III; pl.) Uebel 1236.

P.Oxy. XXXV 2735: choral lyric (M, interl.; II; pl.) Uebel 1388.

P.Oxy. XXXV 2741: comm. on Eup. *Maricas* (T, M; II/III; pl.) Uebel 1175.

P.Oxy. XXXV 2743: Strattis *Lemnomeda*, and other plays? (M; II; pl.) Uebel 1193.

P.Oxy. XXXVI 2746: tragedy (S; I/II; pl. in *ed.pr.*: BICS 15 [1968] 110-18) Uebel 1199.

P.Oxy. XXXVII 2802: comm. on Alcm.? (T; II; pl.).

P.Oxy. XXXVII 2803: Stesich.? (M; 1? [text], I/II [M]; pl.).

P.Oxy. XXXVII 2806: old comedy, Cratinus? (M; II; pl.).

P.Oxy. XXXVII 2807: old comedy, Cratinus *Horae*? (S?; II; pl.).

P.Oxy. XXXVII 2810: old comedy (S; III; pl.).

P.Oxy. XXXVII 2813: comm. on Eup. *Prospaltii* (T; II/III; pl.).

P.Oxy. XXXVII 2819: comm. on a hexameter poem (T; II; pl.).

P.Oxy. XXXVIII 2830: Men. *Pk*. (S; III; pl.).

P.Oxy. XXXIX 2886: comm. on a poem (T; II; pl.).

P.Oxy. XXXIX 2887: comm. on a hymn? (T; I/II; pl.).

P.Oxy. XLII 3000: Eratosth. *Hermes* (M, stichometrical numerals; 1/I; pl.).

P.Oxy. XLII 3005: gnomology (M; II/III; pl.).

P.Oxy. XLIV 3151: Soph. *Ajax Locrus,* and other plays? (M, S; II/III; pl.).

P.Oxy. XLIV 3152: Eur. *Hipp*. (S; II; pl.).

P.Oxy. XLIV 3160: hypotheses and glossary to Hom. *Od*. (T; III).

P.Oxy XLIV 3207: vocabulary to Hom. *Il*. 1 (T; III; pl. in *ed.pr*.: BASP 8 [1971] 91-98).

P.Oxy. XLV 3210: comm. on Alcm.? (T; I; pl.). Perhaps another fr. of *P.Oxy*. XXIV 2389.

P.Oxy. XLV 3219: treatise on Pl.? (T; II).

P.Oxy. XLV 3238: glossary to Hom. *Il*. 1, 2 (T; III).

P.Oxy. XLV 3239: see ZPE 31 (1978) 48-54.

P.Oxy. XLVII 3320: Anonymous *Analytica* (II; M; pl.).

P.Oxy. XLVII 3326: Pl. *Resp*. (II; M).

P.Oxy. XLVII 3329: Lexicon, Diogenianus? (III/IV; T; pl.).

P.Oxy.Hels. = *Fifty Oxyrhynchus Papyri,* ed. H. Zilliacus and J. Frösen. Commentationes Humanarum Litterarum 63; Helsinki 1979; 6: Hom. *Od*. 23 (M; II; pl.).

P.Paris 71: see *PMG*.

P.Princ. III 113: Isoc. *De Antidosi* (M; II) Pack[2] 1280.

P.Rein. II 86: model conjugation of ποιέω (T; VI) Pack[2] 2660.

P.Ross.Georg. I 4: Hom. *Il*. 17 (M, colophon; III) Pack[2] 941.

P.Ross.Georg. I 18: life of Aesop (T; VI/VII) Pack[2] 2075.

P.Ross.Georg. I 22: catalogue of a library? (T; III) Pack[2] 2089.

P.Ryl. I 16: comedy (M; II/III; pl.) Pack[2] 1688.

P.Ryl. I 27: treatise on lunar theory (T; III) Pack[2] 2026.

P.Ryl. I 29: medical prescriptions (T; III) Pack^2 2415.

P.Ryl. I 29a: medical prescriptions (T; II) Pack^2 2416.

P.Ryl. I 29b: medical prescriptions (T; II) Pack^2 2417.

P.Ryl. I 58: Dem. 18 (T; V/VI; partial pl.) Pack^2 290.

P.Ryl. III 475: juridical frr. in Greek and Latin (T, M; V; partial ph., partial pl.) Pack^2 2280.

P.Ryl. III 476: register of imperial *constitutiones* in Greek and Latin (T, M, heading; IV/V; pl.: *CLA* II^2 225) Pack^2 2282.

P.Ryl. III 478: Verg. *Aen.* 1 with Greek translation (T; III/IV) Pack^2 2940.

P.Ryl. III 483: old comedy (M; II; pl.) Pack^2 1629.

P.Ryl. III 510 verso: history (T; II/III; pl.) Pack^2 2208.

P.Ryl. III 534: conjugation of πλέω (headings; III/IV; partial pl.) Pack^2 2164.

P.Ryl. III 540: Hom. *Il.* 2 (colophon; I; partial pl.: *New Pal.Soc.* Series 2 vol. I pl.53) Pack^2 643. *P.Lond.Lit.* 6 is another fr. of the same papyrus.

P.Schub. 3: discussion of the days of Hom. *Od.* (T; II/III) Pack^2 1225.

P.Schub. 4: fr. of a dialogue(?) on Hom. (T; III) Pack^2 1229.

P.Schub. 22, fr. I: Men. *Misumenus* (S; III) Pack^2 1315. "Kö" denotes lines in Körte's ed., 1938; "S" in Sandbach's, 1976.

P.Schub. 23: new comedy, Men. or Apollodorus? (S; III/IV; pl.: *JHS* 84 [1964] pl. II) Pack^2 1659. *P.Ant.* I 15 is another fr. of the same papyrus.

P.Schub. 42: "Acta Alexandrinorum" (T; II) Pack^2 2226.

PSI I 10: Hom. *Il.* 8-13 (T; IV) Pack^2 833.

PSI I 17: anthology of epigrams (T; III; pl.) Pack^2 1608.

PSI I 18: Dion. Thrax *Ars Grammatica* (title; V) Pack^2 344.

PSI I 55: Greek index to *Dig.* 2 (T, M; VI; pl.) Pack^2 2965.

PSI I 99: new comedy, Men.? *Encheiridion*? (S; II; ph.) Pack^2 1654.

PSI I 100: Men. *Georgus* (S; IV) Pack^2 1307.

PSI II 123: Sappho Book 1 (M; II/III; pl.) Pack^2 1444.

PSI II 126: Men. *Aspis* (S; V; pl.) Pack^2 1318. "Kö" denotes lines in Körte's ed., 1938; "S" in Sandbach's, 1976.

PSI II 155: theological prose? (T; IV/V) Pack^2 2899.

PSI III 186: geometrical problem (T; IV) Pack^2 2320.

PSI III 250: symbols for numbers (T; III/IV) Pack^2 2335.

PSI VI 718: prescription (T; IV/V) Pack^2 2420.

PSI VI 720: Ar. *Pax* (M; III; ph.) Pack^2 150.

PSI VI 724: comm. on Lycoph. *Alex.* (T; III; ph.) Pack^2 1287.

PSI VIII 763: treatise on elementary arithmetic and geometry (T; 1) Pack^2 2315.

PSI VII 844, with revisions of A. Barigazzi, *ZPE* 18 (1975) 1ff: hymn to Isis (T; III?; ph.) Pack^2 1862.

PSI VII 846: old comedy (M; II/III; ph.) Pack^2 1628.

PSI VII 849: treatise on grammar (T; II) Pack^2 2155.

PSI VIII 1000: mythological fr. (T; IV) Pack^2 2463.

PSI IX 1091: mythological fr. (M; I/II) Pack^2 2450.

PSI X 1180, with revisions and readings from unpublished frr. by I. Andorlini, supplied by letter by M. Manfredi: prescriptions (T; II; ph.) Pack^2 2421.

PSI XI 1182: Gai. *Inst.* 3, 4 with Greek notes (M, interl.; IV/VI; partial pl.) Pack^2 2953.

PSI XI 1192: Soph. *OT* (M; II; pl.) Pack^2 1467.

PSI XI 1194: Ar. *Thesm.* (S; II; ph.) Pack^2 154.

PSI XI 1211: Aesch. *Myrmidones*? (M; I/II; pl.) Pack^2 34.

PSI XI 1219: see *Callim.* I pp.3, 11 etc., "*Schol. Flor.*"

PSI XII 1283: Philistus *De Sicilia* 5? (M; II; pl.) Pack^2 1343.

PSI XII 1285: Alexander romance in epistolary form (T; II; pl.) Pack^2 2114.

PSI XIII 1348: legal definitions and maxims in Greek and Latin (T, M; IV/V; pl. of a small part; the form of abbr. is given in the *ed.pr.*: A. Segré, *Studi in onore di P. Bonfante* III. Milan 1930, 421-28) Pack^2 2982.

PSI XIII 1350: Greek summary of *Dig.* 2 (T; VI; pl.) Pack^2 2279.

PSI XIV 1390, with revisions of H. Lloyd-Jones, P.J. Parsons in *Supplementum Hellenisticum* 413-15, forthcoming; presented by Parsons at the XVI International Congress of Papyrology: Euphorion *Thrax, Hippomedon Maior* (M; II; pl.) Pack^2 371.

PSI XIV 1399: draft of a speech (T, M; V/VI) Pack^2 2518.

PSI XIV 1449: Ulpian *Ad Edictum* 32 with Greek and Latin notes (M; IV?; pl.) Pack^2 2960.

PSI Omaggio 1: Men. *Theoph.*? (T?; 1/I; pl.) Uebel 1217. See also E.W. Handley, *BICS* 16 (1969) 96-101 and *CGF* 145.

P.Teb. I 2: paraclausithyron (from a mime?)(T; 2/1) Pack^2 1607.

P.Teb. II 273: medical prescriptions (T; II/III) Pack^2 2422.

P.Teb. II 274: planetary ephemeris (T; II) Pack^2 2034.

P.Teb. II 449: see ZPE 16 (1975) 47-50.

P.Vars. 5: book catalogue (T; III; pl.) Pack^2 2088.

P.Vat. (Sarti): see ZPE 3 (1968) 15-32.

Pap.Brux. XIII 11: Dem. 21 (T; IV/V; pl.) Pack^2 287.

Philol. 80 (1925) 339-40: elementary catechism in philosophy (T; II) Pack^2 2601.

PMG = Poetae Melici Graeci, ed. D.L. Page. Oxford 1962; p.6, "Schol. A" on Alcm. 1: Alcm. Partheneion (M; I; facs. with ed.pr.: P.Paris 71; partial pl.: Turner GMAW no. 16; for the form of abbr. not visible in the facs. or plate, see Alcman: The Partheneion, ed. D.L. Page. Oxford 1951, 11-16) Pack^2 78.

Proc. XIV = Proceedings of the XIV International Congress of Papyrologists, Oxford 24-31 July 1974. Egypt Exploration Society, Greco-Roman Memoirs 61; London 1975; 59-65, ed. W.E. Cockle: list of choral odes (T; I/II; pl.).

Proc. XIV 133-48, ed. E.W. Handley: new comedy (M; II?; pl.).

Quant. = Quantulacumque: Studies Presented to Kirsopp Lake. London 1937; 339-48, ed. H. Lietzmann: fr. of a chronicle (T; IV/V; pl.) Pack^2 2243.

Rech.Pap. = Recherches de Papyrologie 2 (1962) 113-16, ed. M. Papathomopoulos: gnomic verses (T; IV; pl.) Pack^2 1887a.

Rev.Et.Gr. = Revue des Etudes Grecques 17 (1904) 215-29: see CQ 37 (1943) 23-32.

Rev.Phil. 19 (1895) 177-79: epigram in honor of Augustus at Actium (T; I) Pack^2 1762.

Sav.Zeitschr. 23 (1902) 458-59: Greek marginalia on Dig. 5 (M; VI/VII; partial pl.: CLA VIII.1221) Pack^2 2966.

SBA = Sitzungsberichte der Königlich Preussischen Akademie der Wissenschaften zu Berlin: Philosophisch-historische Classe (1899) 857-64, ed. R. Reitzenstein, with revisions of O. Masson, Rev.Et.Gr. 64 (1951) 427-42: lyric, Archil. or Hipponax? (interl.; II; pl.) Pack^2 1895.

SBA (1901) 1319-21, ed. F.G. Kenyon: "Anonymi Londinensis Iatrica" add. (T; I/II) Pack^2 2339. See An.Lond.

SBA (1912) 524-44: see Callim. I frr. 227, 228.

SBA (1912) 1198-1219, ed. U. von Wilamowitz-Moellendorf and G. Plaumann: Hom. Il. (abbr. in stichometric notes at the end of Il. 11, 12, 14; IV; partial pl.) Pack^2 870.

SBA (1914) 222-44: see Callim. I frr. 23, 24, 57, 59.

SBA (1918) 747-49: see P.Schub. 22, fr. I.

SBA (1918) 749-50, ed. U. von Wilamowitz-Moellendorf: comm. on Pind. Pyth. 2 (T; III/IV) Pack^2 1357.

SBA (1918) 752-62, ed. U. von Wilamowitz-Moellendorf: history: on the siege of

Rhodes by Demetrius Poliorcetes, 304 B.C. (M; II; pl.) Pack^2 2207.

Schol.Sinait. = "Scholia Sinaitica," FIRA pars altera 637-52: Greek comm. on Paulus, Ulpian and (?)Gaius (T; A.D. 438-529; location of abbr. is identified by chapter numbers of the FIRA edition; forms of the abbr. are from the apograph of P. Krüger, Sav.Zeitschr. 4 [1883] 1-32) Pack^2 2958.

Stud.Cald. = Studi in onore di Aristide Calderini e Roberto Paribeni. Milan 1957; vol. II 147-50, ed. S. Eitrem and L. Amundsen: comm. on Eur. Tro. (T; V; ph.) Pack^2 429.

Stud.Pal. 4 (1905) 111-13, ed. C. Wessely: lexicon to Dem. 21 (T; IV/V) Pack^2 308.

SWA = Sitzungsberichte der Österreichishen Akademie der Wissenschaften in Wien: Philosophisch-historische Klasse 240 (1962) Abh. 2.5-25, ed. H. Gerstinger and O. Neugebauer: ephemeris for A.D. 348 or 424 (T; ·A.D. 350-450; partial pl.) Pack^2 2037.

WS = Wiener Studien 7 (1885) 116-22, ed. K. Wessely: Thuc. 8 (interl.; V/VI; pl.) Pack^2 1534.

ZPE = Zeitschrift für Papyrologie und Epigraphik 1 (1967) 81-93: see P.Köln II 59.

ZPE 3 (1968) 15-45 (P.Vat. [Sarti] + P.Innsb.Copt. 7), ed. D. Hagedorn and M. Weber: Men. Sententiae with Coptic translations (T; VII) Pack^2 1583 (fol. I-II), Uebel 1163 (fol. III-VIII). With the following entry.

ZPE 3 (1968) 46-49 (P.Lond. VIII fol. 1a + 3b), ed. D. Hagedorn and M. Weber: Men. Sententiae with Coptic translations (T; V/VI) Uebel 1164. With the preceding entry.

ZPE 5 (1970) 49-56: see P.Köln I 12.

ZPE 7 (1971) 119-48, no. 1, ed. A. Henrichs: glossary to Hom. Il. 1 (T; end of II; partial pl.) Pack^2 1163. Ed.pr.: Hermes 35 (1900) 611-21.

ZPE 12 (1973) 17-23, no. 10, ed. A. Henrichs: glossary and scholia to Hom. Il. 16, 17 (T; II/III; pl.).

ZPE 16 (1975) 47-50, ed. T.C. Carp: astronomical calendar (T; II) Pack^2 2035.

ZPE 29 (1978) 5-13, no. 1, ed. T. Renner: Hes. Theog. (interl.; IV/V; vidi).

ZPE 29 (1978) 279-86, ed. L.C. Youtie: medical text (T; II).

ZPE 31 (1978) 45-48, ed. T.C. Skeat: list of isopsephisms (T; V?) Pack^2 2109.

ZPE 31 (1978) 48-54, ed. T.C. Skeat: list of isopsephisms (T; II; pl. in ed.pr.: P.Oxy. XLV 3239).

ZPE 36 (1979) 91-100: see P.Haun. I 6.

ZPE 38 (1980) 229-43, ed. J. Kramer: Greek-Latin glossary (T; VI).

ZPE 39 (1980) 163-64, ed. P. Sijpestein and O. Neugebauer: astronomical text (T; III).

ZPE 41 (1981) 1-7, ed. T. Renner, Ar. Ach. (IV; S; pl.).

PART I: ALPHABETICAL INDEX OF ABBREVIATIONS

[In the entries below a figure in raised type refers to fragment, a small Roman numeral to a column. After a period the line number(s) are given, followed by a note on the context, as follows: T = main text; M = marginal note; interl. = interlinear note; S = speaker designation. In parentheses is the form of the abbreviation, if known, preceded by an asterisk if a plate or privately held photograph was consulted. The sign + prefixed to a lemma indicates a word not found in LSJ. For abbreviations of papyrological sources see the List of Papyri and Ostraca.]

A

Ἁβρ(ότονον) P.Cair.Men. pl.X.32, XII.6 etc., S at Men. Epit. 254Kö = 430S, 297Kö = 473S (*ἀβρ', αβρ'ͅ).

ἀγαθός: βέλτ(ιον) P.Oxy. XXVI 2445^{20}.1 M (*βελ̄). βέλ(τιον) P.Oxy. IX 1174 viii.18 M (βε^λ). ἄριστο(ν) Ath.Pol. 29.2, 3 = xii.5, 7 T (*αριστ^o).

Ἀγαμέμ(νων) BIFAO 54 (1954) 45-62 S at Hom. Il. 1.286. Ἀγαμέμ(νονα) ibid., in a phrase identifying the person addressed at Hom. Il. 1.294; P.Lond.Lit. 6 S at Hom. Il. 2.284.

ἀγαπάω: ἀγαπῶ(ν) P.Coll.Youtie I 2.43 T.

ἀγγεῖο(ν) Journ.Phil. 22 (1894) 238-46 M on Hom. Od. 3.444 (*αγγει̭^{o}).

ἀ(γγεῖον) P.Leid. II 199-259, 3.1 T (ᾱ̓; abbr. mark doubtful).

ἀγήραος: ἀγήρω(ν) P.Haw. 24-28 M on Hom. Il. 2.447 (vidi: αγηρ^ω).

ἀγήρατος: ἀγήρατο(ν) Philol. 80 (1925) 339-40.3 T (αγηρατ̭).

Ἀγησιχόρα: Ἀγησιχόρ(ας) PMG p.6, M on Alcm. 1.42 (*αγησιχο̭^{o}).

Ἀγησιχό(ρας) ibid. p.6, M on Alcm. 1.48 (*αγησιχ̭).

Ἀγιδώ: Ἀγιδο(ῦς) PMG p.6, M on Alcm. 1.48 (*αγιδ^o).

ἀγοράζω: ἀγοραζόμε(νον) Schol.Sinait. 11 T (αγοραζομ̭^{ε}). Uncertain: ἠγορ(άσθησαν?) P.Michael. 62^{A}ii.6, ^{D}i.26 T (*ηγορ̲).

ἄγω: ἤγαγ(εν) P.Oxy. XX 2258^{C2} front M.27 add. = Callim. I fr.384.22 add. (*ηγα^γ).

ἀγών: ἀγῶνο(ς) Dem.Comm. .28 T (*αγων^o).

ἀγωνίζομαι: ἀγωνίσασθ(αι) P.Ant. III 143.18 T (αγωνισασ^θ).

1

ἀ]γωνιζο(μένων) P.Oxy. VI 856.48 T (*α]γωνιζ°).
ἀγων( ) P.Oxy. III 413.213 M (*αγω^ν).
ἀγω( ) PSI I 55.74 T (*αγ/^ω).[1)]
ἀδάμας or ἀδαμάντινος: ἀδαμαν(τ-) P.Oxy. XXI 2295[47]i(?).2M (*αδαμα^ν).
ἀδελφή: ἀδελφ(ῆς) P.Ryl. III 475.20 M (*αδελφ).
ἀδελ(φός) P.Bodm. IV, dramatis personae (*⟦αδελ⟧). ἀδελφο( ) P.Haun. I 6[3].3 T (*αδελφ°).
ἀδελφ( ) P.Oxy. XXIII 2367[20].6 T (*αδελφ̃).
ἀδημονέω: ἀ]δημονεῖ(ς) P.Oxy. XLIV 3160 iii.24 T (α]δημονεῖ).
ἀδιαιρέτω(ς) P.Oxy. VI 853 v.15 T (αδιαιρετ^ω).
ἀδιάφορ(ος) Callim. I fr.228.1 M (αδιαφορορ' [sic]).
ἀδικέω: ἀδικούμ(ενοι) DWA (1925) Abh.2 fol.2a.23 T (αδικοῦ^μ).
ἀδύνατος: ἀδύ(νατον?) P.Teb. I 2^d verso.11 T.
ἀείρω: ἄρ(ον) P.Ryl. I 27.5 T.
ἀέκων: ἄκον(τα) P.Amh. II 18.112 T.
Ἀθηναῖος: Ἀθ(ηναῖοι) BKT I xv.15 colophon (*α^ϑ); P.Ryl. I 58.157 T (α̃). Ἀθηναίω(ν) Ath.Pol. 29.4, 56.3 etc. = xii.11, xxviii.22 etc. T (*αθηναι^ω). Ἀ]ϑ(ηναίων) P.Oxy. XVII 2087.6 T (*α]^ϑ). For Ἀθ(ηναῖοι) and (Ἀ)ϑ(ηναῖοι) in the phrase ὦ ἄνδρες Ἀθηναῖοι in Demosthenic texts, see s.v. ὦ.
αιαισ( )? Callim. I p.3.8 T, on Aet. 1.8 (*αιαισ⸗).
Αἴας: Α̣ἴ(αντος)? P.Köln II 59 i bottom M (*α̣ι̣/).
αἰγόκερως: αἰγόκ(ερω) P.Lund V 77-84.26 T (*αιγοκ); α]ἰγόκ(ερω) BASP 7 (1970) 35-38.6 T (*α]ιγοκ). α̣ἰγό(κερω) ibid. line 5 (*α̣ι̣γο); αἰγό(κερω) P.Lund V 77-84.13, 14 T (*αιγο); P.Mich. III 150.12 T (vidi: ΑΙ|ο̄); P.Teb. II 274^d v.41, 42 etc. T (αιγο). αἰγόκ(ερῳ) Astr.Mich. verso.5, recto.4 T (vidi: αιγ[ο]κ, αιγοκ).
αἰγό(κερῳ) ZPE 16 (1975) 47-50.38, 39 T.
Αἰγύπτιος: Αἰγύπ(τιον) P.Oxy. VIII 1088.43 T.
Αἴγυπτος: Αἰγύ[π]τ(ου) Ant.Th. M on Theocr. 15.48, B fol.6 recto (*α̣ι̣γυ[π̃]).
Ἅιδης: Ἅ]ιδ(ου) Callim. I fr. 191.2-3 M (*not clear: α]ι^δ?).
αἴξ: αἰγ(ός) MDV i.27, ii.30 etc. T (*αιγ).
αἰρέω: αἱρεῖσθ(αι) Ath.Pol. 30.2 = xii.28-29 T (*αιρεισ^ϑ). ἑλέσθ(αι) ibid. 13.2, 29.2 etc. = v.6, xii.1 etc. T (*ελεσ^ϑ).

---

1 In a Greek index to Dig. 2: εἰ δέ τις ζήτει ει [l[   ] ἐ[π]ὶ τῷ μὴ b(onae) f(idei) συναλλαγμά[τ]ων δύνατ(αι) ἀπὸ πάκι[του ̣ ̣] ̣ ̣ ̣[̣] κατ' ἀρχὰς πλατύνεσθ(αι) ᾖ αγ/.

ἀγων( ) - ἀλλά　　　　　　　　3

αἰσθητός: αἰσθητό(ν) An.Lond. xxxvi.39 T (αἰσθητ̥̊). αἰσθ(ητόν) ibid.
    xxxiv.4 T (αἰσ̥̊ϑ).
αἰσθ(τῶς) An.Lond. xxxiii.48 T. αἰσθ(ητῶς) ibid. xxxv.36 T.
Αἰσχυλος: Αἰσχυ(λ-) P.Oxy. XX 2257^1.5 T (*αισχ^υ).
Αἴσωπ(ος) P.Oxy. III 413.115 T (*αισω^π);
αἰ(τία) An.Lond. xxxi.52, xxxii.50 etc. T (ϰ̇). αἰ(τίας) (gen.) ibid.
    iv.41, xxii.28 etc. T. αἰ(τίᾳ) ibid. v.5, xxxii.21 T (*col.v:
    ϰ̇). αἰ(τίαν) ibid. xi.43, xxxvii.32 T. αἰ(τίας) (acc.) ibid.
    v.35 T (*ϰ̇).
αἴ(τιον) An.Lond. vii.25, 31 etc. T (ϰ̇). αἰ(τίου) ibid. xxxii.26 T.
    αἴ(τια) ibid. viii.1, xxxv.39 T. Αἰτίω(ν) Chr.Eg. 49 (1974) 324-
    31.13 T (*αιτι^ω). α̣ἰ̣(τίων) An.Lond. xxxii.33 T.
αἴ(τιος) An.Lond. xxvii.7 T (ϰ̇).
αἰ(τι-) An.Lond. xxxiv.22 T (ϰ̇).
ἀϰ̣ατ( )? P.Oxy. XXI p.141^6 $^{add.}$.35 M (.̣.α^τ).
ἀκούω: ἤκο(υ)σεν Callim. I fr.24.20 M (ηϰ^{ο}σεν).$^{2)}$ ἤκουσ(αν) P.Oxy.
    III 445 M on Hom. Il. 6.148 (*ηϰου̥̊; see n.13). ἀκού(σας) P.Oxy.
    IV 663.23 T (*αϰου̥̊).
ἀκρεμών: ἀκρεμό(νας) P.Giss.Univ. IV 40 ii.3 T (*ακρεμ^ο).
ἀκριβ( ) P.Oxy. XXV 2427^{1}ii.7, ^{3}i.5 etc. M (*ακρι^β).
ἀκρουροβόρος: ἀκρο(υροβόρον)? P.Graec.Mag. 4.2771 T.$^{3)}$
ἀλγηδών: ἀλγηδόν(α?) An.Lond. x.36 T (α̣λγηδον̅).
ʼΑλέξανδ(ρος) P.Oxy. IV 663.34 T (*αλεξαν^δ). ʼΑλεξάνδ(ρου?) P.Oxy.
    I 79 verso.1 heading?
ἁλικρείων: ἁλ]ι̣κρείοντ(ι), or] κ̣ρείοντ(ι) P.Oxy. XX 2258^{C2} ^{back} M.23 =
    Callim. I fr.384.1 (*] κρειον^τ).
ἁλίσκομαι: ἁλώσετ(αι) P.Lond.Lit. 138 ix.32 T.
ἀλιτήριος: ἀλιτ(ήρια?) P.Oxy. XVII 2076 i M.5 (*αλι̥̊τ).
ʼΑλκιβιάδη(ς) Aeg. 2 (1921) 17-22 verso.15 T (αλκιβιαδ^η).
ʼΑλκμ(άν) PMG p.6, M on Alcm. 1.6 (*αλϰ̇^{μ}). ʼΑλκ(μάν) Callim. I p.7.50 T,
    on Aet. 1.42 (*αλ^ϰ).
ʼΑλκμεωνίδης: ʼΑλκμεωνιδῶ(ν) Ath.Pol. 28.2 = xi.33 T (*αλκμεωνιδ^ω).
ἀλ(λά) An.Lond. v.8, 19 etc. T (*α̣^{λ}); BKT IV i.61, v.29 etc. T (*α̣^{λ},

___

2 For the form of the abbr. cf. ʼΙκάρο(υ), υἱο(ῦ) (*ικαρ^ο, υι^ο) etc. in
Callim. I fr.23, which is part of the same pap.; pl.: SBA (1914) 222-44.

3 The supposed abbr. is followed by the letters κοδηρε and is expanded by
the ed. (n. ad loc.) on the analogy of ἀκρουροβόρον κοδηρε, which occurs as part
of the δεσσεμιγαδων Logos in at least four other locations (P.Graec.Mag. II 34,
V 426, VII 683 and 896f.). Abbr. are rare in this text, however, and the omission
of letters here may be due to scribal error rather than an intention to abbreviate.

col.v). ἀ(λλά)? *PSI* VII 844 i.13 T (*ἀ′).
ἀλλήλων: ἀ]λλή(λ-) *P.Oxy.* XV 1809 i, top M.4 (*α]λλ^η).
ἀλλοῖος: ἀλλοῖο(ν) *Callim.* I p.7.62 T, on *Aet.* 1.45 (*αλλοι^ο).
ἄλλος: ἄλ(λη) *P.Oxy.* III 413.200, 201 S (*α^λ). ἄλλ(ο) *P.Arg.Gr.* 4-8 I recto C.7 T; *P.Cair.Masp.* II 67141 fol.II recto.27 T (*αλλ$). ἄλ(λο) *P.Lond.* I 46.172 M (*ἄ^λ). ἄλλ(ο)υ *P.Michael.* 62^C.22,23 T (*αλλ^υ). ἄλλη(ς) *P.Haw.* 24-28, M on *Hom. Il.* 2.782 (vidi: αλλ^η]). ἄλ(λης) *An.Lond.* ix.40 T (ἄ). ἄλλω(ν) *Ath.Pol.* 28.3, 29.2 etc. = xi.37, xii.4 etc. T (*αλλ^ω); *Journ.Phil.* 30 (1907) 1-83 xliii.19 T, xliii bottom M (αλλ^ω). ἄλ(λων) *An.Lond.* xxxvii.12 T. ἄλλο(ις) *Ath.Pol.* 6.3 = ii.33 T (*αλλ^ο). Uncertain: ἄλλο(ς)? *P.Oxy.* XLV 3219^1 i.12 T. ἄλ(λῳ or -λοις) *Journ.Phil.* 22 (1894) 238-46 M on *Hom. Od.* 3.284 (*ἄ^λ).^4) ἄλ(λ-) scripsi, ἄλ(λως) ed.: *MPER* VI 81-97 M at Xen. *Cyr. Cyr.* 5.2.22, 5.3.9 etc. (*α^λ). ἄλ(λ-), ἄλ(λ-) scripsi, ἄλ(λα) ed.: *P.Oxy.* XIII 1620 i top M, ii top M.4 (*α^λ, α^λ).
ἄλλο ( )? *P.Oxy.* XXI 2299^10(b) i.7 M (*αλλο3).
ἄλλ(ως) *Callim.* I p.7.24 T, on *Aet.* 1.22 (*αλ^λ). ἄλ(λως) *Callim.* I fr.228.18 M (α^λ). Uncertain: ἄλλ(ως)? *PSI* XIV 1399.8 T (αλλ'; for the expansion see *SIFC* N.S. 2 [1922] 208). See also ἄλλος and Part II A.
ἀλόγιστος: ἀ]λόγιστ(ε) *P.Oxy.* III 413.119 T (*α]λογιδ).
ἀλοχ( ) *P.Oxy.* XXVI 2442^98.2 M (*αλο^χ).
αλ( ) *P.Oxy.* XXIV 2390^33.3 T (*α^λ); αλ( ) *PSI* VII 849.3 T (ἄ^λ).
ἀμάρτ(ημα) *Dem.Comm.* .55 T (*αμαρ^τ).
ἀμβλυωπία: ἀμβλυωπ(ίας) *PSI* X 1180.99 T (*αμβλυῶ^π).^5)
ἄμμα: ἄμ[μ](ατα) *P.Lond.* V 1718 verso.17 T (αμ[μ]$).
ἀμμωνιακόν: ἀμμωνι(ακοῦ) *P.Arg.Gr.* 4-8^II recto.6 T (αμωνῑ). ἀμ]μων(ιακοῦ) ibid. ^II recto.5 T (αμ]μῶν). ?ἀμ]μων(ιακοῦ) *P.Ryl.* I 29a.4 T.
Ἀμμώνιος: Ἀμμωνίο(υ) *P.Oxy.* XXIV 2396.2, on a book label (*αμμωνι^ο). Uncertain: Ἀμμ]ωνι(ος)? *Akten* XIII 99-110.53 T (*?αμμ]ων^ι). Ἀμ(μώνιος?) *Journ.Phil.* 22 (1894) 238-46, M on *Hom. Od.* 3.438, 478 etc. (*ἄ^μ).

---

4 *Scripsi*. The word is found in a marginal note giving a variant on *Od.* 3.284, κατέσχετ' ἐπειγόμενος: κατέσχετ(ο) 'πειγόμ(ενος) 'Απίω(ν) ⟦μ(ετ)οχ(ή)⟧| καὶ ἐν ἄλ(λῳ, -λοις). For the last four letters of the note Allen, *OCT* prints ἐναντίον).

5 So I. Andorlini; ἀμβλυωπ(εῖς) *ed.pr.*

ἀλλήλων - ἀναλαμβάνω 5

ἀμνίο(ν) Journ.Phil. 22 (1894) 238-46 M on Hom. Od. 3.444 (*αμνι̊).
Ἀμφιάρ(αος) P.Oxy. VI 852¹iv.15, ⁶⁴ii.63 S (*fr.64: αμφια°).
   Ἀμφ(ιάραος) ibid. ¹iv.29 S (αμ^φ).
Ἀμφιτρύων: Ἀ]μφιτρύω(νος) P.Oxy. XXVI 2442³²i.17 M (*α]μφι|τρυ^ω).
ἀμφότερος: ἀμφοτ̣(έροισι) P.Oxy. XX 2258^{Cl back}.27 M, on Callim. I
   fr.110.65-68 (*αμφο^τ). Uncertain: ἀμ(φότεροι)? P.Oxy. XXII 2327
   ²⁷i.10 M (*α̊^μ);⁶⁾ XXXII 2617⁷i.3, ²².2 M (*α̊^μ, α̊^μ; for expansion
   see ed., fr.12). ἀμφο(τέρων?) PSI VII 849.54 T (αμφ°).
   ἀμ̣(φοτέροις)? P.Oxy. XXXII 2617¹².3 M (*α̊^μ). ἀμφο(τερ-) PSI VII
   849.54 T (αμφ°).
α̣μ̣( ) P.Oxy. XXII 2315¹.5 M (*α̊^μ). See also ἀμφότερος.
ἀν(ά) Ber.Berl. 37 (1916) 161-70.21?, 22 T (*not clear: αν̄ or αν);
   P.Mich. III 145^{III}iv.1 T (vidi: αν).
   α', ἀ = ἀ(νά): Ath.Pol. 47.2, 3 etc. = xxv.15, 17 etc. T (*); BKT I
   iv.4, v.20 etc. T; VII 31-34.20 T(*); P.Oxy. XVII 2087.18, 38 T
   (*). Uncertain: PSI VII 849.55 T (ἀ; context lacunose).
ἀναβιβάζω: ἀναβιβάσαντ(ες) P.Amh. II 18.255 T.
ἀναγιγνώσκω: ἀνάγν̣(ωθι) Schol.Sinait. 52 T (αναγν'). ἀνάγ̣(νωθι) ibid.
   26 T (αναγ–).
ἀναγκαῖος: ἀναγκ(αίων) Journ.Phil. 30 (1907) 1-83 xl bottom M (αναγ^κ).
ἀν(άγ)κη BKT IV: see Part II D ad fin.
ἀνάγνω(σις)? Callim. I p.7.36 T, on Aet. 1.34-35 (*αναγν^ω).
ἀναγραφή: ἀναγρ(αφῆς) P.Lond.Lit. 138 ii.34 T.
ἀναγράφω: ἀναγρ(άφονται) P.Lond.Lit. 138 ii.33 T.
ἀναδίδωμι: ἀναδ(ίδοται) An.Lond. xxv.36c M.
ἀνάδ(οσις) An.Lond. xxv.19 T (ανα^δ). ἀναδόσ(εως) ibid. xxv.14 T
   (αναδ^δ). ἀνάδ(οσιν) ibid. xxv.25 T (ανα^δ).
ἀναθυμιάω: ἀναθυμ(ιαθεῖσαι) An.Lond. vi.32 T (αναθυ^μ).
ἀναίρεσις: ἀναιρέσε(ως) P.Ant. I 23 M at Eur. Med. 826 (*not clear:
   αναιρεσε–?).
ἀναιρέω: ἀναιρεθῆ(ναι) P.Oxy. XXVI 2442²⁹ M.4 (*αναιρεθ^η).
   ἀναιρεθέντο(ς) ibid. ²⁹ M.7 (*αναιρεθεντ°).
ἀναλαμβάνω: ἀναληφθήσετ(αι) P.Lond.Lit. 138 vii.16 T, αναληφθεισετ(αι)
   pap. ἀναλαβ(ών) PSI X 1180.35-36, ^{A ined.}ii.28 T (*αναλα^β).

_____

6 Scripsi. The abbr. accompanies an alternate reading in the margin and may indicate that the variant occurred in both of the texts which the reviser of this papyrus used for comparison, namely those of Ἀπίω(ν) and Νι(κάνωρ?). Apion's name accompanies three other variants, and Nicanor's name accompanies one.

Uncertain: ἀναλάμβ(ανε?) *PSI* X 1180$^{A\ ined.}$·iii.38, $^{B\ ined.}$.3 T
(*αναλαμ^β, αν]α̣λαμ^β).

ἀναλίσκω: ἀναλίσκεσθ(αι) *Ath.Pol.* 26.1 = xi.13 T (*αναλισκεσ^ϑ).
ἀ̣γ̣αλωθῆν(αι) *PSI* XIII 1348, 4.33 T (αναλωθην).

ἀναμίγνυμι: ἀναμίσγεσθ(αι) *Ath.Pol.* 21.3 = ix.4 T (*αναμισγεσ^ϑ).

ἀναπαισ(τικός?) *P.Oxy.* III 413.57, with a stage direction (*αναπε̣^{σ}).

ἀνάπαιστος: ἀνάπαιστ(ον) *Callim.* I fr.1.1 M (αναπαισ^τ). ἀναπαίστ(ους) *ibid.* (αναπαισ^τ).

ἀνάπαλ(ιν) *Callim.* I p.7.58 T, on *Aet.* 1.43 (*αναπα^λ).

ἀνατέλλω: ἀν(α)τ(ελλοντ-) *P.Oxy.* XX 2258$^{Cl\ back}$ M.14 = *Callim.* I fr.110.67-70 M (*αν^τ).

ἀναφέρω: ἀνηνέχ(θη), ἀ]νηνέχ(θη) *P.Mil.* II 73.1, 9 T.

Ἀνδρόγυνος: Ἀνδρογύν(ου or -ων) *Proc.* XIV 59-65 i.5 T (*ανδρογυ̣^{ν}).

ἄνεμος: ἀνέμ(ῳ) *P.Oxy.* XXIII 2367^7.10 T (*ανε^μ).

ἀνεξέταστος: ἀνεξέταστο(ν) *BKT* VII 31-34.33 T (*ανεξεταστ^ο).

ἀνεσθ( ) *CQ* 37 (1943) 23-32 ii.12 interl.

ἀνέφελος: ἀννεφέλοι(σιν) *PSI* VII 844 i.4 T (*αννεφελο̣ι̣).

ἀνηλωτικός: ἀνηλω(τικῷ) *P.Lond.* II 265.45 T (ανηλ^ω).

ἀνήρ: ἀνδ(ρός) *BKT* IV iii.44 T (αν^δ). ἀνδ(ρες) *BKT* I xv.15 colophon (*αν^δ). See also the phrase ὦ ἄνδρες Ἀθηναῖοι, s.v. ὦ.
ἀνδρῶ(ν) *Ath.Pol.* 12.4 = iv.40 T (*not clear: ανδρ^ω?). ἀν(δρῶν?) *P.Köln* I 34 interl. above Hom. *Il.* 14.315 (ἄ̣).

ἄνθεμ( ) *P.Oxy.* XLII 3000 M.17 (*ανθεμ').

ἀνθρώπινος: ἀνθρωπίν(ης) *P.Oxy.* VII 1017 xix.34 M (*ανθρωπι̣^{ν}).

ἄ[ν]θρωπ(ος) *ZPE* 7 (1971) 119-48 vii.13 T (*not clear). ἀν(θρώπ)ου *MIFAO* 9 (1893) fasc.2 T (*pl.3 ii.29: α̅ν̅ο̅υ̅).$^{7)}$ ἀν(θρωπ)ον *P.Holm.* iii.16 T (α̅ν̅ο̅ν̅). ἀ̣νθ(ρωπον) *BKT* IV iii.50 T (α̣ν^ϑ). ἄνθρ(ωποι) *P.Leid.* II 199-259, 15.19 T (ανθρ). ἀνθρώπ(ων) *DWA* (1925) Abh.2 fol.1a.21 T (ανθρ̣ω̣^{π}). ἀν(θρώπ)ων *P.Ross.Georg.* I 18 recto.11 T (α̅ν̅ω̅ν̅). ἀνθρώπ(οις) *Ant.Th.* M on Theocr. 15.26, B fol.5 recto (*ανθρω̣^{π}). ἀν(θρώπ)οις *P.Ross.Georg.* I 18 recto.4 T (α̅ν̅ο̅ι̅ς̅). ἀνθ(ρωπ-) *P.Oxy.* XLII 3000 M.19 (*αν^ϑ).

ἀνίημι: ἀνίεσθ(αι) *Ath.Pol.* 26.1 = xi.9 T (*ανειεσ^ϑ).

ἀνίστημι: ἀναστήσασθ(αι) *Ath.Pol.* 15.2 = v.43 T, emended to ἀνασψσα-σθαι by Kenyon, *OCT* (*not clear: αναστησασ^ϑ?).

---

7 *Nomina sacra* are used for the various inflected forms of ἄνθρωπος, θεός, Ἰσραήλ, κύριος, πατήρ and πνεῦμα in this text of Philo, but the exact location of abbreviations is not indicated in the printed edition; only a few forms are represented in the available plates.

ἀναλίσκω - ἀντὶ τοῦ 7

ἀννέφελος: see ἀνέφελος.
ἀνόλεθρος: ἀνολέθρου(ς) PSI I 10 T, on Hom. Il. 13.761 (ανολεθρ$\overset{o}{\upsilon}$).
ἀντεπιγράφω: ἀντεπιγράφετ(αι) P.Bodm. IV hypothesis.15 (*αντεπιγραφε$\overset{τ}{\text{ }}$).
ἀντεταγ(ών) P.Oxy. XXXIV 2697 M at Ap.Rhod. Argon. 2.119 (*αντετα^γ).
ἀντ(ί) Comm.Arat. III B.3 M (*αν^τ); Mél.Maspero I 148-51^{b}i.18 T, in the
    phrase ἀντ(ὶ) τ(οῦ) (*αντ^τ). ἀν(τί) MPER VI 81-97 M at Xen. Cyr.
    5.3.12 (*α^ν);[8] ἀν(τί) P.Oxy. XV 1788^{15}i.15 M (*ἄ; for the form
    see PLF F 3[b].26ff marg.); ἀν(τί) P.Oxy. XXVI 2450^{1}ii.22 M (*ἄ).
    ἀ(ντί) P.Oxy. XVII 2087.31 T (*α′). Uncertain: ἀν(τὶ) or ἀν(τὶ
    τοῦ) P.Oxy. XXV 2430^{118}.6 M (*α^ν). See also s.v. ἀντὶ τοῦ.
ἀντίγραφος: ἀντιγ(ράφῳ) P.Oxy XXV 2430^{1}ii.5 M (*ἀντί).ἀντιγρά(φοις)
    P.Oxy. XXIV 2387^1 top M.2 (*αντιγρ^ν).
ἀντιδημαγωγέω: ἀντιδημαγωγῦ(ν) Ath.Pol. 27.3 = xi.23 T (*αντιδημαγωγ^ω).
Ἀντίδοτος: Ἀντιδότο(υ) Ath.Pol. 26.4 = xi.18 T (*αντιδοτ^ο).
ἀντιλαμβάνω: ἀντιλαμβ(άνεται) An.Lond. xxxiv.39 T (⟦αντιλαμ$\overline{\text{β}}$⟧).
    ἀντιλαμβάνεσθ(αι) Ath.Pol. 24.1 = x.3-4 T (*αντιλαμ|βανεσ^θ);
ἀντιλέγω: ἀντιλεγόν(των) BKT IV v.45 T (αντιλεγο^ν).
Ἀντιόφημος: Ἀντιοφή(μου) P.Corn. 55.8 T.
ἀντιπαραγραφή: ἀντιπαραγρα(φήν) PSI I 55.72 T (*αντιπαραγρ^α).
    ἀντιπαραγρα(φ-) ibid. .101 T (*αντιπαραγρ^α).
ἀντιστροφή: ἀντιστρο(φῆς) P.Oxy. XIII 1604^{1}i.20 M (*αντιστρ^ο).
ἀντίστρο(φος) P.Oxy. XXI 2299^{10b}i.7 M (*αντιστρ^ο).
ἀντὶ τοῦ (see also s.v. ἀντί, τοῦ): ἀντ(ὶ τοῦ) Ant.Th. M on Theocr.
    18.24, 53 etc., B fol.5 verso, recto (*α$\overline{\text{ν}}$); Callim. I p.7.61 T,
    on Aet. 1.45 (*αν^τ); P.Oxy. V 841^{83+84}, ^{128}ii M (αν^τ, *αν^τ);
    P.Oxy. XX 2258$^{A2\text{ front}}$.10, 13 M = Callim. II p.47, on Ap. 10, 13
    (αν^τ); PSI VI 724.25, 28 etc. T (*αν^τ).
    ἀν(τὶ τοῦ): Ant.Th. M on Theocr. 2.2, 2.140, B fol.3 verso, fol.4
    recto (*αν-, αν); Callim. I fr.228.10, 12 etc. M (α^ν); P.Amh.
    II 13 i.5, 19 M (*ἄ); P.Oxy. V 841^{3}ii, ^{6} etc. M (*α^ν); V 843.390
    M (*ἄ); VIII 1082^{3}ii.18 M (*α^ν); VIII 1087.7 T (*α^ν); XI 1360
    ^{13}.2 M (α^ν); XIII 1604^2.7 M (α^ν); XV 1788^{15}i.18 M (*ἄ); XVIII
    2166(c)^{2}i.9, ^{6}i.8 M (α^ν); XXI 2301$^{1(a)}$.5 M (*α^ν); XXI p.140^4
    add. .12 M (ἀ^ν); XXII 2327^{27}i.16 M (*ἄ); XXIV 2390^{2}iii.21, ^{33}.2
    T (*α^ν); XXV 2429^{1}ii.10, ^{7}.10 (etc.?) T (*ἄ); XXV 2430^{78}i.6,

---

8 Scripsi. The abbr. occurs in a marg. note beside Cyr. 5.3.12, ἀντ]ιλ[άβοι
δ]ὲ κἀκεῖν[ος: ἀν(τὶ) τοῦ καὶ κ[εῖνος. The ed.pr. records the note as ἄλλ(ως)
(ἀντιλάβοι)το καὶ κ[εῖνος.

^{79}.3(?) etc. M (*ά̄); XXVI 2442^{29} M.3, ^{32}i.23 M (*ά̄); XXVI 2445 ^{1}i.7, ^{13}.2 M (*ά̄); XXVI 2451^{A1}i.30, ii.3 etc. T (*ά̄); XXVIII 2495^{25}.4 interl. (*A^{M}); XXXVII 2813^{9}.3 T (*α^{ν}); *P.Ryl.* III 483.4 M (*ά̄); *PSI* XI 1182.34 interl. (*[ά̄]); XI 1211.7 M (*α^{ν}); *PMG* p.6, M on Alcm. 1.79 (*α^{ν}). Uncertain: ἀντ(ὶ τοῦ) or ἀν(τὶ) τ(οῦ) *APF* 2 (1903) 196-206 T, on Hom. *Il.* 5.155, 187 etc. (ΑΝ̄); *DWA* (1925) Abh.2 fol.2a.43 T (αν̄). ἀν(τὶ τοῦ)? *Mus.Helv.* 33 (1976) 1-33 ii.20 M (*ά̄); *P.Oxy.* XVIII 2166(e)^{8}.3 M (α]^{ν}); XVIII 2174 ^{1}i.2 M (*α]^{ν}); XXI 2299^{8}i.8 M (*α̣^{ν}); XXIII 2361^{2} M (*α^{ν}); XLII 3000 M.12, 17 (*ά̄, ά̣̄).

Ἀντώνι(ος)? *O.Mich.* I 659.1 T (*αντωνι).

ἄν(ω) *P.Oxy.* VI 852^{1}ii.8 M (*α^{ν}); XI 1358^{2} bottom M (*α^{ν}). Uncertain: ἄν(ω) *BKT* II ix.32a, xxxix.37a M (ά̣ν̄?);$^{9)}$ ἄν(ω)? *Proc.* XIV 133-48^{J} M (*ά̄).$^{10)}$ See also αν( ).

ἄνω(θεν)? *Callim.* I p.7.46 T, on *Aet.* 1.41 (*αν^{ω}).

α̣ν̣( )? *P.Heid.* N.F. II 197 recto ii.6 T (αν̄? αγ^{τ} or συν̄ also possible); αν( ) *PSI* VII 846.10 M (*αν̄). See also s.v. ἄνω.

ἀόριστος: ἀο̣[ρ]ι̣σ(του), ἀ]ο̣ρ[ί]σ̣(του) *P.Ryl.* III 534.27, 42, headings in text. ἀορ(ίστου) ibid. .60, 85, headings (*αορ̣).

ἀπάγω: ἀπαγό(ν)τα[ς] *BKT* VII 31-34.55-56 T (απαγα|γ^{o}τα[ς]).

ἀπερ[ί]γρα(πτος) *P.Oxy.* XXIV 2387^{1} top M.5 (*απερ[ι]γρ^{α}).

ἀπεχθάνομαι: ἀπεχθάνεσθ(αι) *Ath.Pol.* 11.1 = iv.5 T (*απεχθανεσ^{θ}).

Ἀπίω(ν) *Journ Phil.* 22 (1894) 238-46 M, on Hom. *Od.* 3.284, 290 (*απι̣^{ω}); *P.Oxy.* XXI 2295^{54}.2, ^{55}.2 M (*απι̣^{ω}); XXII 2327^{2a}i.10, ^{19}i.4 etc. M (*απι̣^{ω}, απι̣^{ω}).

ἀπ(ό) *APF* 24/25 (1976) 55-84 ii.10 T (*ά̄^{π}); *BKT* IV i.10, v.30 etc. T (*col.v: ά̄^{π}); *Callim.* I fr.23.3, 11 T (*απ'); *P.Giss.Univ.* IV 40 ii.14 T (*ά̄^{π}); *P.Ryl.* I 27.10, 11 T. ἀ(πό) *Callim.* I fr.43.28-30, 33 M (*α'); *PSI* VII 849.8, 10 etc. T (α'). Uncertain: *SBA* (1918) 749-50.6 T.$^{11)}$

ἀπογρα(φή) *Ath.Pol.* 43.4 = xxii.35 T (*απογρα⌒).

ἀπογράφω: ἀ]πεγέγρ(απτο) *P.Oxy.* IX 1174 iii.13-14 M (*Α]ΠΕΓΕΓ^{ρ}).

---

9 *Scripsi*, on the analogy of ἄν(ω) in *P.Oxy.* VI 852 and XI 1358. The ed. reports the abbr. as α surmounted by a suprascript abbr. mark or ω.

10 *Scripsi*, following the suggestion of E.G. Turner, *Mus.Helv.* 33 (1976) 5 n.9a. Αν( ), Να( ), Α( )ν( ) or Ν( )α( ), standing for the name of an editor or commentator, are also possible interpretations (so *ed.pr.*)

11 The ed. reports that the usual abbreviations are used in this text, and does not specify whether the scribe used α᾽ or α' for ἀ(πό).

ἀποθνήσκω: ἀποθανόντ(ος) Ant.Th. M on Theocr. 15.102-03, B fol. 6 verso, bottom M.1 (*αποθανοῦ).
ἀποκλύζω: ἀποκλύσα(ς) P.Holm. xxvi.32 T (αποκλυσᾱ).
ἀποκρίνω: ἀποκρίνε(σθαι) An.Lond. xxvi.37 T. ἀποκρινο(μένου) ibid. xxvii.36 T.
ἀπόλλυμι: ἀ[πό]λοιτ(ο) P.Oxy. XX 2258^(C1 front) M.14 = Callim. fr.110.48 (*α[πο]λοι^τ). ἀπόλλυσθ(αι) Ath.Pol. 26.1 = xi.13 T (*απολλυσ^θ). Uncertain: ἀπώλ(εσε?) Callim. I fr.43.31-32 M (*απώ).
Ἀπόλλ(ων) P.Oxy. IX 1174 xvii.13 S (*απολ^λ).
Ἀπολ(λωνάριον) (acc. of Ἀπολλωνάριον) P.Mil. II 73.8 T.
Ἀπολλωνία: Ἀπολλ(ωνίᾳ) P.Oxy. III 413.120 T (*απολ^λ).
ἀπορέω: ἀπορ(εῖ) An.Lond. xxvi.41 T (απορ̄).
ἀποστάζω: ἀποσταζομ(ένου?) PSI X 1180^(C ined.) i.37 T (*αποσταζο^μ).
ἀποτελέω: ἀποτελεσθ(έντων) An.Lond. xii.27 T.
ἀποτίθημι: ἀπόθο(υ) PSI X 1180^(C ined.) i.38 T (*αποθ^ο).
ἀρασσ( ) P.Oxy. III 413.116 T (*αρασ^σ)
Ἀργολικός: Ἀ[ργο]λικ(ά) P.Oxy. XX 2258^(C2 front) M.27 = Callim. I fr.384.22 M add. (*ἀ[ργο]λι^κ).
ἀργύριο(ν) Ath.Pol. 22.7 = ix.27 T (*αργυρι^ο). ἀργ(ύριον) Dem.Comm. .40 T (*αρ^γ). ἀργ(υρίου) P.Oxy. XI 1382.18 T.
Ἄρειος: Ἀρείο(υ) Ath.Pol. 4.4 = ii.9 T (*αρει^ο).
ἀριθμ(ός) P.Oxy. XV 1808 ii M.6 (*αριθ^μ). ἀριθμ(οί) P.Oxy. XLII 3000 colophon (*αριθ^μ).12) ἀριθμ(ῶν) P.Rein. II 86.8 T. ἀριθμ( ) PMG p.6, M on Alcm. 1.64 (*αριθμ').
Ἀρίσταιχμος: Ἀρισταίχμο(υ) Ath.Pol. 4.1 = i.41 T (*αρισταιχμ^ο).
Ἀρίσταρχ(ος) P.Haw. 24-28, M on Hom. Il. 2.682, 707 etc. (vidi: αρισταρ^χ); P.Oxy. XXIII 2368 i.9 T (*αρισταρ^χ). Ἀρί(σταρ)χ(ος) PMG p.6, M on Alcm. 1.38 (*αρί̣). Uncertain: Ἀρί(σταρ)χ(ος) P.Oxy. XXVII 2452: see n.15. Ἀρίσ(ταρχος?) P.Oxy. V 841^134.9 M (αρι^σ). Ἀρ(ίσταρχος?) P.Oxy. V 841^3 ii interl. (*αρ^↲).
Ἀρι(στάρ)χ(ου)? P.Oxy. III 445 M on Hom. Il. 6.148 (*αρί̣)^χ. 13)

---

12 The abbr. is written in the colophon beside a tally of lines (in acrophonic notation?). For the expansion as a nom. cf. αριθμ̣ ΓΗΗΗΗΔΔΔΔ[, P.Ryl. III 540 col. xx colophon. For other examples of acrophonic numerals in papyri see Appendix VII.

13 Ἀρι(στάρ)χ(ου) (F. Blass, APF 3 [1906] 258f) occurs in the marg. note αἱ (scil. ἐκδόσεις) Ἀρι(στάρ)χ(ου) ἤκουσ(αν) (so ed.pr.; H. Erbse, Schol.Il. II 123) ὥρη, which is written beside Il. 6.148. The main text of the papyrus contains the dative ὥρη]ι, which was the reading of Aristophanes; the nominative ὥρη, evidently the reading of Aristarchus, occurs in most Mss. For a summary of editors' treatment of the note see Erbse, loc. cit.

See also Ἀριστοφάνης.

Ἀριστείδ(ης) Ath.Pol. 23.4, 24.3 etc. = ix.44, x.11 etc. T (*αριστει^δ). Ἀρι(στείδης) P.Cair.Men. pl.L.13, S for Eup. Demoi = Austin CGF 92.35 (*αρ̥ι̥).

Ἀρ(ιστό)νι(κος)?[14] P.Oxy. V 841^{15}i M (*ΑΡΝ); IX 1174 iii.20, vi.8, ?ix.6 M (*col.vi: ΑΡΝ), for col.ix see Νι(κάνωρ) and n.51; XXXVII 2803^{1}i.4 M (*ΑΡΝ). Ἀ(ριστό)νι(κος) P.Oxy. V 841^{13}ii.89 M (*ΑΝ). Ἀρ(ιστό)γ(ικος)? P.Oxy. IX 1174 iii.20 M (αρ̥^{ν}). Ἀρ(ιστο)νί(κου)? P.Oxy. XXIV 2387^1 top M.4 (*ΑΡΝ).

Ἀριστοτέλ(ης) P.Oxy. XVII 2087.6, 43 T (*αρισ[τ]οτε^λ, αριστοτε^λ). Ἀριστο(τέλης) Callim. I p.7.25 T, on Aet. 1.22 (*αριστ^ο).

Ἀριστοφάνη(ς) P.Oxy. XV 1801.46 T. Ἀρ[ιστ]οφά(νης) Aeg. 2 (1921) 17-22 verso.31 T (αρ[ιστ]οφα⁻). Ἀριστο(φάνης) PMG p.6, M on Alcm. 1.32 (*αριστ^ο). Ἀριστοφάν(ους) P.Bodm. IV hypothesis (*αριστοφαν). Ἀριστοφ(άνει) P.Oxy. XV 1801.45 T. Uncertain: Ἀρι(στοφάνης?) P.Oxy. XXVII 2452^2.16 M (*αρι).[15] Ἀρ(ιστοφάνης?) P.Oxy. XV 1805 M on Soph. Trach. 744 (vidi: ⟦α^ρ⟧).[16]

Ἀριστο( ) P.Ross.Georg. I 22 ii.17 T.

Ἀρίφρων: Ἀρίφρονο(ς) Ath.Pol. 22.6 = ix.27 T (*αριφρον^ο).

Ἀριφ(ρων) or Ἀριφ(ράδης)? P.Oxy. III 432.8 S.

Ἀρι( ) P.Oxy. XXVII 2452: see n.15; XXXV 2735^{33}.3 M (*αρ̥).

Ἀρκαδικός: Ἀρκαδ(ικούς) Callim. I p.7.55 T, on Aet.1.43 (*αρκα^δ). Ἀρκαδ( ) Callim. I p.7.53 T, a lemma from Aet. 1.43 (*αρκα^δ).

ἄρκτος: ἀρκ(των) P.Aberd. 128.1 heading.

Ἁρμόδιο(ς) Ath.Pol. 18.4 = vii.25 T (*αρμοδι^ο). Ἁρμόδιο(ν) Ath.Pol. 18.2 = vii.19 T (*αρμοδι^ο).

ἄρο(τρον) P.Oxy. XXXIX 2887^1.21 T (*αρ̥^{ο}). Uncertain: ἄρ[ο]τρο(ν) PMG p.6, M on Alcm. 1.60 (*αρ[ο]τρ̥^{ο}).

---

14 For the expansion of ΑΡΝ as Ἀρ(ιστό)νι(κος) and Ἀρ(ιστο)νί(κου) see the comment of E. Lobel on P.Oxy. XXIV 2387^1 marg. The location of the abbr. αριν^ι, which he mentions as a contraction of presumably the same name, is not known to me. Cf. n. 51.

15 Directly above the iota of αρι is a chi whose function is not clear. If it is not the critical siglum chi, it must belong to this abbreviation, which might then be expanded as a form of Ἀρί(σταρ)χ(ος) such as appears in PMG p.6 and, possibly, P.Oxy. III 445.

16 So ed. The abbr. accompanies an alternate reading in the marg. of a text of Soph. Trach. In other papyri of Soph. (P.Oxy. IX 1174, XXVII 2452), Ἀρ(ιστό)νι(κος) (?), Ἀρ(ιστό)γ(ικος) (?) and perh. Ἀρί(σταρ)χ(ος) (see n.15) are cited.

Ἀριστείδης - αρ( ) 11

ἄρουρα: ἀρούρ(ᾳ) P.Michael. 62^C.21 T (*ᾱρουρ). ἀρου(ραι) P.Chic. 3.ii.2,
iii.15 etc. T (*αρο^υ). ἀρου(ρῶν) P.Michael. 62 ii.1, 10 etc. T
(*αρο^υ). ἀρο(υρῶν) MPER N.S. I 1 vii.7 T (αρὁ). ἀρ(ούρας) Ber.
Berl. 37 (1916) 161-70.2, 29 T (*not clear: αρ?). Uncertain:
ἀρουρ(ῶν?) P.Michael. 62 II (recto).25 T (*αρουρ).
ἁρπάζω: ἡρπάσθ(αι) Callim. I fr.228.45 M (ηρπασ^ϑ).
Ἁρποκρατίων: Ἁρποκρατίωνο(ς) P.Vars. 5.35 T (*αρποκρατιων^ο).
ἄρρην: ἀρρένω(ν) PSI VII 849.55 T (αρρεν^ω).
ἄρρητος: ἀρρήτ(ων?) P.Oxy. XV 1808 ii M.10 (*αρρη^τ).
Ἀρρη(φόρος), expanded as Ἀρρ(ηφόρος) in ed.pr. and CGF 104: P.Oxy.
XXVII 2462.15 T (*αρρ^η).
ἀρσενικ(ῶς) P.Oxy. XVII 2087.12 T (*αρσενι^κ).
Ἀρσινό(η) Callim. I fr.228.10 M (αρσιν^ο). Ἀρσιν(όη) Callim. I p.7.45,
on Aet. 1.41 (*αρσι^ν). Ἀρσιν(όης) P.Oxy. XX 2258^{C1} front M.16 =
Callim. I fr.110.45 M (*αρσι^ν). Uncertain: Ἀρσιν(όη?) Callim. I
fr.228.37 M (αρσι^ν).
ἀρτάβη: ἀρτ(αβῶν) P.Michael. 62^{A}i.3, ^{C}.22 T (*αρ̄). Uncertain:
ἀρτ(άβαι?) ibid. ^{A}ii.6 T (*αρ̄). ἀρταβ( ) P.Lond. V 1718 verso.70
T (αρταβ/).
Ἄρτεμις: Ἀρτέμι(δος?) P.Oxy. XXXII 2636 ii.22 T (*αρτεμι^δ).
ἀρτηρία: ἀρτ(ηρία) An.Lond. xxviii.43 T. ἀρτηρί(αι) ibid. xxix.7 T.
ἀρτηριῶ(ν) ibid. xxvi.32, xxviii.45 etc. T (αρτηρι̇^{ω}). ἀρτηρία(ς)
ibid. xxvi.48b, 48e M.
αρυ( ) P.Teb. I 2 verso^d.13 T.
ἀρχαῖος: ἀρχαῖο(ν) Ath.Pol. 8.2 = iii.19 T (*αρχαι^ο). ἀρχαίω(ν) ibid.
7.4 = iii.7 T (*αρχαι^ω).
Ἀρχεβούλ(ειον) Callim. I fr.228.1 M (αρχεβου^λ).
ἀρχή: ἀρχῆ(ς) P.Haw. 24-28 M on Hom. Il. 2.782 (vidi: αρχ^η). ἀρχ(ήν)
Ath.Pol. 24.2 = x.7 T (*αρ^χ). ἀρχῶ(ν) Ath.Pol. 3.4, 8.2 = i.27,
iii.20 T (*αρχ^ω). Uncertain: ἀ(ρχ)ή? P.Graec.Mag. 4.944 T (αη).
ἀρχιδ(ικαστής) P.Schub. 42.55 T.
Ἀρχιμ( ) P.Ross.Georg. I 22 ii.17 T.
ἄρχω: ἀρχ(όμενα) PSI VII 849.10, 17 etc.(?) T (αρ^χ). Uncertain:
ἀρχ(ούσης?) P.Oxy. I 35 verso.17 M. ἀρχο(μένη?) Astr.Mich. recto.3
T (vidi: αρχο). ἀρχ( ) P.Oxy. XXVI 2442^{96A}.11 or 12 M (*αρ^χ).
ἄρχω(ν) Ath.Pol. 3.5 = i.31 T (*αρχ^ω). ἄρχοντο(ς) ibid. 4.1, 21.1etc. =
i.41, viii.41 etc. T (*αρχοντ^ο). ἄρχοντ(ος) P.Bodm. IV hypothe-
sis.13 (*αρχον^τ). ἄρχοντ(ι) P.Ryl. III 476.40 T (*αρχοντ̇).
αρ( ), or δρ( ) or χρ( ) P.Oxy. VI 885.41, 87 M (⋊ρ).

Ἀσιανός: Ἀσιαν(οῖς) *DWA* (1925) Abh.2 fol.2b.11 T (ασιαν/).
ἀστερι( ), or ἀστέρι?: *P.Oxy.* XX 2258^{C2} back M.1 = *Callim.* I fr.110.92
    M (*ἀστερ').
Ἀστεροπαῖος: Ἀστεροπα(ίου) *P.Ant.* III 143.29 T (αστεροπ^α).
ἄστυ: ἄστεω(ς) *Ath.Pol.* 19.3 = viii.3 T (*αστε^ω).
ασ[.]ντ( ) *P.Oxy.* III 413.130 T.
Ἄτλα(ς) *Mus.Helv.* 33 (1976) 1-23 ii.16 S (*ατλ^α).
Ἀττικός: Ἀττικ(οῦ) *PSI* X 1180$^{9\ ined.}$ .3, $^{C\ ined.}$.i.36 T (*α]ττι̣^{κ}, ἀ̣τ̣τ̣ι̣^{κ}).
    Ἀττικ(ήν) *Ath.Pol.* 19.5 = viii.15 T (*αττι^κ).
Αὐγουστάλιος: Αὐγουσταλ(ίου) *DWA* (1906) Abh.2 p.73 = pl.6 recto.12;
    p.74 = pl.6 verso.19 T (*αυγουσταλ$, αυγο]υσταλ$).
    Α]ὐγ(ουσταλίου) *ibid.* p.74 = pl.6 recto.15 T (*α]υγ$).
αὐτός: αὐτ(οῦ) *An.Lond.* xviii.27 T; αὐ[τ](οῦ) *P.Oxy.* XVII 2087.11 T
    (*αυ[τ̅]). α(ὐτοῦ) *P.Oxy.* XLII 3005 ii.2 M (*α—). (αὐτοῦ) *Dem.Comm.*
    .21, 46 T (*$). α(ὐτῆς) *P.Oxy.* VI 856.50 T (*ᾱ). αὐ(τῷ) *P.Ant.*
    III 141.27 T (α^υ). (αὐτῷ) *Dem.Comm.* .2 T (*$). (αὐτόν) *ibid.* .3, 5
    T (*$). αὐτ(ήν) *Mus.Helv.* 33 (1976) 1-23 i.1 M (*αυ^τ). (αὐτήν)
    Ath.Pol. 21.5 = ix.8 T (*$). αὐτῶ(ν) *PSI* X 1180.90 T (*αυτ̅^{ω}).
    (αὐτῶν) *Dem.Comm.* .57 T (*$). αὐτο(ῖς) *P.Ryl.* III 476.12 T
    (*αυτο̅). αὐτ(αῖς) *An.Lond.* xxviii.34 T. αὐτού(ς) *P.Holm.* xi.17
    T (αυτοῦ). α]ὐτο(ύς) *BKT* IV v.34 T (α]υτό), cf. το(ύς), *ibid.*
    αὐ(τά) *P.Chic.* 3 ii.4, iii.2 etc. T (*α^υ). Uncertain: αὐτ(ός)
    or αὐτ(ό)ς *P.Ant.* III 143.18 T (αυτ$). αὐτη( )? *P.Oxy.* XXVI
    2445^{20}.4 M (*]αυτ^η). αὐτ(ῶν?) *P.Ryl.* I 27.30 T. αὐτ( ) *P.Oxy.*
    III 413.116 T (*αυ^τ); XXVI 2447^{4b}.7 M (*αῦ). αὐ(τ- ?) *P.Oxy.*
    XX 2262^{1}i.11 T (*α^υ or -α^υ; see s.v. θησαυρός). α(ὐτ- ?) *P.Ryl.*
    III 510 verso.8 T (*ạ').
αὐχέω: αὐχ(εῖς) *P.Oxy.* III 413.119 T (*αυ^χ).
αυ( ) *Ant.Th.* M on Theocr. 14.26, B fol. 1 verso, bottom M.4 (*α^υ),
    ἀ(ντί?) ed.pr. αυ( ) *PSI* XIII 1302.3 M (*α^υ).
ἀφ(αίρεσις?) *SWA* 240 (1962) Abh.2, 5-25 recto^B.11 T (αφ').
ἀραιρέω: ἄφελ(ε) *MPER* N.S. I 1 viii.16, ixb.8 etc. T (αφἐ); *P.Mich.*
    III 145^{III}ii.2, 4 etc. T (*vidi*: αφἐ, αφε^λ). ἄφ(ελε) *Mizraim* 3
    (1936) 18-22.14 T.
<Ἀ>φροδίτ(η) *Ant.Th.* M on Theocr. 15.106, B fol.6 verso (*φροδῖ).
    Ἀφροδίτ(ης), written Ἀφροδείτ(ης) on the ostracon, *O.Stras.*
    I 811.3, 8 T. Ἀφροδί(της) *P.Oxy.* IV 663.17 T (*αφροδ^ι).
ἀφώτιστ(ος?) *SWA* 240 (1962) Abh.2, 5-25 verso^A.10 T (*not clear).
αφ( ) *P.Ryl.* III 510 verso.10 T (*αφ').

Ἀσιανός - α( )   13

Ἀχαιός: Ἀχαιῶ(ν) *P.Lond.Lit.* 6, with S at Hom. *Il.* 2.272. Ἀχαιοῖ(ς)
   P.Oxy. IV 663.37 T (*αχαιο^ι). Uncertain: Ἀχ(αιῶν?) *HSCP* 83 (1979)
   313-21 (*α$\overline{χ}$).
αχαμιεργ( )(?) *P.Oxy.* XXV 2427^{54}i.7 M (*αχαμιερ^γ).
Ἀχιλλε(ύς) *BKT* V Pt II 64-72.11, 19 S (*αχιλλε͞). Ἀχιλλ(εύς) *ibid.*
   .16 S (*αχιλλ́). Ἀχιλ(λεύς) *P.Ant.* III 143.20 T (αχι^λ).
   Ἀχίλ(λεως) *P.Oxy.* XX 2257^1.8 T (*αχιλ'). Uncertain: Ἀχιλλ(εύς?)
   BIFAO 46 (1946) 30-32 S at Hom. *Il.* 1.352 (αχι^λ·).
<ἀ?>ψινθίο(υ) *PSI* X 1180: see ψιμίθιον.
Ἀ( )ν( ): see s.v. ἄνω with n.10.
α̣ ( )? *P.Oxy.* XVIII 2181^{19}.14 M (α̣·).$^{17)}$
α( ) *Journ.Phil.* 22 (1894) 238-46 M at Hom. *Od.* 3.444 (*$\overline{α}$).$^{18)}$

---

17 The supposed abbr., which occurs in the critical note οὕ(τως) α̣·( ) in the marg. of a text of Pl. *Phd.* may be the numeral α΄ referring to a text used by the reviser for comparison. For an example of this type of note see *P.Oxy.* XXVII 2452, οὕ(τως) ἐν β΄ μο(ν-).

18 Context (a marg. n. on *Od.* 3.444, ἀμνίον): τὸ τοῦ αἵματος ἀγγεῖο(ν) Ερω( )· τι(νὲς) ὅτι ᾱ ὠνομάσθη.

B

Βαβυλώνιος: Βαβυλω(νίου) P.Vars. 5.3 T (*βαβυλ^ω).
βάθ(ος) P.Lond. V 1718 verso.74 T (βαθ$).
βαθύς: βαθυτέρ(ων) DWA (1925) Abh.2 fol.2b.8 T (βαθυτερ/).
βαλλάντιον: βαλλαντί(ου) BKT IV v.10 T (*βαλλαντ^ι).
βάλλω: -βάλλω(ν) P.Oxy. VI 856.8 T (*]αβαλλ^ω). βαλλομέν(ῳ) Ant.Th. M
    on Theocr. 24.125, B fol.9 recto (*βαλλομε_ν). Uncertain:
    βαλλ( ) P.Oxy. XXVI 2447²³ M.3 (*β̣ λ^λ).
βάπτω: βάπτ(ε)τ(αι) P.Holm. xix.32 (βαπτ'τ).
βάρβαρος: βαρβάρ(ων) DWA (1925) Abh.2 fol.2b.11, 15 T (βαρβαρ/).
βαρινθ(- ?) (a magical word) P.Lond. I 46.175 T (*βαρινϑ̄).
βαρύγδουπος: βαρυγδούποι(σι) PSI VII 844 i.2 T (*βαρυγδουπο_χ)
βασιλ(εύς) Ath.Pol. 3.3, 47.4 etc. = i.23, xxv.23 etc. T, hands 1 and
    4 (*βασι^λ). βασιλ(εύς) BKT V Pt II 73-79: see Μίν(ως).
    βασ(ιλεύς) P.Oxy. III 413.58, 60 etc. S (*βα̃^σ); Quant., entries
    for A.D. 311, 334 T (*βασ'?). βασιλέω(ς) Ath.Pol. 3.2, 5 etc. =
    i.16, 30 etc. T (*βασιλε^ω). βασιλ(έως) PSI XIV 1390^C ii bottom M.2
    (*βασι^λ). βασιλέω(ν) Ath.Pol. 3.2 = i.16 T (*βασιλε̃^ω).
βάσις: βάσεω(ς) Ber.Berl. 37 (1916) 161-70.24 T (*βασε̃^ω).
Βασκανίη: Βάσκ(ανίης) Callim. I p.7.15 T, a lemma from Aet. 1.17
    (*βασ^κ).
βάσκανος: βάσκαν(ον) Callim. I fr.43.61 M (*βασκα^γ).
βαστάζω: βα[σ]τάζ(ειν) P.Oxy. III 413.118 T (*not clear).
βατιδοσκόπος: βα(τιδοσκόποι) PSI VI 720 M on Ar. Pax 810 (*βα̃).
βατραχῖτις: βατραχίτιδο(ς) PSI X 1180.52 T (*βατραχιτιδ^ο).
βῆμα: βήματο(ς) Ath.Pol. 28.3 = xi.36 T (*βημᾰτ^ο).
βιβλιοθήκη: βιβλιοθή(κης) APF 6 (1920) 1-8, in the owner's label on
    the verso.
βιβλίον: β(ιβλίου) Schol.Sinait. 31, 35 T (β). βι(βλίῳ) PSI XI 1182^F
    top M.2 (β̇); Schol.Sinait. 3, 35 T (β̇, βι̅). β(ιβλίῳ) PSI XIII
    1348, 1.27, 4.30 T, 4 bottom M line c etc. (*β̣, β̇, β^L);
    Schol.Sinait. 4, 6 etc. T (β). Uncertain: βιβλ(ίου) HSCP 83 (1979)
    313-21, heading of col.i (not visible in pl.; the ed. reports

15

that βιβλ[ίου is possible). β(ιβλία?) *Münch.Beitr.* 35 (1945) 184-90.52 T (β).

βλώσκω: μέμβλ(ωκεν) *P.Oxy.* XX 2258$^{C2\ back}$ M.10 = *Callim.* I fr.384.5 M (*μεμβ^λ)

βοη( ) *P.Oxy.* XXXV 2735^{13}.3 M (*βο^η).

Βοιωτία: Βοι]ωτ(ίας)? *P.Oxy.* XLII 3005 ii.8 M (*βοι]ω^τ).

Βουκολεῖο(ν) *Ath.Pol.* 3.5 = i.29 T (*βουκολι^ο).

βουλεύω: βεβουλευμ(έν)ο(ν) *BKT* VII 31-34.17 T (*βεβουλευμ'^{ο}).

βουλ(ή) *Ath.Pol.* 49.3 = xxvi.12 T (*βου^λ). βουλ(ῆς) *ibid.* 25.3, 47.1 etc. = xi.5, xxv.8 etc. T, hands 1 and 4 (*βου^λ). βουλ(ῇ) *ibid.* 47.2, 54.4 etc. = xxv.16, xxvii.37 etc. T (*βου^λ). βουλ(ήν) *ibid.* 4.4, 47.5 etc. = ii.11, xxv.27 etc. T, hands 1 and 4 (*βου^λ). βουλ(η-) *P.Oxy.* XXII 2327^{20}i.1 M (*βου^λ).

βούλομαι: βούλετ(αι) *P.Lond.Lit.* 138 ii.36 T. βούλεσθ(αι) *Ath.Pol.* 15.1 = v.40 T (*βουλεσ^θ).

Βοώτης: Βο]ώτη(ν) *P.Oxy.* XX 2258$^{C1\ back}$ M.34 = *Callim.* I fr.110.65-68 M (*βο]ωτ^η).

βραχύς: βραχ(έα) *P.Teb.* II 273.12 heading in text.

βρέχω: βρέχ(ε) or βρέχ(ων) *PSI* X 1180$^{A\ ined.}$ii.20 T (*βρέ^χ).

βροντή: βροντ(άς) *P.Oxy.* XLV 3238.102 T (βρο$\dot ν$). βρο(ν)(τά)ς *PSI* VII 844 i.10 T (*βρ^ο<ς), cf. εὑρῶεν(τα).

βρόντημα: βροντ(ήματα) *Callim.* I p.7.19 T, on *Aet.* 1.20 (*βρον^τ).

βωμός: βωμό(ν) *Ath.Pol.* 25.3 = xi.6 T (*βωμ^ο). βωμ(όν) *Callim.* I fr.228.38 M (βωμ/).

Γ

γάλα: γάλακτο(ς) O.Bodl. II 2184.8 T.
Γάλλος: Γάλλ(ου) P.Lond. II 265.25, 56 etc. T (γαλλ^L).
γ(ά)ρ Ant.Th. M on Theocr. 2.41, B fol.3 recto (*ϝ̌).
   γ′, γ́ = γ(άρ): Akten XIII 99-110.44, 57 T (*); An.Lond. v.6, 31 etc.
T (*); Ath.Pol. 2.2, 47.1 etc. = i.6, xxv.5 etc. T, hands 1 and
4 (*); BKT I xi.21, 62 etc. T (*); II xlix.7 M; IV v.24, 28 etc.
T (*);[19] VII 31-34.29, 32 etc. T (*); Callim. I p.7.16, 48 etc.
T, on Aet. 1.17, 42 (*); I fr.23.5 M (*); Dem.Comm. .33, 38 etc.
T (*); Journ.Phil. 21 (1893) 296-343, M above Hom. Il. 23.836;
Mél.Maspero I 148-51^{a}i.4, ii.8 T (*); P.Giss.Univ. IV 40 ii.12 T
(*); P.Lond.Lit. 138 ii.3, 5 etc. T; P.Oxy. III 409.103 M (*); III
445 M on Hom. Il. 6.449 (*).[20] VI 856.30, 74 T (*); VIII 1086.46,
65 etc. T (*); X 1234^{2}i.6 (γ′ Lobel and Page, PLF D 12), ^{2}i.15
M (*); XVII 2087.30, 36 etc. T (*); XVIII 2166(c)^{2}i.11 M;
XX 2257^1.8 T (*); XXI 2295^{28}.18 M (*); XXI 2301^{1a}.6 M (*);
XXI 2304 ii bottom M (*); XXIV 2389^{35}.17 T (*); XXV 2430^{60a} M
(*); XXVI 2442^{29} M.2, 3 etc. (*); XXVI 2451^{A4}i.7, ^{B14}i.6 etc.
T (*); XXXI 2536.2, 5 etc. T (*); XXXIV 2693^1 top M.1 (*);
XXXIV 2694 verso.28 T (*); XXXVII 2819^2.11 T (*); PSI VII 849.7,
17 etc. T; SBA (1901) 1319-21^7.10 T. Uncertain: CQ 37 (1943) 23-
32 i.4-6, 15 M; P.Oxy. XXV 2427^{41}.11 M (*γ′ or π′).
   γ` = γ(άρ)? Proc. XIV 133-48^B.22 M (*).
γείνομαι: γειναμ(ένης) BKT IV v.58 T (γινα^μ).
Γενετυλλίς: Γενετυλ(λίδος) P.Oxy. XI 1371 recto, top M (*γενετελ̇ [sic]).
γεννάω: ἐγέννησ(ε) Ant.Th. M on Theocr. 26.33, B fol.7 verso (*εγεννη̇).
   ἐγεννήθ(η) ibid. M on Theocr. 26.33, B fol.7 verso (*εγεννη̇).

---

19 γ` for γ(άρ) at iv.8 is presumably a typographic error; γ́ is normal in this text.

20 Scripsi. The abbr. occurs in a marg. note on Il. 6.449, εὐμμελί]ω, which runs as follows: οὗ μ(ε)τ(ὰ) το(ῦ) ῑ· (ἔστι) γ(ὰρ) εὐμμελίοιο. The ed.pr. gives the note as δο(τικὴ) μ(ε)τ(ὰ) το(ῦ) ῑ· / γ(ενικη?) ευμμελιοιο. Allen copies the latter, except at the end; after ῑ he prints / γ(?) / ευμμελιοιο (?ανακτος).

γέν(ος) *P.Oxy.* XX 2258^Cl front M.14 = *Callim.* I fr.110.48 (*γε^ν).
    γέν(ει) *P.Oxy.* III 413.118 T (*γε^ν).
Γεραιστός: Γεραιστο(ῦ) *Ath.Pol.* 22.8 = ix.34 T (*γεραιστ^ο).
Γερητοθεόδωρος: Γερητοθεοδ(ώρους) *P.Oxy.* VI 856.60 T, in a note on Ar. *Ach.* 605 (*γερητοθεο^δ).
γέρων: γέροντ(ος) *P.Oxy.* III 413.159 T (*γερον^τ). γέροντ(ι) *ibid.* .168 T (*γερον^τ).
Γέτ(ας) *P.Cair.Men.* pl.I.25, pl.II.4 S at Men. *Heros* 6, 20 (*γετ/); *P.Oxy.* VII 1013.10 S at Men. *Misoum.* 33Kö = 287S (γετ); XXXIII 2656 S at Men. *Misoum.* 30Kö = 284S, 33Kö = 287S etc. (*γε^τ), S at Men. *Misoum.* 332 (*γετ); *P.Schub.* 22^I.18 S at Men. *Misoum.* 18Kö = 216S (γε^τ). Γέ(τας) *P.Oxy.* XIII 1605.35 S at Men. *Misoum.* 95Kö = 428S; *P.Oxy.* XXXIII 2656 S at Men. *Misoum.* 235 (*γε̄). Uncertain: Γέ]τα(ς) or γ]ρα(ῦς) *P.Oxy.* XXXIII 2656 S at Men. *Misoum.* 302 (*]τ̄α or]ρ̄α).
γεωμετρικός: γεωμετρικ(όν) *P.Lond.* V 1718 verso.79, 86 T (γεωμ[ετ]ρι̣^κ/, γεωμετρι^κ/). γεωμετ(ρικά) *P.Mich.* III 145^V.3 T (*vidi:* γεομε^τ).
γίγνομαι: γίν(εται) *An.Lond.* xxxiii.1 T; *P.Ant.* III 141.3, 6 T (γιν̄, γιν̄). γί(νεται) *An.Lond.* ii.38, iii.3 etc. T (┼); *BKT* IV vii.31 T (┤), see also s.v. π(ερι)γί(νεται); *MIFAO* 9 (1892) fasc.1 p.63 no.1.4, 5 etc. T (*γ⁄); *Mizraim* 3 (1936) 18-22.4, 5 etc. T; *MPER* N.S. I 1 x.2, 5 etc. T (*┼); *P.Lond.Lit.* 138 ii.6, v.7 etc. T (┼); *P.Oxy.* XV 1808 ii M.5 (*┼); XX 2257^1.11 T (*┼); *P.Ryl.* I 27.12, 40 T. γί(νονται) *An.Lond.* ii.43, iii.2 etc. T (┼); *P.Oxy.* XV 1808 ii M.12 (*┼); *P.Ryl.* I 27.14 T; *PSI* III 186.14 T; III 250.11 T. ἐγένοντ(ο) *Callim.* I fr.228.38 M (εγενοντ/). ἐγένο(ντο) *P.Oxy.* XXVI 2442^29 M.7 (*εγεν̣ο̣). γίνητ(αι) *P.Oxy.* XVIII 2176^8.28 T (*γινητ|). γί(νηται) *An.Lond.* xvi.42, xvii.40 etc. T (┼). γέν(ηται) *ibid.* vi.31 T (γεν̄). γένω(νται) *P.Mich.* III 145^III vi.5, 15 etc. T (*vidi:* γεν^ο). γίνεσθ(αι) *Ath.Pol.* 9.2, 16.4 etc. = iii.38, vi.18 T (*γινεσ^ϑ). γί(νεσ)θ(αι) *An.Lond.* iv.40, v.14 etc. T (*┼^ϑ). γενήσ(εσ)θ(αι) *ibid.* v.20 T (*γενη^ϑ). γενέσθ(αι) *Ath.Pol.* 3.3, 6.3 etc. = i.18, ii.34 etc. T (*γενεσ^ϑ). γενέσ(θαι) *P.Oxy.* III 413.160 T (*γενε^σ). γι(νομένου) *An.Lond.* xxxii.38 T (┼). γι(νόμενον) *ibid.* xxxvii.43 T (┼). γινομέν(ης) *ibid.* xxv.11 T (see pl. 1: γινομεν⁀). γι(νομένης) *ibid.* xxxi.12, xxxiii.20 etc. T (┼). γι(νομένην) *ibid.* xxviii.33 T (┼). γι(νόμενοι) *ibid.* xxxviii.3, fr.I.1 T (┼). γινόμ(ενα) *BKT* IV

γένος - γράμμα

vi.53 T (γινο^μ). γινομέν(ων) P.Oxy. III 413.118 interl.
(*γινομέ̣). γι(νομένων) An.Lond. xii.11, 23 T (ⳁ). γι(νομένας)
ibid. xxi.2 T (ⳁ). γε]νομ(ένου) BKT IV iii.52 T (γε]νο^μ).
γενομέ(νης) Schol.Sinait. 9 T (cενομ̣^ε), [21] 23 T (γενομ̣^ε).
γεν(ομένης) An.Lond. xxvi.40 T (γεν̄). γενό(μενοι) ibid. xxxviii.37
T. γεγονό(ς) Ath.Pol. 25.4 = xi.7 T (*γεγον^ο). γεγενημένη(ς) An.
Lond. xxxiv.1, fr.I.7 T (γεγενημεν^η). Uncertain: γί(νεται?) PSI
VII 849.45 T (ⳁ). γινομ( ) P.Ryl. III 510 verso.11 T (*γινομ$).
γενομεν( ) P.Ryl. III 476.43 T.
Γλαύκων: Γλαύκωνο(ς) P.Vars. 5.20 T (*γλαυκων^ο).
γλαύξ: γλαῦκε̣(ς) P.Oxy. XV 1801.7 T.
Γλυ]κέ(ρα) P.Oxy. II 211 ii.46 S at Men. Pk. 443Kö = 1021S.
γλυκ(ύς) Callim. I p.3, "Schol.Lond." .13 T, on Aet. 1.11-12 (*γλυ^κ).
γλυκέο(ς) PSI X 1180^A ined. iii. 46 T (*γλυκε̣).
γλωσσογράφος: γλωσσογρ(άφοι) Arch.Bibl.1 (1926) 92-93 no.24 M on Hom. Od. 3.321.
γ(νώμη)? P.Oxy. XXVII 2454.53 M (*ⳁ).
γνώμων: γνώμο(να) P.Mich. III 145^III v.5 T (vidi: γνωμ^ο).
γνώριμος: γνωρίμω(ν) Ath.Pol. 16.9 = vi.36 T (*γνωριμ^ω).
γνωτ(ός) P.Oxy. XX 2258^{Cl front} M.17 = Callim. I fr.110.52 M (*γνω^τ).
γοητεύω: γο(ητεύεις?) P.Edfou II 308 T.
γονή: γονῆ(ς) P.Oxy. XXVI 2442^29 M.12 (*γον^η).
γονο( )? P.Oxy. XXV 2430: see ὀ]ψίγονο( ).
Γοργί(ας) P.Bodm. IV S at Men. Dysc. 249, 269 etc. (*γοργι′), at Dysc.
    752, 821 (*ΓΟΡΓ|), at Dysc. 617 (*ΓΟΡΓ↙). Γοργ(ίας) ibid. S at
    Men. Dysc. 257 (*γοργ′); PSI I 100.8 S at Men. Georgos 105
    (γοργ′). Γορ(γίας) P.Bodm. IV S at Men. Dysc. 866 (*γορ). [22]
Γοργ(ώ) Ant.Th. S at Theocr. 15.34, 44 etc., B fol.6 recto (*γορ^γ̣,
    γορ^γ). Γορ(γώ) ibid. S at Theocr. 15.18, 145 etc., B fol.5, 7
    recto (*γορ′, γορ).
γο(ῦν) BKT IV iii.6, 23 etc. T (γ^ο′), cf. ο′ = ο(ὖν).
γράμμα: γραμμάτ{ε}ω(ν) Ath.Pol. 54.3 = xxvii.33 T (*γραμματε^ω pap.,
    γραμμάτων Kenyon, OCT).

---

21 The context is a legal commentary in Greek and Latin in which certain
words are written in a combination of Greek and Roman letters; cf. Γρεγ(οριανοῦ)
(c̄r̄ēc), κ(α)τ(ά) (c̄), κ[ε]φα(λαίου) (c[ε]φ^α) ibid. 3, 46, 43.

22 Γορ(γίας), Σιμίκ{ρ}(η) (Dysc. 874), Σιμίκ(η) (Dysc. 882) and Σώστρ(ατος)
(Dysc. 860, 866) are speaker designations added on page ΛΘ, which was not written
by the same scribe as the rest of the book.

γ]ραμματ(εῖον) P.Oxy. XXXI 2537 verso.27 T (*γ]ραμμᾶ).
γραμματεύς or γραμματικός: γραμ(ματέως or -ματικοῦ) P.Mert. II 57 recto, title of owner or author
γραμματικός: γραμματι(κοῦ) P.Bodm. IV hypothesis (*γραμματ†; see also s.v. γραμματεύς).
γ[ρ]αῦ(ς) P.Oxy. XXXIII 2656 S, interl. above Men. Misoum. 64Kö = 184S (*γ[ρ]αυ͞?). γρα(ῦς) Mél.Bidez 603-12^d S at Cratinus Ploutoi = Austin CGF 73.84 (*not clear). Uncertain: γ]ρα(ῦς) or Γέ]τ(ας) P.Oxy. XXXIII 2656 S at Men. Misoum. 302 (*γ]ρα͞ or γε]τα͞).
γράφω: γρ(άφεται) Ant.Th. M on Theocr. 14.48, B fol.1 recto (*γρ); P.Oxy. V 841^{13}iv.119, 121 M (*Γ͞Ρ), for the editors' reading of γρ(άφεται) at ^{13}iv.122 see s.v. Νι(κάνωρ)? with n.50; P.Oxy. IX 1174 vi.5 M (*Γ͞Ρ), printed as Ἀρ(ιστοφάνης?) in the ed.pr. γρ(άφε) P.Ant. II 66.7 T (*Γ͞Ρ). γρ(άφειν) PMG p.6, M on Alcm. 1.6 (*Γ͞Ρ). γρ(αφόμενοι) P.Vars. 5.27 T (*γρ'). γράψαντο(ς) Ath.Pol. 29.1 = xi.47 T (*not clear: γραψαντ^o?). γραφέντ(ων) Aeg. 2 (1921) 282 T. Uncertain: γραπτ( ) PSI VII 849.5 T (γραπ^T). γρ( ) Misc. Terzaghi verso.2 T (*γρ). ἐγεγρ( ) or γεγρ( ) P.Oxy. XXVI 2445^{18} ii.2 M (*] ΓΕΓ͞Ρ).]εγρ( ) P.Oxy. XXXII 2617^{7}i.3 M (*]ΕΓ͞Ρ). γεγρ( ) ibid. ^{19}i.10 M (* ΕΓ͞Ρ). See also ἀπο-, μετα-, παρεγγράφω.
Γρεγοριανός: Γρεγ(οριανοῦ) Schol.Sinait. 3 T (c̄p̄ec̄; see n.21).
γυμνάζω: γυμνάζ(ε)σθ(αι) DWA (1925) Abh.2 fol.2b.7 T (γυμναζθ̂).
γυμνασίαρχ(ος) P.Oxy. XXXI 2553^1.12 T (*γυμνασιαρ^χ). γυμ(νασίαρχος) P.Schub. 42.45 T.
γυμνικός: γυμνικ(όν) Ath.Pol. 60.3 = xxx.7 T (*γυμνι^κ).
γυναικεῖος: γυναικε(ίῳ) P.Oxy. III 413.118 T (*γυναικ^ε). γυν(αικείῳ?) P.Oxy. XV 1808 ii M.13 (*γυ^ν).
γυν(ή) P.Oxy. III 413.199 S (*γυ^ν). γυ(νή) P.Oxy. XXXIII 2656 S at Men. Misoum. 208 (*γυ). γυναικό(ς) Ath.Pol. 3.5, 42 = i.30, ii.2 T (*γυναικ^o). γυναικό(ς) P.Oxy. XV 1788^3.7 M (γυναι κ̊). Γυν]αικῶ(ν) Chr.Eg. 49 (1974) 324-31.11 T (*γυν]αικ̂ω). γυναικ(ῶν) Ant.Th. M at Theocr. 18.25, B fol.5 verso (*γυγαι̊κ). γυναικ(ῶν) Ath.Pol. 56.7 = xxviii.48 T (*γυναι^κ). Uncertain: γυναικ( ) P.Haun. I 6^1.24 T (*γυναι^κ). γυ(ν-) ibid.$^{3 + 5}$.3 T (*γ^υ).

Δ

δά[κτ]υλ(ος) P.Oxy. XXXI 2554³.13 T (*δα̣[κτ]υ^λ). δάκτυλ(οι) ibid.¹.17
T. δακτ(ύλων) MPER N.S. I 1 iii.7 T (δακ̇τ). δακ(τύλων) Ber.Berl.
37 (1916) 161-70.37, 40 T (*δακ). δ(ακτύλων) MPER N.S. I 1 i.8,
ii.15 etc. T (δ'; δ, written as a suprascript above a numeral).
δανείζω: δανειζόμ(ενα) PSI XIII 1348, 4.33 T (δανιζομ̥).
δανεισάμε(νος) Schol.Sinait. 28 T (δανισαμ̇ᵋ).
Δᾶο(ς) P.Cair.Men. pl.V.19, 30 S at Men. Epit. 60Kö = 236S, 71Kö = 247S
(*δαο̣/). Δᾶ(ος) ibid. pl.II.2, 21 S at Men. Heros 18, 37 etc.
(*δα/).
δαπάνημα: δαπανήμ(ατα) Schol.Sinait. 17, 19 T (δαπανημ̄, δαπανημ́).
δασμός δασμό(ν) P.Oxy. XXVI 2442²⁹ M.8 (*δασμ̇ᵒ).
δέ: δ', δ́ = δ(έ) Ath.Pol. 2.1, 39.2, 46.1 etc. = i.7 T (hand 1),
xviii.28 M (beside text written by hand 2), xxvi.1 T (hand 4)
(*); BKT I xi.14, 17 etc. T (*); IV ii.3, v.10 etc. T (*);
V Pt II 1-6 ii.11 M (*); VII 31-34.26, 29 etc. T (*); Callim.
I p.7.20, 23 etc. T, on Aet.1.19, 22 (*); I fr.23.21 M (*δ';
not transcribed by ed. as an abbr.), fr.24.22, fr.228.38 M;
I p.13.26, 33 etc. T (*); I fr.193.24 M (*not clear); Dem.Comm.
.13, 27 etc. T (*); Mél.Maspero I 148-51ᵃi.3, ii.18 etc. T
(*).²³⁾ MPER V 1-10 M.3, 4 (*); P.Giss.Univ. IV 40 ii.7, 9 etc.
T (*); P.Haun. I 6⁶.3 T (*); P.Oxy. III 409.104 M (*); IV 663.12,
40 etc. T (*); VI 856.6, 62 etc. T (*); VIII 1082¹ii.17 M (*);
X 1234²ii.6 M (δ'); 2064 col.xii, M on Theocr. 7.40(?) and
44 (*); XVII 2076 i M.2 (*); XVII 2087.8, 13 etc. T (*); XVIII
2166(c)²i.4 M; XX 2257¹.9 T (*); XXIV 2389³⁵.7, 12 etc. T (*);
XXIV 2390²iii.21, ²³.3 etc. T (*); XXV 2429¹ii.13 T (*); XXV
2430⁷².4 M (*); XXVI 2442²⁹ M.12, ³²i.18 M etc. (*); XXVI
2445⁸.3 M (*); XXVI 2450¹ii.10 M (*); XXVI 2451^{A2}.7, ^{B14}i.8
etc. T (*); XXX 2526^{B2}.3 M (*); XXXI 2536.12 T (*); XXXV
2741^{IA}i.33 T (*); XXXVII 2802.7, 15 etc. T (*); XXXVII 2813¹i.13,

---

23 So H. Erbse, Schol.Il. II 124, 126; σ(όν), σ̣(όν) ed.pr.

14 etc. T (*); XXXVII 2819^1.27, ^{2}.3 T (*); *PSI* VII 844 i.10 T
(*); VII 849.5, 19 etc. T; XIV 1390^{C}ii bottom M.2 (*); *SBA*
(1918) 749-50.1, 13 T. Uncertain: *P.Oxy.* XXXIV 2694 verso.31 T
(perh. a numeral rather than an abbr.; *).

δ(ε)ῖ or δεῖ *P.Graec.Mag.* 4.2300 T ($\overset{\wedge}{ι}$).

δείκνυμι: δέδεικ(ται) *P.Lond.* II 265.126 T (δεδει^κ).

δ(ε)ῖ(να) or δεῖ(να) *P.Graec.Mag.* 4.447, 1977 etc. T ($\overset{\wedge}{ι}$).

δέκατος: δ(ε)κάτη(ν) *Callim.* I p.7.46 T on *Aet.* 1.41 (*not clear).

δέξιος: δε]ξ(ιω)τ(έροις)?, so Austin *CGF* 83: *MPER* V 1-10 M.1
(*?δε]ξ^τ).

δε[σ]πό(της) *Schol.Sinait.* 44 T (δε[σ]π̄).

δεύτερος: δεύτερ(ον) *Callim.* I p.7.33 T, on *Aet.* 1.33 (*not clear).
δεύτ(ερον) *P.Oxy.* XX 2257^1.9 T (*δευ^τ). δεύτερ(αι) *Stud.Pal.* 4
(1905) 111-13, 2.7 T.

δέχομαι: δεχομ(ένων?) *P.Oxy.* VI 856.10 T (*δεχο^μ).

δῆθ(εν) *P.Oxy.* XX 2258^{C2} front add. bottom M = *Callim.* I fr.384.15-
23 M add. (*δη$^\vartheta$)

Δηϊδαμεία: Δηϊδαμεία(ς) *Proc.* XIV 59-65 i.4 T (*δηιδαμεῖ^α).

Δηί]φοβ(ος) *P.Oxy.* XXXVI 2746.11 S (*δηι]φο^β). Δηί]φο(βος) *ibid.*.14 S
(*δηι]φ^o); Δηίφ]ο(βος) *ibid.* .17 S (*δηιφ]^o).

δηλονότ(ι) *P.Ant.* III 127^{1a}.8 T (δηλονο̄^{τ}).

δῆλος: δῆ(λα) *An.Lond.* xxv.18 T (δῆ).

δηλόω: δηλ(οῖ) *P.Flor.* III 391.32 T.

δημαγωγό(ς) *Ath.Pol.* 22.3 = ix.19 T (*δημαγωγ^o).

Δημέ(ας) *P.Bodm.* XXV S at Men. *Sam.* 440 (*δημε). Δημ(έας) *P.Oxy.* XXXIII
2656 interl. S above Men. *Misoum.* 23Kö = 238S (*δημ). Δη(μέας)
ibid. S at Men. *Misoum.* 12Kö = 210S (*δη̄), interl. above *Misoum.*
51Kö = 249S (*δη̄), interl. above *Misoum.* 230S (*δη) etc.

δημηγορέω: δημηγορῶ(ν) *Ath.Pol.* 15.4 = vi.6 T (*δημηγορ^ω).

Δημήτηρ: Δήμ(ητρα) *P.Flor.* III 391.18 T.

δῆμος: δῆμο(υ) *Ath.Pol.* 25.1 = x.24 T (*δημ^o). δῆμο(ν) *ibid.* 29.2 =
xii.1 T (*δημ^o); *PMG* p.6, M on Alcm. 1.49 (*δημ^u).

Δημοσθένη(ς) *DWA* (1925) Abh.2 fol.2a.22 T (δημοσθενη/). Δημοσθ(ένης)
P.Oxy. XVII 2086 verso^1.22 T; Δημοσθ(ένης) *P.Oxy.* XVII 2087.32-
33 T (*δημο|σ$^\vartheta$).

δημόσιος: δημόσιο(ν) *Dem.Comm.* .8 T (*δημοσι^o). δημοσίω(ν) *Ath.Pol.*
6.1 = ii.27 T (*δημοσι^ω); *Dem.Comm.* .28, 48 etc. T (*δημοσι^ω).

δημοτικός: δημοτικ(ήν) *Ath.Pol.* 29.3 = xii.7 T (*δημοτι^κ).
δημοτικῶ(ν) *ibid.* 16.9 = vi.36 T (*δημοτικ^ω).

δεῖ - διαχωρέω   23

δη( ) P.Ant. III 141.30 T (δη').
δι(ά) P.Ant. III 127^(1b).9 T; P.Ryl. III 510 verso.2, 6 etc. T (*ᚦ̂).
   δ', δ̂ = δ(ιά), δ(ι-) : Akten XIII 99-110.55 T (*not clear); Ath.
   Pol. 3.2, 50.2 etc. = i.16, xxvi.54 etc. T (*); BKT I viii.30,
   34 etc. T; IV v.14, 19 etc. T; VII 31-34.21, 65 T (*line 21);
   Callim. I p.13.22, p.17.39 T (*); P.Oxy. XV 1808 ii M.5 (*);
   XX 2257¹.13 T (*); XXXVII 2813¹ii.19 T (*); P.Ryl. III 510
   verso.2 T (*δ̣'); PSI VII 849.60, 63 T.
διάθεσις: διαθέσε(ως) P.Cair.Masp. II 67176, IV.27 T (διαθεξ̂ς).
   διαθ(έσεως) P.Ryl.III 534.96 heading in text (*not clear:
   .
   διαθ/?).
διαθήκη: διαθῆκ(αι) P.Lond.Lit. 138 ii.14 T.
διαιρέω: διαιρεῖσθ(αι) P.Oxy. XXV 2427^54i.7 M (*διαιρεισ^θ).
διακελεύω: δι[ακε]λευομέν(ου?) Schol.Sinait. 3 T (δι[ακε]λευομεν).
διακορεύω: διεκόρευσ(εν) Ant.Th. M on Theocr.2.41, B fol.3 recto
   (*διεγορεϑ̂ [sic]).
διακόσιο(ι) Ath.Pol. 24.3 = x.14 T (*διακοσι°).
διαλεκτικός: διαλεκτ(ικ)όν MIFAO 9 (1893) T (διαλεκτ'ον; so ed., p.v).
διαλλάσσω: διαλλαγ(ῆναι) P.Oxy. III 413.168 T (*διαλλα̂).
διαλύω: διαλύετ(αι) P.Oxy. XXI 2301^(1(a)).3 M (*διαλυε^τ).
διάμετρ(ος) Mizraim 3 (1936) 18-22.2, 16 T. διάμε(τρος) MPER N.S. I 1
   x.14 T (*διαμ̂). δ(ια)μέτ(ρου) P.Oxy. XV 1808 ii M.5 (*δ'με^τ).
διανέμω: δ(ια)νείμεσθ(αι) Ath.Pol. 12.3 = iv.21 (*not clear: δ'νεμεσ^θ
   pap.[?], διανείμεσθαι Kenyon, OCT); ibid. 22.7 = ix.29 T
   (*διανειμεσ^θ).
διάν(οια) PMG p.6, M on Alcm. 1.2 (*διἄ).
διανύχιος: δ]ι̣ανύχ(ια) P.Oxy. IX 1174 iii.13 (*δ]ιανυ^χ).
διαπεραίνω: δ(ια)περαίνετ(αι) P.Oxy. XX 2257¹.13 T (*δ'περαινε^τ).
διαπράσσω: διαπεπρᾶχθ(αι) MPER V 1-10 M.7 (*διαπεπραχ^θ).
διάτα(ξις) Schol.Sinait. 2, 9 T (διατ^α). διάτ(αξις) ibid. 36 T (διατ).
   διατά(ξεως) ibid. 10 T (διατ^α̂). διατ(άξεως) ibid. 36 T (διατ-).
   διατά(ξει) ibid. 3 T (διατ^α). διατ(άξει) ibid. 3 T (διατ-).
   διάτα(ξιν) ibid. 12 T (διατ^α), 52 T (διατ^ε, [sic]).
διατελέω: διατελοῦμ(εν) P.Oxy. VI 853 xvi.11 T (*διατελου^μ).
διατίθημι: δια[τι]θεισῶ(ν) An.Lond. xiii.14 T (δια[τι]θειϑ̂).
δίαυλος: δίαυλ(ον) P.Oxy. XXIII 2381.3 T (*διαυ̂).
διάφαυμ(α) Ant.Th. M on Theocr. 24.64, B fol. 8 recto (*διαφαυ^μ).
διαφορά: διαφορ(άν)? An.Lond. xxxvi.29 T (διαφορ̄ or διαφερ̄?, ed.).
διαχωρέω: διαχωρο(ῦσιν) An.Lond.^I.4 T (διαχωρο̄).

διαψηφίζομαι: δ(ια)ψηφίζεσθ(αι) Ath.Pol. 55.4 = xxviii.9 T (*δ'ψηφιζεσθ').
διαψηφισμός: δ(ια)ψηφισμό(ν) Ath.Pol. 13.5 = v.17 T (*δ'ψηφισμ^o).
διδάσκω: ἐδίδ(αξεν) Callim. I p.3, "Schol.Lond." .12 T, on Aet. 1.11-12 (*εδι^δ).
Δίδυμο(ς) P.Oxy. XXVI 2442^{97}.3 M (*διδυμ^o). Δίδ[υ]μ(ος) P.Oxy. XXI p.142^6 $^+$ ^{4} add. M.12 (διδ[ὑ̇]). Δίδυ(μος) P.Oxy. XV 1788^{15}i.10 M (*διδ^υ). Uncertain: Δίδ(υμος) or Διδ(ύμου) P.Flor. II 112^{C}i bottom M (*not clear: διδ̄.?; Δίδ[υμος Austin, CGF 63). Δι̇δ̇(υμος)? P.Oxy. XXVI 2442^{39}.5 M (*δι̇^{δ}). Δι̇δ(ύμου)? P.Oxy. XXI 2299^{10b}i.7 M (*Δ𝛥̣).^{24})
δίδυμος: δ]ι̇δύ(μων) BASP 7 (1970) 35-38.12 T (*δ]ι̇δυ); διδύ(μων) P.Lund V 77-84.6, 19 T (*διδυ); V 85-88.7, 8 T (*διδυ); P.Mich. III 150.4 T (vidi: διδ^υ); P.Teb. II 274^a $^+$ ^{b}xi.10, 11 etc. T (διδυ). διδύμ(οις) SWA 240 (1962) Abh.2, 5-25 verso^B.23 T (διδυμ). διδύ(μοις) Astr.Mich. recto.14 T (*διδυ). Uncertain: διδ(ύμων or -ύμοις) MDV ii.41, iii.16 T (*διδ, δ]ι̇δ).
δίδωμι: δ(οθ)ῆ MPER N.S. I 1 vii.9, xii.8 etc. T (*δηι̣, δη). δό(ς) P.Holm. ix.28 M (δ̊). διδόσθ(αι) Ath.Pol. 49.4 = xxvi.17 T (*διδοσ^θ, altered to διδόναι by an ancient corrector). διδομέ(νου) Schol.Sinait. 37 T (διδομ̊). διδόμε(νον) ibid. 29 T (διδομ̊). δοθ(είς) P.Achm. 5.1 heading in M.
διεκβάλλω: διέκβ(αλε) P.Ryl. I 27.31 T.
διέρχομαι: διελθ(όντων) P.Mich. III 145^{III}vii.1 T (vidi: διελ^θ). διελ(θόντων) ibid. ^{III}vii.5 T (vidi: διε^λ).
Δικαιόπ(ολις) P.Oxy. VI 856.68 T (*δικαιο^π). Δι̣και(όπολις) ZPE 41 (1981) 1-7 S at Ar. Ach. 480 (*δι̣κα|). Δικ(αιόπολις) BKT V Pt II 99-108 S at Ar. Ach. 904, 917 (*δι^κ), and at Ach. 919 (*^{δ}ι^κ).
δικαιοσύνη: δ(ικαιοσύνην), in the phrase τὴν δ(ικαιοσύνην): P.Oxy. VII 1017 xxvi.9 M (*την^δ).
δικαστήριο(ν) Ath.Pol. 29.4 = xii.12 T (*δικαστηρι^o). δικαστηρίω(ν) ibid. 7.3 = iii.4 T (*δικαστηρι^ω).
δίκη: δικ(ην) P.Lond.Lit. 138 ix.38 T. δικ( )? P.Ryl. III 510 verso.4 T (*δικ').

---

24 The abbr. occurs in the marg. note σαν ἡ ἀντίστρο(φος) | ΕΝΔ𝛥̣ αλλοϡ beside a lacunose passage of Alc. For its interpretation see ed.pr. ad loc.: "I suspect that τὸ ἀντίγραφον is meant... I do not know whether to go further and suppose that by ενδιδ ἐν τῶι Διδύμου is intended. It would naturally be taken to represent ἐνδιδ(ην)."

διαψηφίζομαι - δόξα 25

διμάτιον: διμάτι(α) *P.Lond.* V 1718 verso.4, 5 etc. T (διματι/).
διμοιρίτ(ης) *P.Oxy.* III 409.28 M (*διμοιρεῖ).
δίμοιρον: διμ(οίρων?) *P.Michael.* 62^{A}i.6 T (*διμ).
Διογένης: Διογένο(υς) *P.Vars.* 5.3 T (*διογεν^o).
διοικέω: διοικ(οῦσαν) *An.Lond.* xiv.44 T (διοι^κ).
Δ(ιομήδης) *P.Grenf.* I 2 S at Hom. *Il.* 8.102. Διο(μήδει) *P.Oxy.* II 223 in a speaker's note at Hom. *Il.* 5.243.
Διονύσιο(ς) *P.Oxy.* XXIII 2368 i.20 T (*διονυσι^o). Διονυσίω(ν) *Dem. Comm.* .57, 60 T (*διονυσι^ω).
Διόνυσ(ος) *P.Oxy.* VI 852^{64}iii.152 S (*διονυ^σ). Διόνυ(σος) *Callim.* I fr.43.86-87 M (*διον^υ). Διόν(υσος) *BKT* V Pt II 99-108 S at Ar. *Ran.* 236, 251 etc. (*διο^ν). Διόνυ(σον) *P.Oxy.* IV 663.40 T (*ΔΙΟΝΎ).
διορθόω: δι(ώρθωται) *P.Haw.* 24-28, in colophon after Hom. *Il.* 2 (vidi: $\overset{A}{\varsigma}$); *P.Ross.Georg.* I 4, in the colophon following Hom. *Il.* 17 ($\overset{A}{\varsigma}$). Uncertain: δι(ορθωτέον?) *BKT* II lviii.25 M ($\overset{A}{\uparrow}$); see also δι( ).
διόρνυμαι: δ]ιορν(ύμενος) *P.Oxy.* XXVI 2445^{1}i.7 M (*δ]ιορν̄).
Διόσκορος: Διοσκό(ρου?) *Et.Pap.* 3 (1936) 105.4 T.
διπλατρικ( ) *P.Oxy.* XXXI 2553^1.16 T (*διπλατρι^κ).
δί(ς) or δι(ττῶς) *P.Harr.* 38 M on Eur. *Med.* 1282 (δί).
δισμύριοι: δισμυρίο(υς) *Ath.Pol.* 24.3 = x.12 T (*δισμυρι^o).
δισχίλιο(ι) *Ath.Pol.* 24.3 = x.17 T (*δισχιλι^o). δισχιλίο(υς) *ibid.* 24.3 = x.19 T (*δισχιλι^o).
δι(ττῶς)?: see δί(ς).
διχ(ῶς) *Journ.Phil.* 22 (1894) 238-46 M on Hom. *Od.* 3.431 (*δι^χ); *P.Oxy.* III 445 interl. above Hom. *Il.* 6.479; *P.Ross.Georg.* I 4 M on Hom. *Il.* 17.692, 723 (δι^χ).
διχ( ) *P.Oxy.* XX 2258$^{Cl\ back}$.19 = *Callim.* I fr.110.73 M (*δι^χ).
διωθέω: δ]ιωθούμεθ(α) *An.Lond.* xxv.16 T (-με^θ; for the form see pl.1).
διώκω: διώκ(ειν) *Callim.* I p.7.62 T, on *Aet.*1.45 (*διω^κ).
δι( ) *MPER* N.S. I 1: see δ( ). δι( ) = δι(ορθ- ?) *P.Oxy.* XXVI 2442^{96A}.5 interl. (*$\overset{A}{\uparrow}$); XXVI 2450^{11}.1 M (*$\overset{A}{\uparrow}$). See s.v. δεῖ, δεῖνα, διορθόω.
δόγμα: δόγμα(τος) *PSI* I 55.27 T (*δογμ$\overset{α}{\mu}$).
δοκέω: ἐδόκ(ουν) *MPER* V 1-10 M.2 (*εδο^κ). ἔδοξε(ν) *PSI* XIII 1348, 4 (bottom M) line a.
δοκίς: δοκίδ(ων) *MPER* N.S. I 1 ii.6 T (δοκι^δ).
δομεστικός: δομ(εστικόν?) *P.Cair.Masp.* II 67179.1 heading in text (*δο$^{μ-}$).
δόξα: δόξ(αν) *P.Oxy.* III 413.183 T (*δοξ).

δούλη: δούλ(ην) P.Oxy. III 413.115 T (*δού^λ). Uncertain: δούλ(η)?
    Ant.Th.. M on Theocr. 15.42, B fol.6 recto (*δου$\cancel{\varkappa}$).
Δουλίχιο(ν) P.Oxy. XXVI 2442^{32}i.17 M (*δουλιχι^ο).
Δράκων: Δράκοντο(ς) Ath.Pol. 7.1 = ii.39 T (*δρακοντ^ο).
δρᾶ(μα) Ar.Schol. 5-27 M on Ar. Eq. 548 (*δ$^α_\text{ρ}$). δράματ(ος) P.Bodm. IV
    heading of dramatis personae (*δραμα^τ). δράμ(ατος) P.Cair.Men.
    pl.I.14, heading of dramatis personae (*δραμ$\int$).
δραματικός: δρ(αματικαί) Proc. XIV 59-65 ii.4 T (*δρ).
δραχμή: δραχμῶ(ν) Ath.Pol. 53.2 = xxvii.1 T (*δραχμ^ω).
δράω: δρῶ(μεν) P.Oxy. IX 1174 iv.18 M (*δρ^ω).
Δρόμ(ων) P.Ant. II 55^{a}verso ii.5 S (*δρο^μ).
δρόσος: δρόσο(ν) Callim. I p.7.32 T, on Aet. 1.33 (*δροσ^ο).
δρ( ), or αρ( ) or χρ( ) P.Oxy. VI 885.41, 87 M (>ρ).
δυϊκός: δυ(ϊκά) P.Ryl. III 533.5, 15 etc. heading in M. δ(υϊκά) Ber.
    Berl. 34 (1913) 219.7 heading in text; P.Cair.Masp. II 67176, 1.4,
    15 etc., heading in text (δ——); P.Hamb. II 166.44, 55 etc.,
    heading in text (δ——?).
δυϊκ(ῶς) P.Amh. II 18.82, 165 T (*δυι^κ line 165); ZPE 7 (1971) 119-
    48 vi.22 T.
δύναμαι: δύνατ(αι) PSI XIII 1348, 4.29 T (δυνατ$_\gamma$). δύνω(νται) Callim.
    I p.7.56 T, on Aet. 1.43 (*δυν^ω). δυγη(θῶσι) ibid. p.7.16 T, on
    Aet. 1.17 (*δυγ^η). δύνασθ(αι) Ath.Pol. 9.2 = iii.40 T (*δυνασ^θ,
    hand 1); 49.2, 4 = xxvi.9, 16 T (*δυνασθ', hand 4).
    δυναμέ(νους) Schol.Sinait. 22 T (δυνα$\tilde{\mu}$).
δύναμις: δυ(νάμεως) An.Lond. xxxiv.40, xxxvii.53 (δ^υ). δύναμ(ιν)
    ibid. xxiv.44 T; Ath.Pol. 25.4, 27.1 = xi.8, 20 T (*δυνα^μ).
    δύ(ναμιν) An.Lond. xxxvi.2, 20 etc. T (δ^υ). δυ(νάμεις) ibid.
    xx.27, xxxvi.11 etc. T (δ^υ). δυ(νάμεων) ibid. xii.11 T (δ^υ).
Δωρ(ίς) P.Cair.Men. pl.XXXVI.13 S at Men. Pk. 331Kö = 754S (*δωρ⌐).
    Δω(ρίς) P.Oxy. II 211 ii.22 S at Men. Pk. 419Kö = 997S (*δ^ω).
δ[ ]χ( ) P.Oxy. 2064 iii M at Theocr. 6.37 (*δ[$_.$]^χ).

E

ἐαυτο(ῦ) *Callim.* I fr.24.20 M (εαυτ^o; see n.2). ἐαυ(τά) *MPER* N.S. I 1 viii.10, x.2 T (εαὐ col.x). ἐα(υτά) *ibid.* x.9, 10 etc. T (*εἀ).
ἐγγράφω: ἐγγεγραμμ(έν)ω(ν) *Ath.Pol.* 49.2 = xxvi.7 T (*ενγεγραμ'^{ω}, emended to ενγεγραμ'^{ω}^{ν} by an ancient reviser).
Ἐγκέλαδος: Ἐγκέλ(αδον)? *Callim.* I p.7.41 T, on *Aet.* 1.36 (*ενκε^λ).
ἔγκλισις: ἐγ]κλίσε(ως) *P.Cair.Masp.* II 67176, 1.27 T (εγ]κλι^{ε}δ§).
ἐγώ: ἡμῖ(ν) *An.Lond.* ^{II}.4 marginal(?) addition to T.
ἐδάφιον: ἐδ(αφίῳ) *P.Oxy.Hels.* 6, M on Hom. *Od.* 23.8 (*ε^δ).
ἔθν(ος) *Callim.* I fr.23.1 M (*εθ^ν).
ἔθο(ς) *Ant.Th.* M at Theocr. 18.24, B fol.5 verso (*εθ^o).
ἔθω: εἰώθα(σι) *PMG* p.6, M on Alcm. 1.49 (*ειωθ^α).
εἰδοί (*Idus*): ειδ(οῖς?) *SWA* 240 (1962) Abh.2, 5-25 recto^B.13, verso^B.7 T (*ειδ§).
εἶδος: ειδε( ) *PSI* VII 849.61 T (ειδ^ε).
*εἴδω: οἶδ(εν) *P.Oxy.* XX 2258^{C2} front M.23 = *Callim.* I fr.384.31 M (*οι^δ). εἰδῆ(σαι) *Ber.Berl.* 37 (1916) 161-70.22 T (*ειδ^η). ἰδώ(ν) *P.Ryl.* I 16.1 M (*ιδ^ω).
εἰμί: / = (ἐστί, ἐστίν): *An.Lond.* i.5, iv.13 etc. T (*not clear); *Ath.Pol.* 5.2, 47.1 etc. = ii.16, xxv.6 T, hands 1 and 4 (*); *BKT* I xiv.19, 31 etc. T (*); IV v.21, vi.12 etc. T (*). *Callim.* I p.3.7, p.7.24 etc. T = "*Schol.Lond.*" on *Aet.*1.8, 22 (*); I p.13.36 T (*); I fr.59.21 M; *Dem.Comm.* .10, 13 etc. T (*); *MPER* N.S. I 1 x.4, 5 etc. T (*); *P.Lond.Lit.* 138 ii.8, 43 etc. T; *P.Mich.* inv. 2459 ined. i.22, ii.30 T (*vidi*); *P.Oxy.* III 445 M on Hom. *Il.* 6.449 (see n.20); V 841^{134}.9 M; VIII 1086.46, 49 etc. T (*); X 1234^{2}i.15 M (*so Lobel and Page, *PLF* D13); XI 1360^2.6 M; XV 1788^2.14, ^{3}.7 M (so Lobel and Page, *PLF* F7); 2064 iii M on Theocr. 6.38 (*); XX 2257^1.14 T (*); XXI 2297^{40}.4 M (*); XXI 2301$^{1(a)}$.5 M (*); XXIV 2390^{2}ii.11, 24 etc. T (*); XXVI 2442^{39}.7 M (*); XXVI 2450^{1}ii.11 M (*); XXX 2526^{B2}.3 M (*); XXXI 2536.36 T (*); XXXII 2636 i.20, 28? T (*); XXXVII 2813^{1}i.37 T (*); XXXVII 2819^8.1 T (*); XXXIX 2887^1.6 T (*); *SBA* (1899)

857-64.3, 8 = Iambi et Eleg., Hippon. 115.5, 10 etc. interl. (*);
⊁ = (ἐστίν) Ant.Th. M on Theocr. 24.99, B fol.8 verso and perh. at
2.48 and 24.92, B fol.3 recto interl., 8 verso M (*).[25]
✕ = (ἐστί) P.Ryl. I 27.60, 68 etc.(?) T; Callim. I fr.23.11 M (*);
εἰ(σί) P.Ant. III 127^{1a}.8 T (ει✕), cf. ✕ = (εἰσί).
// = (εἰσί, εἰσίν) An.Lond. xxxii.28, xxxix.31 etc. T; APF 2
(1903) 196-206 T, on Hom. Il. 5.195; Ath.Pol. 47.1, 2 etc. =
xxv.5, 9 etc. T (*); BKT I xi.10, 51 etc. T (*); Dem.Comm. .18,
60 T (*); P.Lond.Lit. 138 ix.31 T; P.Oxy. VI 856.20, 62 T (*line
62);
⫽ = (εἰσί) P.Ant. III 127^{1a}.9 T; APF 24/25 (1976) 55-84 ii.2 T
(*so S. Stephens).
ἦ(ν), in the phrases οὕ(τως) ἦ(ν), οὐκ ἦ(ν): MPER VI 81-97 M
at Xen. Cyr.5.2.4, 5.3.12 etc. (*ὄ^η, ουκ^η);[26] ἦ(ν), in the
phrase οὐκ ἦ(ν): P.Oxy. XXV 2430^{1}ii.5 M (*ουκ^η).
ἔσοντ(αι) P.Mich. III 145^{III}vii.8 T (vidi: εσοντ).
\ = (εἶναι) Akten XIII 99-110.28 T (*); An.Lond. v.3, 41 etc. T
(*); Ath.Pol. 6.4, 49.1 etc. T = ii.38, xxvi.1 etc. (*); BKT I
xi.11, xii.38 etc. T (*); IV ii.28, v.22 etc. T (*col.v);
P.Lond.Lit. 138 ii.14, 19 etc. T; P.Oxy. VIII 1086.49, 50 etc. T
(*); XXIV 2390^{2}iii.23 T (*); XXXI 2536.12 T (*).
∫ = (εἶναι) Callim. I fr.228.24 M.
ἔμεν(αι) Comm.Arat. VII A.1 M (*εμε^ν).
ἔσεσθ(αι) Ath.Pol. 24.1 = x.5 T (*εσεσ^θ).
Uncertain: ἐ(στί)? Schol.Sinait. 39 T (ε̄). / = (ἐστί) or (ἐστίν)?:
Akten XIII 99-110.4 T (*);[27] CQ 37 (1943) 23-32 ii.11-15 M,
(ἐστίν) certain, but pl. not available; P.Oxy. XXI 2295^{18}i.4 M
(*/, context lacunose); XXII 2315^{1}.5 M (*/; context lacunose);
XXVI 2447^{55}.4 M (*/; context lacunose); XXXVII 2803^{6}.5 interl.
(*/; context lacunose). // = (εἰσί)? Callim. I p.3, "Schol.Lond."

---

25 The same sign stands for ἤ or ἤτοι at Theocr. 26.23 in this pap.

26 οὕ(τως) ἦ(ν) scripsi; οὕ(τως) Ἥ(ρων) ed.pr. For examples of οὕ(τως) ἦν
written in the marg. by ancient revisers see P.Oxy. IX 1174, XXV 2430, XXVI 2468,
PSI IX 1091.

27 It is not clear whether this stroke is written in line 4, where it would
stand for (ἐστί) (so Schubart and Del Corno) or in line 5, where it might be
interpreted as a suprascript abbreviation mark above the second μ of κατεστεμ^μ,
producing κατεστεμ^μ = κατεστεμμ(εν-). For an abbr. of the latter type cf. ἐμπε-
φυση^μ = ἐμπεφυσημ(ένοις).

εἰμί - ἐκφέρω   29

.8 T, on Aet. 1.8 (*). ἔ(στωσαν)? APF 17 (1960) 2 no.2.6 T.
\ = (εἶναι)? P.Oxy. XXVI 2442³⁹ bottom M.1 (*; context lacunose).
ẋ = (εἶναι), (ἐστί) or a critical sign PSI VII 849.47 T (context lacunose).
εἶπον (see also ἐρῶ, φημί): εἶπ(ε) P.Oxy. XX 2258^{Cl back} M.34, ^{C2 back} M.14 = Callim. I fr.110.65-68, fr.384.9-12 M (*ει^π). εἰπόντο(ς) Ath.Pol. 26.4 = xi.18 T (*ειποντ°). εἰπ(οῦσα)ν Ant.Th. M on Theocr. 15.63-64, B fol.6 recto, bottom M.2 (*ειπ^ν). Uncertain: εἶπ(εν?) P.Erl. 16.24 T.
ε(ἰς) P.Giss.Univ. IV 40 ii.8, 9 T (*ε’, ε’).
εἷς: ἑνὀ(ς) P.Michael. 62^D i.26 T (*εν°). ἐν(ὁς) ibid.^A ii.7 T (*εν). μι(ᾶς) ibid. (tables) i.1, iii.2 etc. T (μι/).
εἰσέρχομαι: εἰσέρχ(εται) P.Oxy. II 211.28 stage direction (*not clear: εισερ^χ?). εἰσελθόντ(ες) P.Oxy. III 413.138 T (*εισελθον^T).
εἰσορμάω: εἰ̣σο̣(ρμῆσαι)? P.Oxy. I 19.4 interl. (ι̣σο⁻).²⁸
εἰσ]π(αρα)δ(ε)δ(ε)γμέ(νη) BKT IV: see]π(αρα)δ(ε)δ(ε)γμέ(νη).
ἕκαστο(ς) Ath.Pol. 52.2 = xxvi.49 T (*εκαστ°, emended to εκαστ^{ος} by an ancient reviser). ἐκ(άστη) P.Michael. 62^C.21 T (*εκ).
ἑκάτερος: ἑκάτερο(ν) P.Oxy. IV 663.35 T (*εκατερ°).
Ἑκάτη: Ἑκάτ(ην) P.Flor. III 391.41 T.
ἐκδέχομαι: ἐκδ(έ)χο̣ν̣τ̣(αι) Callim. I p.7.47 T, on Aet. 1.41.
ἐκεῖνος: ἐκείνω(ν) PSI VII 849.67 T (εκειν^ω).
ἐκλει(πτικός) Astr.Mich. recto.13, 14 T (*εκλ/). ἐκ]λειπτ(ική) SWA 240 (1962) Abh.2, 5-25 verso^A.7, 8 etc. T (*εκ]λιπτ∫). ἐκλειπ(τική) ibid. recto^A.28, 29 T (*εκλιπ∫).
ἐκπλήσσω: 'κπλαγ(έντες), i.e., ἐκπλαγ(έντες) P.Oxy. IX 1174 vi.5 M (*'κπλα^γ).
ἐκπνέω: ἐκπνεῖσθ(αι) An.Lond. xxiii.28 T.
ἐκτινάσσω: ἐκτινάξ(ατε?) P.Oxy. III 413.116 T (*εκτιναξ·).
ἐκτίνω: ἐ]κ[τί]ν̣ε̣σθ(αι) Ath.Pol. 8.4 = iii.29 T (*ε]κ[τι]ν̣ε̣σ^θ).
ἐκτιτρώσκω: ἐκτρώσασα(ν) P.Oxy. XIII 1619.131 M (*εκτρωσασ^α).
ἕκτος: ἕκτ(ο)υ P.Michael. 62.23 T (*εκτ^υ). ἕκ(του) ibid. .22 T (*εκ).
ἐκτ(ός) An.Lond. xxx.6 T.
Ἕκτωρ: Ἕκτορ(ος) Proc. XIV 59-65 i.6 T (*εκτο̅).
ἐκφέρω: ἐξενήνοχ(εν) Mél.Maspero I 148-51^a ii.11 T (*εξενηνο̅χ).²⁹⁾

---

28 The abbr., which is inserted above Hdt. 1.76.3, ὁρμῆσαι, may give the variant ἰ̣σο(ρμῆσαι). The edd. print κο̅ but suggest ισο̅ in a note.
29 So Erbse, Schol.Il. The context is a comment on Hom. Il. 6.257, ἐξ ἄκρης πόλιος: διηι]ρημένως ἐξενήνοχ(εν) ἐξ ἄκρης π[όλιος. The ed.pr. has ἐξενηνοχ(ὼς).

ἐκ( ) or ἐκ P.Oxy. XIX 2220^{1}i.24 M (*ε^κ).
'Ελένη: 'Ελένη(ς) P.Oxy. IV 663.38 T (*ελεν^η); P.Oxy. XXVI 2442^{29} M.12 (*ελεν^η).
ἐλευθερία: ἐλευ]θερ(ίας) P.Ryl. III 475.3 T (*ελευ]θερ.).
   ἐλευθ(ερίας) Journ.Phil. 30 (1907) 1-83 xliii bottom M (ελευ^θ).
   ἐλευθερία(ν) P.Ant. III 143.21 T (ελευθερι^α).
ἐλεφάντινος: ἐλ<ε>φαντίνο(υ) Ant.Th. M on Theocr. 15.123, B fol. 7 recto (*ελαφαντιν^ο).
'Ελ]ικάω(ν)? P.Oxy. XLIV 3151^4.8 S (*ελ]ικα^ω).
'Ελλάνι(κος) P.Oxy. XXVI 2442^{29} M.4 (*ΕΛΛΑΝ̇).
'Ελλάς: 'Ελλάδ(ος) DWA (1925) Abh.2 fol.2b.40 T (ελλᾶ^δ).
ἐλλεβόρος: ἐλ]λεβ(όρου) PSI X 1180$^{9\ ined.}$.13 T (*ελ]λε^β).
"Ελλην: 'Ελλήνω(ν) Journ.Phil. 30 (1907) xliii bottom M (ελλην^ω).
   'Ελλ(ήν)ω(ν)? P.Ant. III 143.16 T (ελλ^ω).
ἔλπομαι: ἐέλπετ(αι) PSI I 10 T, on Hom. Il. 13.813.
ελωνιο( ) or σελωνιο( ) P.Oxy. XXVI 2451^{B14}i.27 T (*).$^{30)}$
ἐμαυτοῦ: ἐμαυτό(ν) BKT VII 31-34.26 T (*εμαυτ^ο).
ἐμβάλλω: ἐμβαλέσθ(αι) Ath.Pol. 48.4 = xxv.47 T (*εμβαλεσθ').
ἐμός: ἐμό(ν) PSI XIV 1399.37 T.
ἐμπάσσω: ἐμπάσα(ς) P.Holm. iii.22 T (ενπασα̅).
'Εμπειρικός: 'Εμπ(ειρικοί) An.Lond. xxxi.26 T (εμ̣^{π}).
ἐμπλήσσω: ἐμπληττο(μένοις) MPER V 1-10 M.1 (*εμπληττ^ο).
ἐμφυσάω: ἐμπεφυσημ(ένοις) BKT IV ii.44-45 T (*εμπεφυ|ση$^{μ'}$, see n.27).
ἐ(ν)? P.Oxy. XV 1808 i M.5 (*ἐ).
ἐναντίος: ἐναντίω(ν) Dem.Comm. .52 T (*εναντι̣^{ω}).
ἐνδέχομαι: ἐνδ(ε)χόμ(ενον) BKT IV ii.42 T (*εν[δ']χο^μ).
†ἐνδίδημι: ἐνδίδ(ην)? P.Oxy. XXI 2299: see Διδ(ύμου)? and n.24.
'Εν]δυμ(ίων)? P.Oxy. XX 2257^1.7 T (*not clear: εν]δυ^μ?).
ἔνι(οι) P.Oxy. XXVI 2442^{1}i.1 M (*εν^ι).
ἐνναετηρίς: ἐνναετ]ηρίδο(ς) P.Oxy. V 841$^{129-31}$i M (ενναετ]ηριδ^ο).
ἐν(τός) An.Lond. ^{I}.6 T.
εντ( ) JEA 21 (1935) 199-209 interl. above Juv. 7.152, 174? (*εντ$\{$ line 152).$^{31)}$

---

30 In a comm. on Pind. Isth. 6a:]παγκρατιαστα̣ισελωνι^{ο}π[. Neither ελωνιο- nor σελωνιο- appears in LSJ. Maehler, Pind. prints Ελωνιο( ).

31 The abbr. introduces a Greek paraphrase of Juv. Sat. 7.152: εντ( ) ἅτινα ὁ μαθητής εἶπεν ἱστάμενος καὶ καθήμενος. The phrase ἔν τισι, often abbreviated εν^τ (see s.v. τις) was prob. not intended, since it introduces variants, not paraphrases or notes of other sorts.

ἐξακισχίλιο(ι) Ath.Pol. 24.3 = x.13 T (*εξακισχιλι°).

ἐξέρχομαι: ἐξέρχ(εται) P.Oxy. II 211 ii.15, 28 interl., part of a stage direction (*not clear: εξερ^χ).

ἐξετάζω: ἐξ(έτασον)? ZPE 29 (1978) 5-13 interl. above Hes. Th. 845 (vidi: εξ/). [32]

ἐξηγέομαι: ἐξηγεῖσθ(αι) Ath.Pol. 11.1 = iv.7 T (*εξηγειο^θ).

ἐξ(ῆς) Callim. I p.7.30 T, on Aet.1.33 (*not clear).

ἐξκ(ουβί)τ(ωρ) P.Cair.Masp. II 67185 verso.1, heading (*not clear: εξκ^τ/?).

ἔξω(θεν), ἐξ ὡ(μῶν) or ἐξ ὦ(ν) An.Lond. xxv.46 T (εξ^ω).

εξω( ) or ἔξω Journ.Phil. 22 (1894) 238-46 M on Hom. Od. 3.483 (*εξ^ω); [33] P.Oxy. XXXII 2617⁷ i.3, ²².2 M (*εξ^ω). [34]

ἐξ( ) P.Ryl. III 475.4 T (*εξ).

ἔοικα: ἔοικ(ε?) P.Oxy. VI 856.40 T (*εοι^κ).

ἐπάγω: ἐπαγ(ομένη) MDV v.44, vii.44 T (*επα[γ], επαγ).

ἐπαινέω: ἐπαινῶ(ν) P.Lond.Lit. 6, with S at Hom. Il. 2.272.

ἐπανέρχομαι: ἐπανέρχετ(αι) P.Oxy. IV 663.22 T (*επανερχε^τ).

ἐπάρχω: ἐπάρχ(ων) P.Cair.Masp. II 67185.1, 13 headings (*not clear: επ[α]ρχ⟨, επαρ^χ⟩).

ἐπ(εί) Ant.Th. M on Theocr. 24.4, B fol.7 verso (*ε^π).

ἐπείγω: 'πειγόμ(ενος), i.e. ἐπειγόμ(ενος), Journ.Phil. 22 (1894) 238-46 M on Hom. Od. 3.284 (*πειγο^μ).

ἐπ(ει)δ(ή) Ant.Th. M on Theocr. 14.43, 12.15 etc., B fol.1 recto, B fol.2 recto (*επ^δ); P.Ant. III 207 (= Ant.Th. add.) M on Theocr. 20.125 (presumably επ^δ).

Ἐπεί(φ) P.Lund V 77-84.11, 14 etc. T (*επει). Ἐπε(ίφ) P.Lund V 85-88 .6 T (*επε).

---

32 So H.C. Youtie, quoted ad loc.; perh. ει( ) or ερ( ), ed. The abbr. is written after the siglum •/: above Th. 845, where the scribe has written απατοιο instead of ἀπὸ τοῖο.

33 The supposed abbr. appears in a marg. note on Od. 3.483, ἐς δίφρον τ' ἀνέβαινε καὶ ἥνιε λάζετο χερσί: Ερω( ) δ' ἀνέβαινε καὶ ἐξ τὸ ἀνέβαινε.

34 The abbr. occurs in two marg. notes on a text now lost: νο ὀ [ ]εγ^ρ | εξ^ω α^μ[ ] (fr.7 i.3);]α^μ εξ^ω[(fr.22.2). Perh. ἔξω was intended (so ed.); cf. P.Rev. xli, xliii, where ἔξω ὅρα refers to notes written on the outside of the roll. On this and other terms used to refer to the inside or outside of a roll, see Turner, GMAW p.16 n.4. ἄν(ω) and κά(τω) similarly guide readers in finding corrections written above or below a col. of writing. Sometimes these words are written in full, in the forms αν^ω (Journ.Phil. 30 [1907] 1-83, xl, xli; P.Marm. xviii.29; P.Oxy. IV 700, XV 1793 v.1, XVII 2077² i.13, XXV 2427⁴¹.4, XLVII 3320 i.13 M; P.Ross.Georg. I 4 at Hom. Il. 17.713) or κατ^ω (P.Oxy. XXV 2427⁵⁴ i.5, ?P.Marm. xvi 26). See Appendix II for other "pseudo-abbreviations."

ἐπερωτάω: ἐπερω(τη)θείς Schol.Sinait. 4, 7 T (επε$\overset{ω}{ρ}$θις).[35]
    ἐπερω(τη)θέντα ibid. 3 T (επε$\overset{ω}{ρ}$θεντα).
ἐπερώτησις: ἐ]περω(τή)σεως Schol.Sinait. 7 T (ε]πε$\overset{ω}{ρ}$εσως [sic]).
    ἐπε]ρω(τήση) ibid. 24 T (επε]$\overset{ω}{ρ}$). ἐπερώ(τησιν) ibid. 4 T (επε$\overset{ω}{ρ}$).
ἐπί: ε′, ἐ = ἐ(πί): BKT I ix b, xiii.37 etc. T; IV v.11, 12 etc. T (*);
    VII 31-34.13, 20 etc. T (*); Callim. I fr.43.15, 86-87 M (*);
    P.Giss.Univ. IV 40 i.1, 4 etc. T (*); P.Oxy. XVII 2087.20, 29 etc.
    T (*); PSI XI 1219.19 T (*). Uncertain: P.Ryl. III 510 verso.4
    T (*context lacunose).
ἐπιβο(λή, -λαί?) P.Harr. 60 i heading (επι$\overline{βο}$).
ἐπιδέχομαι: ἐπιδέχετ(αι) Callim. I fr.228.1 M (επιδεχετ,).
ἐπιθαλάμιος: ἐπιθαλάμι(ον) P.Cair.Masp. II 67179.1 heading
    (*επιθαλαμ$\downarrow$).
ἐπιθ(ετικῶς) P.Oxy. XLII 3000 M.5 (*επιθ′).
ἐπικατέχω: ἐπικατέχ(ει) P.Oxy. IV 663.39 T (*επικατε^χ).
'Επιλύκειο(ν) Ath.Pol. 3.5 = i.33 T (*επιλυκει^o).
'Επίλυκο(ς) Ath.Pol. 3.5 = i.32 T (*επιλυκ^o).
ἐπιμείγνυμι: ἐπιμειχθ(έντος) An.Lond. xii.31 T.
ἐπιμελέομαι: ἐπιμελεῖσθ(αι) Ath.Pol. 16.3 = vi.17 T (*επιμελεισ^θ,
    hand 1); 51.1 = xxvi.30 T (*επιμελεισθ′, hand 4) etc.
    ἐπιμελήσεσθ(αι) ibid. 15.5 = vi.10 T (*επιμελησεσ^θ).
ἐπιμελητής: ἐπιμελητο(ῦ) Ath.Pol. 43.1 = xxii.14 T (*επιμελητ^o).
ἐπιρρήδ(ην) Comm.Arat. III B.1, M.1 (*επιρρη^δ).
ἐπίσκοπος: ἐπισκό(πῳ) P.Ryl. III 476.39 T (*επισκ^o).
ἐπισκώπτω: ἐπισκώ(πτουσι) P.Oxy. IV 663.11 T (*επισκω/).
ἐπιτάσσω: ἐπιτασσόμε(να) P.Oxy. III 413.137 T (*επιτασσομ^ε).
ἐπιτίθημι: ἐπιτίθε(σθαι) P.Oxy. V 841³ i M (*επιτιθ^ε).
    ἐπιθησ<ό>μ(ενον) P.Haun. I 6¹.30 T (*επιθησαμ′).[36]
ἐπίτοκος: ἐπιτόκ(ου) JEA 21 (1935) 199-209 interl. above Juv. 7.176
    (*επιτοκ).
ἐπιτροπή: ἐπιτρ(οπήν) Schol.Sinait. 50, 51 T (ε[πι]τρ, επιτ$\overset{}{ρ}$).

---

35 For patristic and documentary examples of επερ = ἐπερ(ωτ-) used as a siglum to indicate a question inserted in the following text, see Pap. Colon. I 25-28.

36 For the emendation see C. Habicht ZPE 39 (1980) 3. The form μ′ which occurs at the end of this abbr. normally represents the monosyllable μ(εν), but may sometimes replace the last two syllables of a medio-passive participle; cf.
λεγομ′ = λεγόμ(ενον?), $\overset{T}{μ}$ποιησομ′ = μ(ε)τ(α)ποιησόμ(ενον?), υποκειμ′ = υποκείμ(ενοι); see also n.27.

ἐπερωτάω - Ερω( )   33

ἐπίτρο(πος) Schol.Sinait. 46 T (επιτρ°). ἐπίτρ(οπος) ibid. 48 T
    (επιτρ). ἐπιτρό(που) ibid. 37 T (επιτρ°). ἐπίτρο(πον) ibid. 36, 40
    etc. T (επιτρ°). ἐπ[ίτ]ρ(οπον) ibid. 52 T (επ[ιτ]ρ). ἐπιτρόπω(ν)
    Ath.Pol. 56.6 = xxviii.42 T (*επιτροπ^ω). ἐπιτρό(πων) Schol.Sinait.
    37 T (επιτρ°). ἐπιτρ(όπων) ibid. 40 T (επιτρ).
ἐπιφάνεια: ἐπιφάνεια(ν) An.Lond. xxxviii.42 T (επιφανεῖ^α).
ἐπιφέρω: ἐπιφέρ(ουσι?) P.Oxy. XV 1808 i.16 M (*επιφερ_η).
ἔποικος: ἔ(ποικον?) Callim. I fr.43.66-67 M (*ε!).
ἑπτακόσιοι: ἑπτακοσίο(υς) Ath.Pol. 24.3 = x.15-16 T (*επτακοσι°).
*ἔπω: ἔπετ(αι) BKT IV iv.14 T (επετ').
ἐπώνυμος: ἐπωνύμω(ν) Ath.Pol. 53.4 = xxvii.11 T (*επωνυμ^ω).
ἐπωφελέω: ἐπωφελ(εῖ) P.Oxy. XXXV 2741^IB ii.10 T (*επωφε̅^λ).
Ἐρασιστράτειος: Ἐρασιστρ(ατείοις) An.Lond. xxxvi.18 T (ερασιστρ^ρ).
ἐργάζομαι: ἐργάζεσθ(αι) Ath.Pol. 49.4, 52.2 = xxvi.16, 51 T
    (*εργαζεσθ').
ἐ]ργαστήρ(ιον) Eos 32 (1929) 27-33 i.10 T (*not clear).
ἔργο(ν) Ath.Pol. 28.5 = xi.45 T (*εργ°); ἔ]ργο(ν) BKT VII 31-34.51 T
    (ε]ργ°). ἔργω(ν) Ath.Pol. 22.7 = ix.28 T (*εργ^ω).
ἔργω: εἴργεσθ(αι) Ath.Pol. 57.2 = xxix.7 T (*ειργεσθ').
Ἐρεχθεύς: Ἐρεχ(θέος) P.Oxy. V 841^11 ii.45 M (*ερε̅^χ).
Ἑρμ(ῆς) P.Oxy. IV 663.5 T (*ερμ').
Ἑρμιό(νη) P.Oxy. XXII 2335 S at Eur. Andr. 987 (ερμιο̅).
Ἑρμοκρέων: Ἑρμοκρέοντο(ς) Ath.Pol. 22.2 = ix.15 T (*ερμουκρεοντ°).
ἐρυσίπελ(ας) PSI X 1180.56 (*ερυσιπε̅^λ);
ἔρχομαι: ἔρχετ(αι) PSI VII 844 i.5 T (*ερχε^τ). ἐλθόντο(ς) Ath.Pol. 27.1
    = xi.19 T (*ελθοντ°). ἐρχ(ομεν-) P.Oxy. XX 2258^C1 back M.7 =
    Callim. I fr.110.67-70 M (*ερ^χ).
ἐρῶ (see also εἶπον, φημί): εἴρη(κεν) P.Oxy. XVII 2085^1.31 T (*ειρ^η).
    εἴρ[η](κε) P.Oxy. XXVI 2442^1 i.1 M (*ειρ^[η]). εἴρη(κεν) (so ed.)
    P.Oxy. XXXVII 2819^4.10 T (*ερρ^η pap.). ἐρέσθ(αι) Ath.Pol. 16.6 =
    vi.24 T (*ερεσ^θ). εἰρῆσθ(αι) An.Lond. xviii.44 T. ε[ἰ]ρημ(ένην)
    BKT IV vii.45 T (ε[ι]ρη^μ). εἰρημ(ένων) P.Mert. I 12.26 T
    (*ειρη^μ). Uncertain: εἴ(ρη)τ(αι)? P.Amh. II 13^1.1 M (*ε_.^τ).^37)
    εἰρή(μενον?) Mél.Maspero I 148-51^a ii.13 T (*ειρ^η).
ἐρ(ώτησις) Aeg. 13 (1933) 621-43^A.26 M (*not clear; ερ/ ed.)
Ερω( ) Journ.Phil. 22 (1894) 238-46 M at Hom. Od.3.286, 483 etc.

---

37 So Croenert, APF 2 (1903) 355f.; cf. Austin, CGF 61; ·^τ ed.pr.

(*at Od. 3.483: ερ͞ω).[38])
ἔσχατος: ἐσχάτ(η) Callim. I fr.228.1 M (εσχα^τ).
ἕτερος: ἑτ(έρῳ) P.Oxy. IX 1175⁵ i.20, ¹³i.6 M (*ε̣^τ, ε^τ); XXVII 2452²
    .16, 19 M (*ε^τ, ε̃); P.Oxy.Hels. 6 M on Hom. Od. 23.16 (*not clear:
    ε^τ?). ἕτερ(αι) Stud.Pal. 4 (1905) 111-13, 2.7 T. ἑτέρω(ν) Ath.Pol.
    8.5 = iii.32 T (*ετερ^ω).
εὐδοκιμέω: εὐδοκιμήσαντο(ς) Ath.Pol. 27.1 = xi.19 T (*ευδοκιμησαντ^ο).
εὔδοσω( ) Mél.Maspero I 148-51^a ii.3 T (ευ̣δ̣οσ^ω).
εὐθύνω: εὐθύνω(ν) Ath.Pol. 48.4 = xxv.44 T (*ευθυν^ω).
εὐνάζω: εὐνάζ(εται) P.Schub. 3.18 T.
Εὐριπ(ίδης) ZPE 41 (1981) 1-7, S at Ar. Ach. 479 (*ευριπ̣).
    Εὐρ(ιπίδης) PSI XI 1194 S at Ar. Thesm. 277 (*ευρ'). Εὐριπίδ(ην)
    P.Oxy. XX 2258^C2 front M.33 = Callim. I fr.384.25-26 M (*ευριπι^δ).
Εὔριπο(ς) P.Oxy. XX 2255¹² i.5 M (*ευρειπ^ο).
εὑρίσκω: εὑρίσκ(εται) Aeg. 2 (1921) 17-22 verso.28, 30 T (ευρισ^κ⁻).
    εὑρίσ(κεται) ibid. verso.29 T (ευρισ⁻).
Εὐρυδί]κ(η) P.Oxy. VI 852²² .11 S (ευρυδι]^κ).
εὐρώεις: εὐρώεν(τα) PSI VII 844 i.9 T (*ευρωεν<), cf. βρο̣(ν)(τά)ς.
εὔσταθμος: εὐστ(ά)θ(μου) P.Michael 62^A ii.8 T (*ευστ̣θ̃). εὐστ(α)θ(μα)
    ibid.^D ii.29 T (*ευθ̃τ̃).
εὐτυχία: εὐτυχί(ας)? P.Oxy. IV 663.16 T (*ευτ̣υχ^ι).[39]
εὐφόρβιον: εὐφο(ρβίου)? P.Arg.Gr. 4-8^I recto C.5 T (ευφ^ο).
ἔφηβος: ἐφήβ(ους) Ath.Pol. 43.1 = xxii.10 T (*εφη^β, emended to εφη^βους
    by an ancient corrector).
ἐχομένω(ς) An.Lond. xxxviii.32 T (εχομεν͞ω).
ἔχω: ἔχετ(ε) P.Oxy. XX 2258^A2 front M.13 = Callim. II p.47 M on Ap. 13
    (εχε^τ). ἔ]χεσθ(αι) PSI XIII 1348¹⁵ recto .7 T (ε]χεσθ^)). ἔχω(ν)
    P.Oxy. XV 1808 ii M.7 (*εχ͞ω). -έχον(τι) BKT IV i.20, 27 T (]εχο^ν,
    -ε]χο^ν). ἔχον(τα) ibid. v.11 T (*εχο^ν). ἐχό(ντων) An.Lond.^I .9 T.
    ἔχο(ντ-) P.Oxy. VI 856.9 T (*εχ^ο).
ἕω(ς) P.Oxy. XXIV 2390² ii.14 T (*ε^ω).
ε λ( ) CQ 37 (1943) 23-32 i.6 M (*ε̣ λ').
ε( ) P.Oxy. XXIV 2390^33c .3 T (*ἒ, context lacunose), perh. ἐ(πί);
    P.Ryl. III 510 verso.4 T (*ἒ, context lacunose), perh. ἐ(πί).

---

38 The abbr. seems to stand for the name of a scholar or edition, for it usually accompanies variant readings. Ἡρό(δωρος)? ed.pr., Ἐρω(τίανος)? Allen, OCT.

39 ευτυχ^ι ed.pr.; ευφυχ^ι pap. ut vid.; εὐψυχί(ας)? Austin, CGF 70 n.

Z

Ζέφυρος: Ζέφ(υρον) *CQ* 37 (1943) 23-32 i.15 M.

ζητέω: ζή(τει) *Arch.Bibl.* 1 (1926) 92-93, no.24 M on Hom. *Od.* 3.362; *Journ.Phil.* 22 (1894) 238-46 M on Hom. *Od.* 3.468 ($*ζ^η$); *P.Oxy.* V 841^{9}i.58, ^{15}i.183 M ($*ζ^η$); IX 1174 ix.12 M ($*ζ^η$); XXV 2429^1 ii.21 M ($*ζ^η$); XXV 2430^{79}.1, 4 etc. M ($*ζ^η$); XXVI 2442^{14}i.3, i or ii.6 M ($*ζ^η$); XXXV 2741^{IA}ii.35, ^{IB}ii.20 M etc. ($*ζ^η$). ζ(ήτει) *JEA* 21 (1935) 199-209 M on Juv. 7.157, ?160, 185 ($*ζ$); *P.Oxy.* V 841^{12}ii.59, iv.118 etc. M ($*\bar{ζ}$). ζητ(ο)υμ(έν)ου *P.Ant.* III 127^{1b}.8 T (ζη$\overset{υ-υ}{τμδ}$). Uncertain: ζή(τει?) *Ant.Th.* M on Theocr. 15.68, B fol.6 recto ($*ζ^η$). ζ(ήτει) *P.Oxy.* XVIII 2165^{1}i.4 M ($*ζ$); XXII 2333 M on Aesch. *Sept.* 634 (ζ). ζ(ήτει) or ζ[ή](τει) *P.Oxy.* XXXIV 2694 verso.7 M ($*ζ$).$^{40)}$ ζητ( ) *P.Oxy.* IV 663.2 T ($*ζητ^\prime$).

ζόφος: ζόφο(ν) *PSI* VII 844 i.9 T ($*ζοφ^o$).

ζυγόν: ζυγο(ῦ) *P.Lund* V 77-84.10, 23 T ($*ζυγο$); V 85-88.10 T ($*ζυγο$); *P.Mich.* III 150.8 T (*vidi*: ZY$\overline{|o}$); *P.Teb.* II 274^{a+b}xi.15 T (ζυγο). ζυγ(οῦ) *P.Lund* V 85-88.8, 10 T ($*ζυ]γ$, ζ[υ]γ̣). Uncertain: ζυγο(ῦ?) *O.Bodl.* II 2178.5 T. ζυγ(οῦ or -ῷ) *MDV* xi.45, xii.10 etc. T (*not clear: ζυγ?).

ζῴδιον: ζ(ῴδια) *P.Mich.* III 149 xii.19 Ṭ (*vidi*: $\overset{ζ}{ζ}$).

Ζωΐ(λος)? *P.Oxy.* XXXV 2741^{IC}ii.13 M ($*ω̣ι$).

ζῷο(ν) *BKT* IV i.31, 44 etc. T (ζωι^o). ζῷ(ον) *ibid.* vi.8, 24 etc. T ($*ζ^ω$). ζ(ῷον), in the phrase τὸ ζ(ῷον): *ibid.* ii.2 T ($*το^ζ$). ζῷ(ου) *ibid.* iii.24, vi.48 T (ζ^ω). ζ(ῴῳ), in the phrase τῷ ζ(ῴῳ): *ibid.* iii.55 T (τωι^ζ). ζῷ(α) *ibid.* vi.10 T ($*ζ^ω$). ζ(ῷα), in the phrases τ(ὰ) ζ(ῷα), τὰ̣ ζ(ῷα): *ibid.* i.51, ii.20 T (τ^ζ, $*τ̣α̣^ζ$). ζῷ(οις) *ibid.* ii.6 T ($*ζ^ω$).

---

40 The questionable abbr. appears to be an addition in the left margin of this comm. on Ap.Rhod. *Argon.* But the pap. is so damaged at this point that it is hard to be certain that the zeta was not part of the text itself.

H

(ἤ) or (ἤτοι)? Ant.Th. M on Theocr. 26.23, B fol.7 verso (*ϰ), see
  ϰ = (ἐστί).
ἡγεμονικός: ἡγεμονικ(οῦ) An.Lond.xvi.38 T (ηγεμονι͆).
Ἡγησίστρατο(ς) Ath.Pol. 17.3 = vii.5 T (*ηγησιστρατ°).
  Ἡγησιστράτο(υ) ibid. 17.4 = vii.9 T (*ηγησιστρατ°).
ἦγο(υν) P.Oxy. XVII 2085³.16 T (*H͞ο) ἦγ(ουν) P.Oxy. XXXI 2536.17 T
  (*H⁻).
ἡδύποτος: ἡδυπ(ότοιο) Journ.Phil. 22 (1894) 238-46 M on Hom. Od.3.391
  (*ηδυ͆ᵖ).
Ἡθικ( ) Ber.Berl. 37 (1916) 161-70.32 M (*ηθικ; title of a collection of mathematical problems?).
Ἠλ(έκτρα) P.Oxy. XI 1370 S at Eur. Or.1247 (*ηλ).
Ἡλιακός: Ἡλιακῶ(ν) P.Oxy. XXVI 2442³⁹.7 M (*ηλιακω).
ἡμέρα: ἡμέ(ρας) (gen.) P.Mich. III 150.1, 4 etc. T (vidi: ημᵉ).
  ἡμ(έρας) Astr.Mich. verso.2, 11 etc. T (*η͆ᵑ). ἡμ(έραν) P.Holm.
  vi.23, 29 T (η͆ or μ͆: see p.62 ad loc.); P.Leid. II 199-259, 13.1
  T (η͆). ἡμέρ(αι) P.Oxy. XV 1808 ii M.12 (*ημ͆ᵖε). Ἡμέ(ραι) Chr.Eg.
  49 (1974) 324-31.6 T. Ἡμ(έραι) ibid. .12 T (*η͆ᵖ). ἡμέρ(ων)
  P.Michael. 62ᴬi.4, 5 T (*εμερ̄). ἡμέρ(αις) ibid. ᴬi.2 T (*ημερ).
  ἡμ(έραις) P.Holm. i.4 T (*η͞μ). ἡμέρ(ας) (acc.) P.Ryl. I 27.65 T.
  ἡμ(έρας) P.Holm. i.42 T (*η͆ᵐ), iii.13 etc. T (η͆ᵐ or μ͆ᵑ: see p.62
  ad loc.), ἡ<μ>(έρας) vii.14 T (η; see p.64 n.1 ad loc.); P.Leid.
  II 199-259, 5.16, 7.34 etc. T (η͆).
ἡμερινός: ἡ(μερινῇ?) MDV xv.31, 32 etc. T (*η).
ἡμίθεος: ἡμιθέο(υ) P.Ryl. III 510 verso.12 T (*ημιθαι°).
ἥ(μισυ), in the phrase τὸ ἥ(μισυ): Ber.Berl. 37 (1916) 161-70.23, 31
  etc. T (*τοᵑ).
ἡμιχόρ(ιον) or ἡμιχόρ(ι)ο(ν) ZPE 41 (1981) 1-7, S at Ar. Ach. 494
  (*ημιοχ̇). ἡμιχ(όριον)? P.Oxy. XI 1370 S at Eur. Or. 1260 (*not
  clear). ἡμ(ιχόριον)?, so Austin, CGF 75, P.Oxy. XXXVII 2807².1
  M (*η͆ᵘ).
Ἤπειρος: Ἠπεί(ρου) P.Ryl. III 476.40 T (*ηπεᵢ).

Ἡράκλειτ(ος?) P.Oxy. XV 1808 i M.4 (*ηρακλει^τ).
Ἡρακλ(ῆς) Ant.Th. M on Theocr. 2.121, B fol.4 verso (*ηρακλ̸).
    Ἡρακλ(ῆς) Mus.Helv. 33 (1976) 1-23 ii.14 M (*ηρακ^λ). Ἡρακλέο(υς) P.Oxy. XXVI 2442^29 M.8 (*ηρακλε^ο).
Ἡρόδοτο(ς) Ath.Pol. 14.4 = v.35 T (*ηροδοτ^ο). Ἡρόδοτ(ος) P.Oxy. XVII 2087.28, 31 etc. T (*ηροδο^τ). Ἡρόδο(τος) P.Oxy. XXVI 2451^A1 i.9 T (*ηροδ^ο).
Ἡρό(δωρος) Journ.Phil. 22 (1894) 238-46: see Ερω( ).
Ἡσίοδ(ος) P.Oxy. XX 2258^Cl front M.18, 19 = Callim. I fr.110.52 M (*ησιο^δ). Ἡσιόδο(υ) PMG p.6, M on Alcm. 1.14 (*ησιοδ^ο).
ἧτ(οι) Callim. I fr.228.32 M (η^τ). See also ἤ.

Θ

θανάσιμος: θαν(άσιμα) An.Lond. xxvi.16 T.
θάνατος: θάνατο(ν) Ath.Pol. 19.2, 26.2 etc. = vii.39, xi.15 etc. T (*θανατ°).
θαυμάσιος: θαυμασιώτα(τον) BKT IV vii.24, xi.19 T (θαυμασιωτ^α).
θειωνο( )? P.Oxy. XXIV 2394: see σειωνο( ) and n.69.
θέλ(ω) P.Oxy. III 413.168 T (*θέ^λ). θέλ(εις) ibid. .137 T (*θέ^λ).
Θεμιστοκλῆ(ς) Ath.Pol. 25.4 = xi.7 T (*θεμιστοκλ^η). Θεμιστοκλ(ῆς) ibid. 28.2 = xi.34 T (*θεμιστοκ^λ); Θε]μιστοκλ(ῆς) Mél.Nicole 212-17 recto bottom M.1 (*θε]μιστοκλ'). Θεμιστοκ(λῆς) Ath.Pol. 23.3, 25.3 = ix.41, xi.4 T (*θεμιστο^κ).
Θεμίσων: Θεμίσωνο(ς) P.Vars. 5.28 T (*θεμισων°).
Θεογο(νία) Chr.Eg. 49 (1974) 324-31.12 T (*θεο_ο^γ).
Θεοδοσιανός: Θεοδ(οσιανοῦ) Schol.Sinait. 2, 3 T (θεοδ̄, θ]εοδ·).
Θεόκριτ(ος) Ant.Th. M, accompanying the title of Theocr. 13 (*θεοκρ^τι).
θεοξένιος: θεοξέν(ια) Callim. I fr.43.86-87 M (*θεοξε^γ).
Θεόπομπ(ος?) P.Oxy. XXIV 2389^35.16 T (*θεοπο^πμ).
θ(εό)ς MIFAO 9 (1893) fasc.2 T (*θ̄ς, Turner Codex pl.2 i.27, 30; see n.7); θ(εό)ς MPER N.S. I 23 verso M.3 (*θ̄ς̣);^41) θ(εό)ς ZPE 3 (1968) 15-45.96, 137 T; P.Oxy. XV 1808 i M.6 (*θ^ς). θ(εο)ῦ MIFAO 9 (1893) fasc.2 T (*θ̄υ, pl.3 ii.33); P.Achm. 2.8 T (θ̄υ); PSI II 155.7 T (θ̄υ). θ(ε)ῷ MIFAO 9 (1893) fasc.2 T (*θ̄ω, pl.3 i.21, ii.24); P.Achm. 2.12 (θ̄ω). θ(εό)ν MIFAO 9 (1893) fasc.2 T (*θ̄ν, pl.3 i.30). θ(ε)ῶν P.Achm. 2.19, 35? T (θ̄ων, θ̄[ων]). θ(εῶ)ν P.Graec.Mag. 4.180, 196 etc. T (θ̄ν).
θεοσύλη: θεοσύλη(ν) P.Köln II 59.5 M (*θεοσυλ^η).
θεράπ(ων) P.Schub. 23.19 S (*θεραπ·). θερ(άπων) BKT V Pt II 99-108 S at Ar. Ach. 964 (*θερ/).
θερμαίνω: θέρμ(αι)ν(ε) P.Leid. II 199-259, 9.14 T (θερμν?).
Θερμαῖο(ν) Ath.Pol. 15.2 = v.41 T (*θερμαι°).

---

41 The abbr., which occurs in a marg. note, is part of a lemma from Pyth. 1.56. Its form (θς̣) is unusual in a non-Christian text.

θερμασία: θερμασ(ίαν) An.Lond. xxxvi.36 T.
θερμός: θερμ(όν) An.Lond. xxxviii.43 T (θερμ̥). θ]ερμότερ(α) An.Lond. xxxv.4 T. Uncertain: θερμά(ς?) PSI VII 849.47 T (θερμ^α).
θ(έρος), in the phrase νότιον θ(έρος): P.Oxy. V 841^{126}ii bottom M (νοτιον^θ).
θεσμοθετεῖο(ν) Ath.Pol. 3.5 = i.33 T (*not clear: θεσμοθετει^o?).
Θέσσαλος: Θέτταλο(ς) Ath.Pol. 17.3 = vii.6 T (*θετταλ^o).
Θεσσαλός: Θεσσαλο(ῦ) P.Vars. 5.24 T (*θεσσαλ^o). Θε]σ̣σ̣αλ( ) Ant.Th. M on Theocr. 12.13, B fol.2 recto (*θε]σ̣σαλ').
Θέτις: Θέτιδ(ος) Callim. I fr.228.15 M (θετι^δ).
Θέω(ν) P.Oxy. V 841^{3}i.37 M (*θε^ω). Θέ(ων) P.Oxy. XXV 2427^{48}.4, ^{54}i.8 etc. M (*θ^ε, θ^ε); P.Oxy. XXXVII 2803^4.2, 5 etc. M (*θ^ε, θ̣^{ε}).
Θέω(νος) P.Oxy. IX 1174 iv.2, 3 etc. M (*θε^ω). Θέ(ωνος) ibid. vi.5, vii.22 etc. M (*θ^ε); P.Oxy. XXV 2427^{53}i.6 M (*θ^ε).
θεωρητός: θεωρ(ητόν) An.Lond. xxvi.43, 55 T.
Θῆβαι or Θηβαῖος: Θη(β-) P.Oxy. XXVI 2451^{A1}ii.23 T (*θ^η).
Θηβ(αῖος) BKT V Pt II 99-108 S at Ar. Ach. 905, 912 etc. (*θ$^β_η$, θ$_η$β).
θηράσιμος: θ]ηρασιμο( ) P.Oxy. IX 1175^{5}i.5 M (*θ]ηρασιμ^o).
θηρί(ον) BKT IV ii.14 T (*θηρ^ι). θ̣ηρί(ου) ibid. iii.37 T (θ̣ηρ^ι).
θήρω(ν) P.Oxy. X 1238 interl. S at Men. Sicyonios fr.11S.2 (*θηρ^ω).
θησαυρός: θησαυρ(ῷ) MIFAO 9 (1892) fasc.1, 64 no.2.4 T (*θησαυρ̣);
  θησαυ(ρ-)? P.Oxy. XX 2262^{1}i.11 T (*θησα^υ), perh. to be articulated as -θης α^υ, i.e., -θης αύ(τ-).
θητικός: θητικό(ν) Ath.Pol. 7.3, 4 etc. = iii.3, 13 etc. T (*θητικ^o).
Θουκυδ(ίδης) P.Oxy. XVII 2087.12, 25 T (*θουκυ^δ).
Θρᾷξ: Θρᾷκ̣(ες) Ant.Th. M on Theocr. 14.46, B fol.1 recto (*θρακ̣).
θρασυ(λέων)? P.Ant. II 55^{b}verso.3 S (θρασ̣^{υ}). $^{42)}$
θρασύνω: θρασύνεσθ(αι) Ath.Pol. 28.4 = xi.40-41 T (*θρασυνεσ̣^{θ}).
Θρ(ασωνίδης) P.Oxy. VII 1013.38 S at Men. Misoum. 61Kö = 259S (*θρ/).
  Θρασ̣(ωνίδης)? P.Ant. II 55: see s.v. Θρασυ(λέων).
θρίξ: τρίχ(ας)? PSI X 1180$^{4\ ined.}$.3, $^{A\ ined.}$iii.36 T (*τρι̇^{χ}).
θυγάτηρ: θυγατέ]ρ(ες) Callim. I fr.228.38 M (θυγατε]^ρ). θυγατέρ(ων) Callim. I fr.43.28-30 M (*θυγατε^ρ).
θυμίαμα: θυμιάμ(ατος) PSI X 1180$^{A\ ined.}$ii.9 T (*θ̣υ̣μια^μ).
θύμον: θύμ(ου) PSI X 1180.34, $^{8\ ined.}$.2 etc. T (*θύ̇^{μ}).
θυμός: θυ(μόν?) P.Köln I 34 interl. above Hom. Il. 14.315 (θ̇^{υ}).

---

42 So P.J. Parsons and J. Rea, cited in Gnomon 39 (1967) 124 n.3; θρασ̣ = Θρασ̣(ωνίδης) or the like, C. Austin, CGF 242.

θύρα: θυρῶ(ν) *Ath.Pol.* 14.2 = v.26 T (*θυρ^ω). θύρα(ς) *P.Teb.* I 2 verso^d .15 T.

Θύρσις: Θύρ[σι]δ̣(ος?) *Ant.Th.* M at Theocr. 1.65, A fol.1 recto (*θυρ[σί]).

Θυώνιχος: Θυώνιχ(ον) *Ant.Th.* M on Theocr. 14.1, B fol.1 recto (*θυωνί).

I

ἰαίνω: ἰαινόμ(εθ') PSI VII 844 i.4 T (ιαινομ'; see n.46).
ἴαμβος: ἴαμβ(ον) Callim. I fr.228.1 M (ιαμβ/).
Ἰανουάριος: Ἰανουαρ(ίων) Quant., entry for A.D. 334 T (*ιανουαρ').
Ἰβηνός: Ἰβην( ) PMG p.6, M at Alcm. 1.59 (*ε[ι]βην).
ἱερατικός: ἱερατικ(όν) P.Lond. V 1718 verso.85 T (ιερατι^κ/).
ἱερός: ἱερῶ(ν) Ath.Pol. 30.2 = xii.26 T (*ιερ^ω). ἱερ(άς) P.Giss.Univ.
    IV 40 ii.3, 11 T (*ιερ^ν, ι]ερ^ν).
ἵημι:]ἱεσθ(αι), i.e. προ]ἱεσθ(αι)? ed.: P.Oxy. XXVI 2450^{1}ii.10 M
    (*]|ιεσ̇θ̇).
Ἴκαρος: Ἰκάρο(υ) Callim. I fr.23.3 M (*ικαρ^ο), Ἰκάρ(ου) ed.
ἱλάσκομαι: ἱλάσ(κου) P.Flor. III 391.27 T. ἱλ(άσκου) ibid. .18, 21
    etc. T.
ιλου( ) P.Oxy. XXI 2295^{18}i.4 M (*ιλοῡ).
ἰνδάλλομαι: ἰνδάλλοντ(αι) Comm.Arat. III B.3 M (*ινδαλλον^τ).
ἰνδικτιών: ἰνδικ(τιῶνος) DWA (1906) Abh.2 p.74, pl.6 recto.21 T
    (*ινδικ$).
Ἰούλιος: Ἰουλ(ίων) Quant., entry for A.D. 336 T (*not clear; ιουλ.
    ed.).
Ἵππαρχο(ς) Ath.Pol. 17.3, 18.1 etc. = vii.5, 11 T (*ιππαρχ^ο).
    Ἱππάρχο(υ) ibid. 19.2 = vii.39 T (*ιππαρχ^ο).
ἵππαρχος: ἵππαρχο(ι) Ath.Pol. 4.2 = ii.5 T (*ιππαρχ^ο). ἱππάρχο(υς)
    ibid. 4.2 = ii.1, 3 etc. T (*ιππαρχ^ο).
ἱππεύς: ἱππέω(ν) Ath.Pol. 7.3, 26.2 = iii.1, xi.16 T (*ιππε^ω).
ἱππικός: ἱππικ( ) P.Oxy. XXXI 2553^1.4 T (*ιππι^κ).
ἱπποβουκόλ(ος) Ant.Th. M on Theocr. 2.48, B fol.3 recto (*ιπποβουκο^λ).
Ἱπποκωντίδης: Ἱπποκωντιδ(ῶν) PMG p.6, M on Alcm. 1.6 (*ιπποκωντι̇δ̇).
ἵππο(ς) Ath.Pol. 7.4 = iii.9 T (*ιππ^ο). ἵππω(ν) P.Oxy. XXVI 2450^{1}ii.23
    M (*ιππ^ω).
ἰσόπλευρος: ἰσόπλευρ(ον) MPER N.S. I 1 vi.1, 9 T (ισοπλευρ́,
    ιο̇ο̇π[λ]ευρ́). ἰσόπλε(υρον) ibid. v.13 T (ισοπλέ).
ἰσοσκελής: ἰσοσκελ(ές) MPER N.S. I 1 vii.5 T (ισοσκέ^λ).
ἰσόψηφος: ἰσόψηφ(ον) ZPE 31 (1978) 45-48.4, 7 etc. T. ἰσόψ(ηφον)
    (ισο̇ψ̇(ηφον)

ibid. .8 T.
'I](ορα)ῆλ DWA (1906) Abh.2 p.81, pl.7 verso C.6 T (*ῑ]ηλ);
    'Ι(ορα)ῆλ MIFAO 9 (1893) fasc.2 T (*ῑηλ, pl.3 i.16, ii.29; see n.7).
ἵστημι: ἱστάμενο(ς) An.Lond. xxvi.34 T (ισταμεν̊).
'Ιταλ(ίας) Dem.Comm. : see n.63.
ἰχθῦς: ἰχθύ(ων) BASP 7 (1970) 35-38.7 T (*ἰχθυ); P.Lund V 77-84.3, 28 etc. T (*ἴχθυ); ἰχ]θύ(ων) P.Lund V 85-88.5 T (*ιχ]θυ); ἰχθύ(ων) P.Teb. II 274$^{a + b}$iii.37, 38 etc. T (ιχθυ). ἰχθ(ύων) P.Lund V 85-88.5 T (*ιχθ); P.Mich. III 150.1 T (vidi: ιχ^θ). ἰχθῦσ(ι) SWA 240 (1962) Abh.2, 5-25 recto.23 T (*not clear: ιχθυσ?). ἰχθῦ(σι) Astr.Mich. verso.9 T (*ιχθυ). Uncertain: ἰχθ(ύων or -ῦσι) MDV ii.35, iv.13 etc. T (*ιχθ).
ἴχνος: ἴχν(η) P.Oxy. IX 1174 iii.6 M (*not clear: ιχ^ν?).
'Ιωάννης: 'Ιωάνν(ο)υ P.Ant. III 127^{2b}.3-4 T.

Κ

καγκελλάριος (cancellarius): καγκελλ(άριον) P.Cair.Masp. II 67185.13
   heading (*καγκελλαρ).
καδμεία: καδμ(είας) PSI X 1180.93, 104 T (*καδ̣^{μ}, κ̣[α]δ̣^{μ}). καδ̣(μείας)
   P.Cair.Masp. II 67141 fol.II recto.21 T (*καδ$).
καθάπ(ερ) P.Oxy. XXVI 2451^{B14}i.23 T (*καθα̣^{π}).
καθαρός: καθ̣(αρᾶς) An.Lond. xv.31 T.
καθαρτικός: καθαρτικ(όν) An.Lond. xxxvii.13 T.
καθέζομαι: καθέζετ(αι) P.Oxy. XXXI 2553^1.7, 13 T (*καθεζε̣^{τ}, καθεζε^τ).
   καθεδοῦμ(αι), so Austin CGF 83: MPER V 1-10 M.7 (*καθεδου^μ).
κάθ(ετος) MPER N.S. I 1 viii.6, xii.5 T (καθ́). κ[άθ]ετο(ν) ibid.
   viii.18 (κ[αθ]ετο̇). καθετο( ) ibid. xv.10 T (καθετ^o). καθετ( )
   ibid. xi.4 T (καθετ̇).
καθεύδω: κ]αθεύδον(τος) BKT IV v.14 T (*κ]αθευδ^y), καθευδόν(των) ed.
κάθημαι: καθῆσθ(αι) Ath.Pol. 48.4 = xxv.45 T (*καθησθ').
καθίστημι: κ[αταστα]θ(ήσονται) P.Mich. III 145^{III}v.5 T.
καί (see also Part II E):
   κ', κ́ = κ(αί): Akten XIII 99-110.6, 38 etc. T (*); APF 2 (1903) 196-
   206 T, on Hom. Il. 5.194 (κ́), 197; Ath.Pol. 2.2, 45.1, 46.2 etc.
   = i.5, xxiii.41, xxv.3 etc. T, hands 1, 3, 4 (*); 42.3 = xxi.32
   interl., beside text written by hand 2 (*); BKT I xi.2, 3 etc. T
   (*); IV v.2, 3 etc. T (*); VII 31-34.31, 33 etc. T (*);
   Callim. I p.3, "Schol.Flor." .4, 5 etc. T (*); I p.7.21, 22 etc.
   T, = "Schol.Lond." on Aet. 1.19, 30 (*); I fr.43.31-32, 53-55 M
   (*); Dem.Comm. .26, 49 etc. T (*); Journ.Phil. 21 (1893) 296-343
   M above Hom. Il. 23.836; Mél.Maspero I 148-51^{a}i.8, ii.6 etc. T
   (*); MPER V 1-10 M.1, 7 (*); P.Haun. I 6^1.6, 7 etc. T (*);
   P.Mich. inv. 2459 ined. i.28, 33 etc, T (vidi); P.Oxy. III 409.104
   M (*); IV 663.6 T (*; the tachygraphic sign ϟ is also used for
   καί in this text); V 841^{2}ii.31 M (*); V 842 xiv.13, xx.20 etc.
   T; VI 856.26, 31 etc. T (*); VIII 1082^{1}i.14, ii.2 etc. M (*);
   X 1231^{10}.7 M (*); X 1234^{2}i.7 M (*); XI 1360^{28}.2 M or interl.,
   κ(ατά) ed.pr.; 2064 xviii bottom M (*); XVII 2087.13, 16 etc. T (*);

XVIII 2176^3.3 interl., ^{8}.26 M etc.; XX 2255^{12}i.5 M (*);
XXI 2294.3 T (*); XXI pp.130-34 no.44 (XVIII 2166[c]^2.7 add.) M;
XXIV 2389^{35}.8, 11 etc. T (*); XXV 2427^{27}.14 M (*); XXVI 2442^{14}
i.2 M, ^{29} M.11 (*); XXVI 2451^{B9}.9, 11 etc. T (*); XXX 2526^{B2}.3
M (*); XXXI 2536.3, 11 etc. T (*); XXXV 2735^{16}.2 interl. (*);
XXXVII 2813^{1}ii.22, 23 etc. T (*); *P.Ross.Georg.* I 22 i.5 T;
P.Ryl. I 27.6, 7 etc. T; *PSI* VII 849.16, 17 etc. T; XI 1192 i
top M.2 (*); XIV 1390^B.2, 5 etc. M (*); *PMG* p.6, M on Alcm.
1.49, 1.64 etc. (*); *SBA* (1901) 1319-21^4.1 T (ϰ́).
ϰ' = ϰ(αί) *APF* 24/25 (1976) 55-84 ii.4, 17 T (*); *ZPE* 12 (1973)
17-23.21, 24 T (*).
ϰ͵ = ϰ(αί) *Callim.* I fr.228.1?, 11 M; *Schol.Sinait.* 2, 18 T.
Varia: *P.Cair.Masp.* III 67318.8 T (ϰ/); *P.Lond.Lit.* 138 ii.4, 7
etc. T (ϰ\\); *P.Oxy.* VIII 1086.58, 65 etc. T (*ϰ̅); *P.Ryl.* I 27.53
T (ϰ̄); *PSI* XIII 1348, 1.31, 2.32 etc. T (ϰ⌐); *Schol.Sinait.* 2, 18 T (ϰ).
ϰαί represented by symbol (tachygraphic ϟ is excluded): *Et.Pap.*
1 (1932) 13-15 no.5 M, on Callim. *Dian.* 52 (σ).
Uncertain: unless otherwise stated, ed. prints ϰ(αί) without other
description: ϰ(αί)? *BKT* V Pt II 1-6 ii.11 M (*ϰ'), so Lobel
and Page *PLF* Alc. E 3. *Chr.Eg.* 49 (1974) 115-20 verso.7 T; *CQ* 37
(1943) 23-32 i.4-6 M; *Münch.Beitr.* 35 (1945) 184-90.62 T; *P.Ant.*
III 125^{1a}.12 T; III 132^{1a}.4, ^{3a}.2 T; III 140 b.3 T; III 186^{12a}
.2 T; *P.Leid.* II 199-259, 11.16 T; *P.Lond.Lit.* 172 ii.30, 33 etc.
T; *P.Ness.* II 1 interl. above .389, 470 M; *P.Ryl.* III 533.39
heading; *PSI* XIV 1399.9 T; *Rev.Phil.* 19 (1895) 177-79.1, 2 etc.
T; *ZPE* 3 (1968) 46-49.31 T.
ϰαίω: ϰεϰαυμ(ένου) *PSI* X 1180.73, 105 etc. T (*ϰεϰαῦ^μ).
ϰεϰαυμ(έ)ν(ο)υ *P.Ant.* III 127^{2b}.5 T (ϰεϰαυμ̄ῡ). ϰ(εϰαυμένου)
O.Bodl. II 2182.4 T.
ϰαϰός: ϰαϰ(ά) *Callim.* I fr.228.12 M (ϰα^ϰ). Uncertain: ϰαϰη( ) or
ϰαϰή *P.Oxy.* XXII 2327^{20}i.1 M (*ϰαϰ^η).
ϰαϰοῦργος: ϰαϰούργ(ων) *P.Lond.Lit.* 138 ii.7 T.
ϰαϰοχυμία: ϰαϰοχ(υμίαν) *An.Lond.* xxxvi.15 T (ϰαϰό^χ).
†ϰαλαμοδο( )? *PSI* X 1180.79 T (*ϰαλαμοδ^ο or ϰαλαμοδ$^ο̣$, i.e.,
ϰαλαμόδου?). ϰ[α]λαμοδ( ) ibid. .106 T (*ϰ[α]λαμο̣δ̣).
ϰαλάνδαι: ϰαλα]νδ(ῶν) *DWA* (1906) Abh.2 p.74, pl.6 recto.24 T
(*ϰαλα]νδϛ). ϰαλ(ανδῶν) *Quant.* entries for A.D. 258, 311 etc.
T (*ϰαλ$^∪$).
ϰαλέω: ϰαλ(εῖται) *Callim.* I fr.228.1 M (ϰα^λ); ἐϰλήθ(ησαν) *PSI* XIV 1390^B.9

καίω - κατά

M (*εκλη ϑ); καλούμ(ενος) ibid. ^{C}i.1 M. κ[α]λουμ(ένην) ibid. ^{C}ii bottom M.1 (*κ[α]λου^μ). Uncertain: καλοῦ(σιν)? P.Oxy. XLVII 3329$^{1→}$.6 T (*καλȣ).

Κάλ(ης) CQ 37 (1943) 25-32 ii.16 M.

Καλλίμαχος: Καλλιμά(χου) Chr.Eg. 49 (1974) 324-31.12 T (*καλιμ^α).

Καλλίνικος: Καλλί(νι)κ(ον) P.Cair.Masp. I,I 67179.1 heading (*καλλικ/). καλλ(ίνικον) ibid. .1 heading (*καλ).

Καλλ]ιπίδ(ης) P.Bodm. IV S at Men. Dysc.813 (*καλλ]ιπιδ').

Καλλιπ(ίδης) ibid. S at Men. Dysc.835 (*καλλιπ').

Καλλισ(θένης), so Turner GMAW no.65: P.Oxy. II 222 i.41 T (*καλλισ).

καλ(ός) P.Oxy. XX 2258$^{A2\ back}$M.36 = Callim. II p.47, on Ap.36 (κα^λ). καλό(ν) Callim. I p.7.61 T (*καλ^o). κάλλισ(τος) P.Oxy. II 222: see Καλλισ(θένης). κάλλιστο(ν) P.Oxy. IV 663.17 T (*καλλιστ^o).

Καμπάλιο(ς) P.Oxy. XXXIII 2659^{1}verso i.10-11 T (*καμπα|λι^o).

κανθαρίς: κανθαρίδ(ων) P.Oxy. VIII 1088.14 T, ἀκανθαρίδ(ων) pap, corrected in the ed.pr.; PSI X 1180.46, $^{A\ ined.}$ii.27-28 etc. T (*κανθαρῖ, καν]|θαρῖ).

κάραβος: καράβο(υ) P.Ness. II 11.31 T.

καρδία: καρδ(ίαν) An.Lond. xvi.39 T.

Καρ(ίων) P.Cair.Men. pl.XVI.14 S at Men. Epit. 446Kö = 622S (*καρ/).

καρκίνος: καρκίνο(υ) O.Stras. I 811.5 T. κ]αρκί(νου) BASP 7 (1970) 35-38.13 T (*κ]αρκι). καρκ(ίνου) P.Lund V 77-84.7, 20 T (*καρκ, καρκ); V 85-88.8 T (*καρκ); κ]αρκ(ίνου) P.Mich. III 150.5 T (vidi: κ]αρ^κ); καρκ(ίνου) P.Teb. II 274^a + ^{b}xi.12 T (καρκ). καρκίν(ῳ) SWA 240 (1962) Abh.2, 5-25 verso^B.26 T. καρκ(ίνῳ) ZPE 16 (1975) 47-50.25 T. Uncertain: καρ(κίνου or -κινῳ) MDV ii.43 (*not clear: καρ?), iii.18 (*κ]α[ρ), etc. T.

Κα(ρχηδών) O.Wilck. II 1488 verso.4 T (κ^α).

Κα]σσάνδ(ρα) P.Oxy. XXXVI 2746.6 S (*κα]σσαν^δ). Κα]σσ(άνδρα) ibid. .7 S (*κα]σ^σ); Κασ]σ(άνδρα) ibid. .4, 8 S (*κασ]^σ).

κ(α)τ(ά), κ(α)τ(ε)-, κ(α)τ-, κ(α)θ-: in the words κ(α)τεμ<ο>λύνθη, κ(α)τ(ε)σέρχε[τ]αι: APF 2 (1903) 196-206 T, on Hom. Il. 5.100, 140 (κτεμλυνθη, κτσερχε[τ]αι). κ(α)τ(ά) Callim. I fr.24.19 M; Mél.Maspero I 148-51^{b}i.11, ^{C}.6 T (*κ̄), κ(ατά) ed.pr.; P.Amh. II 24 verso, title (*κ^τ); P.Haun. I 6^1.17 T (*κ^τ), κ(ατά) ed.pr.; P.Oxy. IV 663.16 T (*κ^τ); XX 2257^1.10 T (*κ^τ); XX 2258$^{C1\ back}$M.31, $^{C2\ front}$M.33 = Callim. I fr.110.65-68 add., fr.384.25-26 M (*κ^τ); PSI I 55.3, 106 etc. T (*κ̄); XI 1182.71, 72 M (*κ̄); Schol.Sinait. 7, 9 etc. T (κ̄), 12 T (t̄), 46 T (c̄; see n.21).

κʹ, κ̈ = κ(ατά), κ(ατε-), κ(ατ-), κ(αθα-), κ(αθ-): APF 2 (1903)
196-206 T, on Hom. Il. 5.153, 194 etc.; Ath.Pol. 2.3, 46.2 etc.
= i.10, xxv.3, hands 1 and 4, T (*); BKT I xi.27, 48 etc. T (*);
IV ii.17, v.9 etc. T (*); VII 31-34.12 T (*); Callim. I p.17.41
T (*); I fr.43.31-32 M (*κʹ); Dem.Comm. .8, 19 etc. T (*); P.Oxy.
XV 1790.50 M (*); XVII 2086 verso.1 T; XVII 2087.8 T (*);
XX 2257^1.8, 9 T (*); XXI 2301^{1a}.5 M (*); XXI 2307^1.10 T (*);
PSI VII 849.1, 6 etc. T.
κ̂ = κ(ατά) An.Lond. v.1, 38 etc. T (*); SBA (1901) 1319-21^7.10, ^{22}.1
T.
κ = κ(ατά): in the words κ(ατα)θείς, κ(ατά): P.Holm. xi.17, 37
etc. T (κθεις, κ); in the word κ(ατά)θες: P.Leid. II 199-259,
14.2 T (κθες).
κ⁻ = κ(ατά) P.Oxy. XXXIV 2694 verso.23 T (*).
Uncertain: κα(τά) P.Oxy. XV 1808 i M.6 (*κ^α ed.; perh. κʹ).
κ(ατά) P.Oxy. XVII 2086^1 verso.1 T (the form of the abbr. is
not given by the ed.)

κατάγω: κατή<γ>αγ(ε) P.Mil. II 73.5 T (κατηαγ).
καταδέχομαι: καταδεξό(μενος) P.Oxy. III 413.115 T (*καταδεξ^o).
καταλαμβάνω: κ(ατα)λαβ(εῖν) P.Oxy. XV 1790.50 M (*κʹλαβ).
   Καταλαμβ(άνουσαι) P.Oxy. XXXIII 2659^2 verso i.17 T (*καταλαμ^β).
καταλείπω: καταλ(είπουσιν) An.Lond. xxxvi.29 M.
καταμετρέω: καταμετρ(εῖ) P.Mich. III 145^{II}.3 T (vidi: καταμετ^ρ).
καταπλάσσω: κατάπλ(ασσε) P.Coll.Youtie I 4.10 T (*καταπ^λ).
καταπονέω: καταπ[ο]νούμενο(ς) P.Oxy. XLIV 3160 iii.26 T
   (καταπ[ο]νουμενο̄).
κατασκευάζω: κ(ατα)σκευάζο(υσιν) An.Lond. xxxvi.35 T (κ̂σκευαζο̄).
   κατασκευάζ(ουσιν) ibid. xxxviii.22 T. κ(ατα)σκευάζεσθ(αι)
   ibid. xx.18 T.
καταστέφω: κατεστεμμ(έν-) Akten XIII 99-110.5 T (*κατεστεμ̈ or
   κατεστεμ̈; see n.27).
κατεργάζομαι: κ(ατ)εργασμέ(νη) BKT IV xii.44 T (κ̈εργασμ^ε).
κατέχω: κατέσχετ(ο) Journ.Phil. 22 (1894) 238-46 M on Hom. Od. 3.284
   (*κατεσχε̄; see n.4). Uncertain: κα]τασχόντ(ος?) P.Oxy. XXVI
   2442^{29} M.9 (*κα]τασχον^τ).
κάτ(ω) Journ.Phil. 30 (1907) xxxix top M, xl.17 M etc. (κα^τ); P.Oxy.
   VI 852^{64} i.57 M (*κᾱ); XI 1358^2 i.33 M (*κα^τ); XXII 2313^6 top M
   (*κα^τ); P.Princ. III 113 top M.3. κ(ά)τ(ω) P.Amh. II 24 recto,
   top M (*κ^τ). Uncertain: κάτ(ω)? BKT II ix.32 interl. (scripsi;

κατάγω - κηδεστής

κάτ[ω] ed.); P.Oxy. III 545 M on Hom. Il. 4.487. Uncertain:
κά(τω)? BKT II xxxix.37 interl. (scripsi; κά<τω> ed.). See n.34.
καυ( ) MPER N.S. I 34 verso.6 M? (κ^{αυ}[).
κεῖμαι: κ<ει>μ(ένην) Schol.Sinait. 52 T (so FIRA et al.; κλμ̄ ed.pr.).
    κειμ(εν-) P.Oxy. XV 1788^{15}i.15 M (*κει^μ).
κελεύω: ἐκέλευο(ν) P.Oxy. III 413.117 T (*εκελεῦ).
Κελτικός:]Κελ(τικῆς) or Σι]κελ(ικοῦ) P.Arg.Gr. 4-8^{I}recto C.2 T.
κενοδρομία: κενοδρ(ομι-) SWA 240 (1962) Abh.2, 5-25 verso^A.11, 13
    etc. (*κενοδρ).
κενό(ς) An.Lond. xxvii.6 T (κε^ο).
κενόω: κενω(θέντος) An.Lond. xxvii.28 T.
K]έντ(αυρος) P.Oxy. XXXIII 2659^{2}verso i.1 T (*κ]εν^τ).
κεντηνάριον: κεντηνάρ(ια) P.Lond. V 1718 verso.58, 59 T (κεντηναρ/,
    κε[ν]τηναρ/).
κένωσις: κέ]νω(σιν) An.Lond. xxvi.48d T.
κεπ( ) P.Ross.Georg. I 4 M on Hom. Il. 17.675 (κε^π).
κέρας: κέρατ(α) BKT IV iii.24 T (κερατ', also listed in Part II D).
    κέρ(ατα) ibid. ii.22 T (κε^ρ).
κεράτιον: κ(εράτια) P.Michael. 62^{A}ii.7 T (*κ).
κεραυνο( ): κέρανο( )? Callim. I p.7.40 T, on Aet. 1.36 (*κεραν^ο).
+κερδοφορέω: ἐκερδο(φόρησεν) P.Michael. 62^{A}ii.9 T (*ηκερδο).
    ἐκερδ(οφόρησεν) ibid.^{A}ii.10 T (*εκερδ).
Κέρδ(ων) PSI I 99.12 S (*κερ^δ).
κερδε(ις) P.Oxy. XX 2258^{A4} back M = Callim. II p.56, on Dian. 113
    (κερο^ε).
κε]φάλ(αιον) P.Mich. III 145^{III}vii.5 T (vidi: κε]φά). κεφα(λαίου) PSI
    I 55.79 T (*κεφ^α); κ[ε]φα(λαίου) Schol.Sinait. 43 T (c[ε]φ^α; see
    n.21). κεφα(λαίῳ) ibid. 22, 43 T (κεφ^α). κεφ(αλαίῳ) PSI XIII
    1348, 3.25 T (κεφ/), 4 bottom M, line c (κεφ)); Schol.Sinait. 30,
    35 etc. T (κ̄εφ̄, κεφ·). κεφά(λαιον) (acc.) ibid. 34, 43 T (κεφ^α,
    κεφ^α). Uncertain: κ]εφαλ(αι-) P.Mich. III 145^{III}v.14 T (vidi:
    κ]εφά).
κεφαλή: κεφαλῆ(ς) JHS 62 (1942) 36-37 M (κεφαλ^η). κεφ(αλήν) BKT IV
    ii.23, 28 T (*κε^φ). κε(φαλήν) ibid. iii.8 T (κ^ε). Uncertain:
    κεφα(λή?) P.Amh. II 11 ii.7, title in M (*κ^{ε}φ^α).
Κεφαλλη(νία) P.Oxy. XXVI 2442^{32}i.17 M (*κεφαλλ).
Κέφαλ(ος?) P.Oxy. XX 2257^1.7 T? (*not clear: κεφα^λ?). Κεφάλ(ου?)
    P.Oxy. XXVI 2442^{32}i.17 M (*κεφα^λ).
κηδε(στής) PSI XI 1194 S at Ar. Thesm. 279 (*κηδ^ε).

κηκίς: κηκιδο(ς) PSI X 1180$^{1\ ined.}$.5 T (*κηκιδ^o).
κηρός: κηρο(ῦ) PSI X 1180.52, $^{1\ ined.}$.8 T (*κη$\overset{o}{ρ}$, κη$\overset{o}{ρ}$).
κηρωματικ(ός) Ant.Th. M on Theocr. 2.8, B fol.3 verso (*κηρωματικ$\overset{T}{ε}$).
κιβωτός: κιβωτ(όν) P.Oxy. 2064 col.xiv.81 M (*κιβῶ).
Κίμω(ν) Ath.Pol. 28.2 = xi.34 T (*κιμ^ω). Κίμωνο(ς) ibid. 27.1, 3 etc.
    = xi.19, 23 T (*κιμων^o).
κίνδυνος: κινδύν(ων) Festschr.Berlin 435-38 no.IV i.18 M (*κινδυ^ν).
κίνησις: κιν[ή]σεω(ς) An.Lond. xxii.33 T (κειν[η]σ$\overset{ω}{ε}$).
κίνναμον: κιννάμο(υ) P.Oxy. VIII 1088.56 T.
κίσηλις: see κίσηρις.
κίσηρις: κισήλεω(ς) PSI X 1180.51 T (*κισηλε$\overset{ω}{.}$). κισήλ(εως) ibid. .34
    T (*κισ$\overset{λ}{η}$).
Κλειν(ίας) P.Oxy. VII 1013.12, 13 S at Men. Misoum. 35Kö = 289S,
    36Kö = 290S (κλει^ν); XXXIII 2656 S at Men. Misoum. 19Kö = 270S,
    25Kö = 276S etc. (*κ]λε[ι]^ν, κλε$\underset{.}{ι}^ν$). Κ$\underset{.}{λ}$ει(νίας) ibid. S at Men.
    Misoum. 300S, 312S (*κλι, κ]λι–). Κ[λ](εινίας) ibid. S at Men.
    Misoum. 324S interl. (*κ[λ]).
Κλεισθένη(ς) Ath.Pol. 29.3 = xii.6 T (*κλεισθεν^η). Κλεισ(θένης) PSI
    XI 1194 S at Ar. Thesm. 595 (*κλει$\overset{σ}{.}$ or κλει^σ). Κλεισθένο(υς)
    Ath.Pol. 29.3 = xii.8 T (*κλεισθεν^o). Uncertain: Κλεισθ(ένης?)
    P.Oxy. VI 856.7 T (*κλεισ^ϑ).
κλείω: κλει$\underset{.}{ο}$υσ(ιν) P.Oxy. XX 2258$^{A2\ front}$ M.18 = Callim. II p.47, on
    Ap. 18 (κλειο^σ).
κλέπτω: κλεπτομέν(α) Callim. I fr.228.6 M (κλεπτομε^ν).
κλῆρος: κλήρ(ου) PSI XIII 1348, 2.31 T (κληρ$_/$).
κληρόω: κληροῦσθ(αι) Ath.Pol. 7.4, 30.5 = iii.13, xii.40 T (*κληρουσ^ϑ).
κλίμα: κλίματ(α) MPER N.S. I 1 vii.1 T (κλιματ^t).
κλίνω: κλί(νεται) PSI VII 849.16 T (κ$\overset{λ}{ι}$).
Κνήμ(ων) P.Bodm. IV S at Men. Dysc. 153, 169 etc. (*κνημ′), at Dysc.
    588(?), 919 (*κνημ). Κνήμων(ος) ibid., dramatis personae (*κνημων).
Κνίδιος: Κνιδ(ίου) P.Teb. II 273.47 T.
κοδράντης (quadrans): κο(δράντην) P.Leid. II 199-259, 5.25 T ($\overset{o}{κ}$).
κοινολογέομαι: κοινολογούμενο(ς) P.Oxy. III 465.22-23 T.
κοινός: κο(ινή) P.Haw. 24-28 M on Hom. Il. 2.397, 769 (vidi: κ^o);
    P.Oxy. III 445 M on Hom. Il. 6.128, 478 (*$\overset{o}{κ}$); IV 685 M on Hom.
    Il. 17.728 ($\overset{o}{κ}$). κ(οινή), in the phrase ἡ κ(οινή): P.Oxy. III 445
    M on Hom. Il. 6.464 (*η^κ). κοι(νῇ) APF 6 (1920) 1-8.6, stage
    direction (*κοι); P.Oxy. III 413.11, 203 etc., stage direction
    (*κο^ι, $\overset{ι}{κ}$). κοι(νόν) P.Graec.Mag. 4.2756, 2774 etc. T.

κηκίς - κριθή

κοινῶ(ν) Ath.Pol. 15.5 = vi.10 T (*not clear: κοιν^ω?).
κοκκύζω: κ]οκκύζουσ(ι) Ant.Th. M on Theocr. 24.64, B fol.8 recto (*κ]οκκυζοῦ^σ).
κόλαξ: Κόλακ(ος) P.Oxy. XLII 3005 ii.5 M (*κολα^κ).
κολλ(ύριον) P.Oxy. VIII 1088.1 T. κο(λλύριον?) P.Ant. III 127[5b].4 M (ο̈κ).
Κομάτας: Κομ(ᾶτα) P.Oxy. 2064 x M on Theocr. 5.138 (*κο̈^μ).
κόμης (comes): κόμ(ητα) P.Cair.Masp. II 67179.1 heading (*κομ/).
κομίζω: κομίσασθ(αι) Ath.Pol. 22.7 = ix.31 T (*κομισασ^θ).
κομίσαντο(ς) ibid. 17.4 = vii.9 T (*κομισαντ^ο).
κόμμι: κόμμε(ως) P.Oxy. VIII 1088.6, 12 T. κόμμ(εως) PSI X 1180.97 T (*κομ̈^μ).
Κόρινθ(ος) P.Oxy. XX 2258^{C2 back} M.26 = Callim. I fr.384.4 (*κορϊν^θ).
Κορίνθο(υ) ibid.^{C2 back add.}.19 M = Callim. I fr.384.12 add. M (*κορινθ^ο).
κορυφή: κορυ(φῆς) MPER N.S. I 1 x.9 T (*not clear: κορυφ?).
κορυφ(ήν) ibid. vi.4 T (κορυφ̇).
κόσμ(ος) DWA (1925) Abh.2 fol.2a.43 T (κοσ̈^μ).
κότος: κοτο( ) Callim. I p.7.40 T, on Aet. 1.36 (*κοτ^ο).
κοτ(ύλη) P.Ryl. I 29a.43 T. κο(τύλη) P.Holm. xxvi.25 T (ο̈κ). κοτ(ύλαι) PSI X 1180^{A ined.}iii.46, ^{C ined.}i.36 T (*κο̈^τ). κο(τύλας) P.Holm. vi.28 T (ο̈κ). κ[ο]τ(υλ-) P.Ryl. I 29a.19 T.
†κουμουλᾶτος:^{43)} κουμουλ(ᾶτοι) P.Lond. V 1718 verso.26, 31 etc. T (κουμουλ/). κουμουλ(άτους) ibid. .27, 30 etc. T (κουμουλ/, κουμο^υλ/).
†κούμουλ(ον)^{43)} P.Lond. V 1718 verso.32, 33 etc. T (κουμουλ/).
κοῦφος: κο]υφότερ(α) An.Lond. xxxii.44 T (κο]υφοτερ̄).
κρᾶσις: κράσεω(ς) An.Lond. xiv.38 T (κρασε^ω).
κρατύς: κράτισ(τος) P.Oxy. II 222 i.17 T (κρατισ).
κραυγάνομαι: κραυγάνο(νται) Callim. I p.7.21 T, on Aet. 1.19 (*κραυγαν^ο).
κρείων: see ἀλικρείων.
Κρήτη: Κρητ( ) P.Oxy. 2064 xi M above Theocr. 7.3 (*κρη^τ), κρίτ(ης) ed.pr.
κριθή: κριθ(ῆς) P.Michael. 62 II recto.33 T (*κριθ/). κριθ(ῶν) Ath.Pol. 51.3 = xxvi.36 T (*κρι^θ). κριθ( ) P.Michael. 62 II recto.36 T (*κριθ/).

---

43 κουμουλᾶτος and κούμουλον are metrological terms. See WB III 360.

κρίνω: κρίνεσθ(αι) Ath.Pol. 25.3 = xi.4 T (*κρινεσ$^\vartheta$).
κριός: κριο(ῦ) BASP 7 (1970) 35-38.9 T (*κρειο); P.Lund V 77-84.4,
　　17 etc. T (*κρειο); V 85-88.6 T (*κριο); P.Mich. III 150.2 T
　　(vidi: κρι^o); P.Teb. II 274^a + ^{b}iii.53, 54 etc. T (κριο).
　　κρι(οῦ) P.Lund V 85-88.5 T (*κρι). κριό(ν) P.Oxy. IV 663.31 T
　　(κριο'). Uncertain: κρι(οῦ or -ῷ) MDV ii.37, iii.40 etc. T (*κρι).
κρίσις: κρίσεω(ς) Ath.Pol. 28.5 = xi.43 T (*κρισε$^\omega$).
κρίτ(ης) P.Oxy. 2064: see Κρήτη.
Κρόνιος: Κρό]νιο(ν) P.Oxy. XXVI 2442^{39}.7 M (*κρο]νι^o). Uncertain:
　　Κρονίο(υ) or Κρόνιο(ν) ibid. (*κρονι^o).
κροῦσ(ις) P.Oxy. III 413.92 stage direction (*κρου$^{\overline{\sigma}}$).
κρούω: κρο(ῦσον) P.Teb. I 2 verso^d.15 T.
κτῆμα: κτήμ(α)τ(α) Schol.Sinait. 9 T (κτημ$^{\overline{\tau}}_{..}$).
Κτησιφῶν: Κτ[η]σιφῶντ(ος) Chr.Eg. 49 (1974) 324-31.19 T (*κτ[η]σιφω$^{\overline{\tau}}_{..}$ν̣).
κτίστης: κτίσ(την?) Callim. I fr.43.66-67 M (*κτι$^\sigma_.$).
κύαθος: κυ(άθους) P.Holm. ii.39 T ($^{\upsilon}_.κ$). Uncertain: κυαθ(ου?) P.Oxy. XIII
　　1609 verso.33 T. κυαθ( ) ibid. verso.28 T.
κύκλος: κύκλ(ον) MPER N.S. I 1 x.14 T (*κυ$^\lambda_..$κ).
κυλίω: κυλίοντ(ες) Ant.Th. M on Theocr. 24.111, B fol.8 verso
　　(κυλιοῦ).
κυνηγετικ(ός) Aeg. 2 (1921) 17-22 verso.26 T (κυνηγετι$^\kappa_.$).
κύριο(ς) Ath.Pol. 9.1, 2 = iii.36, 40 T (*κυρι^o). κ(ύριο)ς MIFAO 9
　　(1893) fasc.2 T (*$\overline{κς}$, pl.2 ii.27, 30 etc.; see n.7). κ(υρίο)υ
　　DWA (1906) Abh.2 p.35, pl.3 recto.3 T (*$\overline{κυ}$). κ(ύρι)ε MIFAO 9
　　(1893) fasc.2 T (*$\overline{κε}$, Turner Codex pl.2 ii.35; see n.7).
κύσθ(ος) P.Oxy. III 413.118 M (*κυσ$^\vartheta$).
Κυψελίδαι: Κυψελιδῶ(ν) Ath.Pol. 17.4 = vii.8 T (*κυψελιδ$^\omega$).
κώδηξ: κ(ώδικος) Schol.Sinait. 2, 3 T ($\overline{κ}$). κ(ώδικι) ibid. 5 T ($\overline{κ_ι}$, κ$_ι$).
　　κ(ώδικα) ibid. 10 T ($\overline{κ}$).
κωμῳδιογράφος: κωμῳδιογρ(άφων) P.Oxy. III 409.103 M (*κωμῳδιογρ$^{\overline{}}$).
κώνειον: κωνείο(υ) P.Oxy. VIII 1088.39 T, κωνηο(υ) pap.
Κωνσταντῖνος: Κωνσταντ(ίνου) Quant., entries for A.D. 326, 327 T
　　(*κωσταντ). Κωνστ(αντίνου) ibid., entries for A.D. 330, 336 T
　　(*κωστ⌐).
κ̣υ̣( ) P.Teb. I 2 verso^d.13 T.
κ̣( )? P.Oxy. XXXV 2743^{3}ii.17 M (*κ$_3$).

Λ

Λακεδαιμόνιος: Λακεδαιμονίω(ν) Ath.Pol. 23.2, 4 etc. = ix.40, 44 T
    (*λακεδαιμονι^ω). Λακεδ(αιμονίων) P.Oxy. VI 856.38 T (*λακε^δ).
    Λακεδαιμο(νίους) ibid. .73 T (*λακεδαιμ̊); P.Oxy. XXVI 2442^{29} M.9
    (*λακεδαιμ̊).
Λακεδαίμων: Λακεδαίμο(να) P.Oxy. IV 663.21 T (*λακεδαιμ^o).
λάκκ(ος) P.Lond. V 1718 verso.76 T (λακκ/).
Λακωνικός: Λακωνικ(ή?) Arch.Bibl. 1 (1926) 92-93, no.24, M on Hom. Od.
    3.366 (λακωνι̌).
λαμβάνω: λ(αμ)βά[νε]ται BKT IV: see Part II D ad fin. λήψεσθ(αι)
    Ath.Pol. 55.5 = xxviii.14 T (*ληψεσθ'). λαμβανομέν(η) An.Lond.
    xxix.41 T. λαμβ(ανομένη) ibid. xvi.22 T (λαμβ̄).
λαμπρός: λαμ(προτάτου) DWA (1906) Abh.2, 74, pl.6 recto.16, 28 T
    (*λαμ$, λ]αμ$). λαμ(προτάτων) ibid. 73, pl.6 recto.9 T (λαμ$).
Λάρισα: Λαρίσ(ης) P.Oxy. XXIII 2381.3 T (*λαρει^σ).
λαφυγμός: λαφ(υγμοῦ) P.Oxy. XI 1371 recto top M (λαφ).
λάφυρ(α) O.Wilck. II 1488 verso.5 T.
λάχανον: λ(ά)χ(ανα?) P.Michael. 62^C.21, 22 etc. T (*λ^χ).
Λάχ(ης) P.Oxy. VI 855 ii.10, 20, interl. S at Men. Perinthia 10, 20
    (*λα^χ); XV 1824.1, 5 S (λαχ).
λεαίνω: λεά[ν](ας) P.Ryl. I 29a.3 T.
λέγω: λέγ(ει) P.Oxy. XX 2258$^{C2\ front}$ M.15 = Callim. I fr.384.25-26 M
    (*λε^γ); PSI XI 1192 i top M.2 (*ΛΕΓ). λέ(γει) P.Oxy. VI 856.44
    T (*λ^ε). λ(έγει) P.Oxy. XXII 2335, with speaker designation at
    Eur. Andr. 987 (λ'). ἔλεγ(ε) MPER V 1-10 M.1 (*ελε^γ). λέγετ(αι)
    ibid. M.2 (*λεγε^τ); Callim. I fr.228.45 M (λεγε^τ). λέγ(εται)
    Ant.Th. M on Theocr. 26.22, 33, B fol.7 verso (*λέ). λέγ(ειν)
    P.Oxy. VI 856.38 T (*λε^γ). λέγω(ν) P.Oxy. XXIV 2389^{35}.19 T
    (*λεγ^ω). λεγό(μενον) P.Oxy. XIII 1604^{1}i.23 M (*λεγ^o).
    λελεγμέ(νη) BKT IV vii.47 T (λελεγμ^ε). Uncertain: λεγόμ(ενον?)
    P.Oxy. XXXIV 2694 verso.23 T (*λεγομ'; see n.36). λεχθέν(τα?)
    BKT IV v.39 T (λεχθε^ν). λεγ( ) Ant.Th. M on Theocr. 14.26, B
    fol.1 verso bottom M (*λε^γ).

53

λείπω: λείπ(ει) P.Ross.Georg. I 4 M on Hom. Il. 17.712/714 (λειπ').
 λε(ίπει) P.Ryl. III 483.4 M (*λ̣ε̣). λ(είπει) Ant.Th. M on Theocr.
 14.35, 47 etc., B fol.1 verso, recto (*λ̣).
λειχήν: λειχήν(ας) PSI X 1180.37, 91 T (*λιχή, λιχη^ν).
Λειψύδριο(ν) Ath.Pol. 19.3 = viii.4 T (*λιψυδρι^o).
λεπίς: λεπίδο(ς) PSI X 1180$^{1\ ined.}$.4(?), .7 T (*λεπιδ̊, line 7).
λεπτός: λεπτ(ῷ) Astr.Mich. verso.13, recto.16 T (*λεπ̄). λεπτ(όν)
 Callim. I p.3, "Schol.Lond." .12 T, on Aet. 1.11-12 (λεπτ').
 λ[ε]π̣τ(ά) Callim. I fr.23.21 M (*λ̣[ε]π̣^{τ}),λ[ε]πτά ed. λεπτ(ῶν)
 O.Bodl. II 2177.6 T. λεπ(τῶν) P.Ant. III 141.4, 8 etc. T (λε^π).
Λέσβιος: Λεσβίω(ν) Ath.Pol. 24.2 = x.8 T (*λεσβι^ω).
λευκαίνω: λελευκασμέν(ον) P.Holm. x.30 T (λελευκασμεν̄).
λεύκη PSI X 1180: see λεύκωμα.
λευκός: λευκ(οῦ) P.Arg.Gr. 4-8^{I}recto A.4 T (λευ̊).
λεύκωμα: λευκ(ώματα) PSI X 1180.67 T (*λευ̊).$^{44)}$
λέων: λέον(τος) BASP 7 (1970) 35-38.16, 17 T (*λ̣εον); λέον(τος) P.Lund
 V 77-84.8, 21 T (*λεον, λεο̣ν); V 85-88.6 T (*λ]ε̣ον, λεο̣ν);
 P.Teb. II 274$^{a\ +\ b}$xi.13, 25 T ([λε]ον, λεον). λέο(ντος) P.Mich.
 III 150.6 T (vidi: λε^o). λέον(τι) ZPE 16 (1975) 47-50.26, 27 T;
 SWA 240 (1962) Abh.2, 5-25 recto^B.8 T (λεον). Uncertain:
 λέο(ντος or -ντι) MDV ii.45, iii.20 etc. T (*λεο). λεόντῳ(ν)?
 P.Oxy. V 841^{11}iii.7 M (*λεοντ̣^{ω}), λεόντω̣ν̣ ed.
Λητ(ώ) Callim. I p.7.25 T, on Aet.1.22 (*λη^τ).
λῆψις: λήψεω(ς) P.Oxy. VIII 1088.45-46 T, λήμψεω(ς) pap.
 λη( ) P.Oxy. VIII 1083^{15}.3 M (λ^η).
λιθάργυρος: λιθαργ(ύρου) PSI X 1180.30, 42 T (*λιθαρ^γ).
λιθάριον: λιθάρι(α) P.Holm. vi.13 T (λιθαρῑ).
λίθος: λίθ(ους) P.Oxy. III 413.118 T (*λι^θ).
λιμήν: λιμέ(να) P.Oxy. XIII 1619.410 M (λιμ^ε).
λίπ(ος) P.Oxy. XX 2258$^{A2\ back}$ M.39 = Callim. II p.47, M on Ap. 39 (λι^π).
λιτ(ός) P.Oxy. XX 2258$^{A2\ front}$ M.10 = Callim. II p.47, M on Ap. 10 (λι^τ),
 λιτός, unabbreviated, Pfeiffer.
λίτρα: λί(τραν) P.Ant. II 64.16 T (ι̊^{λ}); P.Ant. III 186^{4b}.8 T (ι̊^{λ}).
 λί(τραι) P.Lond. V 1718 verso.19, 45 etc. T (ι̊^{λ}). λί(τρας) P.Ant.
 III 186^{4b}.7, ^{10a}.16 etc. T (ι̊^{λ}); P.Leid. II 199-259, 9.42, 44 etc.
 T (*ι̊^{λ}); P.Lond. V 1718 verso.19, 45 etc. T (ι̊^{λ}).

---

44 So I. Andorlini; λευκ(ας) ed.pr.

λείπω - λύω

λι(τρ-) PSI X 1180⁵ $^{ined.}$.8, 10 T (*λι̯).
λογαοιδικός: λογαοιδ(ικόν) Callim. I fr.228.1 M (λογαοιδᵛ).
λόγο(ς) Ath.Pol. 6.3, 18.4 = ii.33, vii.28 T (*λογ°); MPER V 1-10 M.5 (*λογ̥°). λόγ(ος) P.Ant. II 66.44 T (λοᵞ). λό(γος) An.Lond. xxiv.10, xxxi.46 T (/⧊\); P.Graec.Mag. 4.181 T (/⧊\). λό(γου) An.Lond. vii.37 T (/⧊\). λό(γῳ) ibid. xxv.16, xxvi.13 etc. T (/⧊\). λόγο(ν) Ath.Pol. 14.4, 29.1 = v.34, xi.47 T (*λογ°). λό(γον) An.Lond. v.38, xxvi.34 etc. T (*/⧊\ col.v). λόγ(ους) P.Cair.Masp. III 67316 verso.1, heading (λ̥ᵞ).
λοιπός: λοιπ(όν) Journ.Phil. 22 (1894) 238-46 M on Hom. Od. 3.486 (*λοῖᵖ); P.Lond. II 265.77 T (λοιπᴸ). λο(ιπόν) MPER N.S. I 1 x.5, 9 etc. T (*/⧊\); P.Chic. 3 iii.8 T (*/⧊\). λοιπ(αί) P.Mich. III 145^{III}ii.7, 8 etc. T (vidi: λοῖᵖ). λοιπ(ά) Ber.Berl. 37 (1916) 161-70.28 T (*λοῖᵖ); P.Ryl. I 27.34, 53 T. λο(ιπά) P.Chic. 3 ii.5, 7 etc. T (*/⧊\). λοιπ(άς) P.Ryl. I 27.6, 37 etc. T.
λόφος: λόφ(ων) P.Oxy. XX 2258$^{A4\ back}$ M, on Callim. Dian. 113 (λο̥φ⌒).
λόχιος: λοχιο( ) P.Oxy. XXVI 2442⁹⁹.9 M (*λοχ̯).
Λύκαιο(ν) PMG p.6, M on Alcm. 1.2 (*λυκαι°).
Λυκία: Λυκ(ία) Callim. I p.7.24 T, on Aet. 1.22 (*λυᵏ).
Λύκιο(ς) Callim. I p.7.23 T, lemma from Aet. 1.22 (*λυκι̯).
λύκος: λύκο̥(ν) Callim. I p.7.26 T, on Aet.1.22 (*λυκ̣°).
Λυκοῦργο(ς) Ath.Pol. 13.4 = v.14 T (*λυκουργ°).
Λυσίμαχος: Λυσιμάχο(υ) Ath.Pol. 22.7, 23.3 = ix.33, 41 T (*λυσιμαχ°).
λύσις: λύσεω(ς) An.Lond. iii.37 T (λυσε̥ω).
Λυσ(ιστράτη) P.Ant. III 211³ S (λυσ; on a fr. of Ar. Lys. with no legible text).
λύτρον: λύτ(ρων) Proc. XIV 59-65 i.6 T (*λᵀυ).
λύω: λελυμέν(ῳ) P.Oxy. III 413.30 T (*λελυμε̯ᵞ).

M

μάγειρ(ος) P.Bodm. IV S at Men. Dysc. 419 (*μαγειρ'); P.Bodm. XXV S at
   Men. Sam. 375 (*μαγ]ειρ̣); P.Bodm. XXVI S at Men. Aspis 216
   (*μαγειρ̣/). μάγ(ειρος) P.Bodm. IV S at Men. Dysc. 393 (*μαγ').
μάγμα: μάγμ(ατος)? PSI X 1180⁶ ined..8 T (*]μαμ̌γ).
μακρός: μακρ(όν) Et.Pap. 7 (1948) 93-109.100 T. Uncertain: μακ(ρήν)?
   Callim. I p.3, "Schol.Lond." .10 T, on Aet. 1.9-10 (*μα̣ᵏ).
μάλα: μᾶλ(λον) BKT IV v.18 T (*μα^λ), μ^λ ed. μάλ(ιστα) ibid. iv.56 T
   (μα^λ).
μάλαγμα: μα]λάγμ(ατος)? PSI X 1180: see μάγμα.
Μαλθ(άκη) P.Oxy. X 1238.4, 5 S (*μαλ^ϑ).
μαντ(εῖον) Callim. I p.7.24 T, on Aet. 1.22 (*μαν^τ).
μάρτυς: μάρτυρ(ες) P.Oxy. VIII 1093 xiv.12 heading in T (μαρτυρ͞).
μάσσων: μᾶσ(σον)? P.Oxy. XXV 2434⁷.5 T (*μα^σ).
μάστιξ: μάστιγ(ας) P.Oxy. III 413.112, 114 T (*μαστι^γ, μαστει^γ).
μάχη: μάχ(ην) Ath.Pol. 22.3 = ix.17 T (*μα^χ).
μάχομαι: μάχεσθ(αι) PSI I 10 T at Hom. Il. 13.767.
μα( ) P.Michael. 62^D iii.34 T (*μα̣/).
μέγας: μεγάλ(η) Callim. I p.3, "Schol.Lond.".12 T, on Aet. 1.11-12
   (*μεγα^λ). μέγιστο(ν) Ath.Pol. 9.1 = iii.34 T (*μεγιστ°).
μέγεθος: μεγέθ(η) An.Lond. xxix.44 T. μ]εγεθο( ) P.Oxy. XV 1809 i top
   M.3 (*μ]εγεθ°).
μειδιάω: ἐμειδίασ(εν) P.Ant. III 143.20 T (εμειδια^σ).
μέλας: μέ(λανος) P.Oxy. VIII 1088.40 T.
μέλι: μέλιτο(ς) ZPE 29 (1978) 279-86.2 T (vidi: μελιτ°).
Μελιγουν(ίς) Et.Pap. 1 (1932) 13-15 no.5, M on Callim. Dian. 48
   (μελιγουν').
μέλλω: μέλλω(σιν) P.Oxy. III 413.136 T (*μελλ^ω). μέλλ(οντος) P.Ryl.
   III 534.27, 60 headings in T (*line 60; not clear). μέλλο(ν)τας
   BKT VII 31-34.19 T (*μελλ°τας).
Μέμνων: Μ̣έ̣μν(ονος) P.Oxy. XX 2258^Cl front M.17 = Callim. I fr.110.52
   M (μ̣ε̣μ^ν).
μέν: μ', μ̂ = μ(έν), see also s.v. -μ(ε)-: Akten XIII 99-110.41, 61 T

(*; perh. also at line 5; see n.27); An.Lond. v.10, 12 etc. T
(*); APF 2 (1903) 196-206 T, on Hom. Il. 5.119, 138 etc.; 24/25
(1976) 55-84 ii.2, 4 etc. T;[45] Ath.Pol. 3.1, 46.1 etc. = i.12,
xxv.1 etc. T, hands 1 and 4 (*); BKT I xi.5, 27 etc. T (*);
IV v.1, 3 etc. T (*); V Pt II 1-6 ii.10 M (*μ[′]); VII 31-34
.17, 31 etc. T (*); Callim. p.3, "Schol.Flor.".8, 10 etc. T;
I p.7.54, on Aet. 1.43 (*); I fr.43.31-32 M (*); I fr.228.1,
38 M; Dem.Comm. .2, 8 etc. T (*); Journ.Phil. 21 (1893) 296-343,
M above Hom. Il. 23.836 (μ́); Mél.Maspero I 148-51^{a}ii.15 T (*μ́);
MPER V 1-10 M.4 (*); P.Mich. inv.2459 ined. i.9, 15 etc. T (vidi);
P.Oxy. IV 663.7, 38 T (*); V 842 xviii.24, 35 T; VI 856.62, 71
etc. T (*); VIII 1082^{1}ii.16, ^{2}i.5 M (*); VIII 1086.50, 63 etc.
T (*); X 1234^{2}i.15a M (*); XVII 2087.3, 27 etc. T (*μ̀ in line
27 was corrected in antiquity to μ́); XVIII 2166(c)^1.7 M;
XVIII 2176^8.31 M (*μ́); XX 2257^1.8 T, ^{8}.3 M (*); XXIV 2390^2
iii.14, ^{3}.7 T (*); XXV 2429^{1}ii.13 T (*); XXVI 2442^{29} M.1,
3 etc. (*): XXVI 2445^{31}.10 M (*); XXVI 2451^{B14}i.8, 9 etc.
T (*); XXXI 2536.10 T (*); XXXIV 2694 verso.6 (*); XXXVII 2802
.9 T (*); XXXVII 2813^{1}i.5, 6 T (*); XXXIX 2886^{b}i.2, 6 etc. T
(*); PSI VII 844 i.5, 12 etc. T (*);[46] VII 849.20, 25 etc. T;
XIV 1390^{C}ii bottom M.1 (*); SBA (1901) 1319-21^2.2, ^{17}.2 T; SBA
(1918) 749-50.4 T; SBA (1918) 752-62.24a.3 M (*).
-μ̄- = -μ(εν)- P.Ant. III 127^{1b}.8 T.
-μ̂- = -μ(εν)- P.Ant. III 143.6?, 19 T.
μ' = μ(έν) P.Lond.Lit. 138 ii.9, 12 etc. T.
Uncertain: unless otherwise noted, μ(έν) is printed without
other description: Callim. I p.7.54 T, on Aet. 1.43; P.Amh.
II 18.258 T; P.Haun. I 6^6.3 T (*μ́; context lacunose); P.Oxy.
XV 1808 i M.2 (*μ́).

μέντ(οι)? P.Oxy. V 841^{11}iii.11 M (*μεῦ).
μένω: μέν(εις) P.Oxy. III 413.119 T (*με^v). μέν(ετ') Journ.Phil. 22
(1894) 238-46 M on Hom. Od. 3.427 (*μέ^v). Uncertain:

---

45 Abbreviations of related type have been recognized by S. Stephens in
three other places in this papyrus: (1) col. ii.9, στρατευομ// = στρατευομ(έν)(ων)
which occurs in the clause καίτοι οὐχ οἱ χείριστοι τ(ῶν) σ. εἰσίν; (2) col. ii.14,
ἑπόμ(εν)ος ⟨ὁ σ⟩τρατηγός or ἑπόμ(εν)⟨ος⟩ ὁ στρατηγός; (3) col. ii.27 ἡττώμ(εν)οι
⟨οἱ⟩ or ἡττώμ(εν)⟨οι⟩ οἱ.

46 μ́ seems to be used uncharacteristically at col. i.4 in the abbr. of
ἰαινόμ(εθ'); see A. Barigazzi, ZPE 18 (1975) 2.

μέντοι - μεταποιέω   59

μέν(ον)τ(ος)? P.Michael. 62^{A}i.6 T (*μεν̄).
μερίζω: μέρ(ισον) MIFAO (1892) fasc.1 p.63 no.1.5, p.64 no.3.3 etc.
   T (*μερ). Uncertain: μερ(ίζεται?) ibid. p.64 no.3.2, 3 etc. T
   (*μερ).
μέ(ρος) P.Holm. ii.2, iii.23 etc. T (μ̂); P.Leid. II 199-259, 5.6, 19
   etc. T (*μ̂, line 6). μέρου(ς) P.Oxy. XXXII 2636 i.3 T (*μερο̄).
   μέρο(υς) P.Michael. 62^C.21, 22 etc. T (*μερ̄). μέρ(η) MPER N.S. I
   1 iii.22 T. μέ(ρη) P.Holm. i.23, 35 etc. T (*μ̂); P.Leid. II 199-
   259, 5.20, 12.19 etc. T (μ̂). μ(έ)ρ(η) P.Cair.Masp. II 67141 fol.II
   recto.21 T (*M̊). μέρε(σιν) P.Oxy. XI 1383 ii.5 T.
μεσόγαιος: μεσογείο(υ) Ath.Pol. 21.4 = ix.5 T (*μεσογει^ο).
Μεσο(ρή) P.Lund V 77-84.4, 7 T (*μεσο); P.Teb. II 274^{d}i.43 T (μεσο).
μέσος: μέσ(ου) P.Ryl. III 534.85 heading in T (*not clear: μεσ)?).
μ(ε)τ(ά) P.Haun. I 6^1.19, 29 T (*μ̄, μ^T); P.Ness. II 11^A.32 T; P.Oxy.
   III 445 M on Hom. Il. 6.449 (*μ̄; see n.20); IV 663.20, 32 T
   (*μ^T); XX 2257^1.6, 11 etc. T (*μ^T); PSI I 55.25, 71 etc. T (*μ̄);
   Schol.Sinait. 10, 43 etc. T (μ̂).
μ', μ̇ = μ(ετά), μ(ετ-), μ(εθ-): Akten XIII 99-110.23,52 T (*);
   Ath.Pol. 2.1, 49.3 etc. = i.3, xxvi.14 etc. T, hands 1 and 4
   (*); BKT I i.16, 68 T; IV ii.24, vi.3 etc. T (*col.ii);[47]
   Callim. I p.17.41 T (*); Dem.Comm. .34 T (*); Journ.Phil. 22 (1894)
   238-46 M on Hom. Od. 3.284 (μ̇; see n.4); P.Oxy. X 1234^{2}i.7 M (*);
   XVII 2087.27 T (*); XX 2255^{12}i.5 M (*μ['] ξυ); PSI VII 844 i.3 T
   (*; so A. Barigazzi. See n.46); VII 849.19 T; SBA (1918) 749-
   50.9 T.
   Other: μ(ετά) APF 24/25 (1976) 55-84 ii.25 T (The ed. reports
   a μ with a rounded abbreviation mark.)
   Ɔ = (μετ-) Mél.Maspero I 148-51^{b}i.8 T (*).
   Uncertain: μ(ε)τ(ά)? PSI XIII 1348, 3.5 T (μ̂). Ɔ or Ͻ = (μετά)
   Mél.Maspero I 148-51^{b}i.8 T (*not clear).
μ(ετα)β(α)λεῖν BKT IV: see Part II D ad fin.
μεταγράφω: μεταγρ(άφουσιν) P.Oxy. XIII 1604^{1}i.7 M (*ΜΕΤΑΓ̇).
μετανοέω: μετανοήσασ(α) P.Oxy. III 413.168 T (*μετανοησα^σ).
μεταποιέω: μ(ε)τ(α)ποιησόμ(ενον?) P.Haun. I 6^1.19 T (*μ̄ποιησομ́).[48]

---

47   μ/ for μ(ετά) at col. v.52 is prob. a typographical error. μ' is normal
in this text.
48   So A. Bülow-Jacobsen; μ(ε)τ(α)ποιησόμ(εν)ο(ν) ed.pr. On the form of the
abbr. see n.36.

μ(ετ)οχ(ή) Journ.Phil. 22 (1894) 238-46 M on Hom. Od. 3.284 (*⟦μ'ο̅χ⟧; see n.4).

μέτριος: μέτριο(ν) Ath.Pol. 6.3 = ii.33 T (*μετρι°).

μέτρ(ον) Callim. I fr.228.1 M (μετ°); P.Lond. V 1718 verso.5, 7 etc. T (μετρ/). μέτ(ρῳ) P.Mich. III 145^{III}vii.8 T (vidi: με^τ). μέτρω(ν) Ath.Pol. 10.1 = iii.43 T (*μετρ^ω).

μετρο( ) Münch.Beitr. 35 (1945) 184-90.74 T.

Μεχεί(ρ) P.Lund V 77-84.9 T (*μεχει); P.Teb. II 274^{d}i.37 T (μεχει). Με]χε(ίρ) P.Lund V 77-84.22 T (*με]χε). Μεχ(είρ) P.Lund V 85-88 .1 T (*μεχ).

-μ(ε)- Callim. I fr.23.5 M (*in νουθετ^{υ}μ́νοι, π̣οι°μ́νοι), i.e., νουθετ(ο)ύμ(ε)νοι, π̣οιο(ύ)μ(ε)νοι; P.Ant. III 127^{2b}.5 T (in κεκαυμ̅υ̅ν̅), i.e., κεκαυμ(έ)ν(ο)υ. See also s.v. μ(έν).

Μήδει(α) P.Harr. 38 S at Eur. Med. 1317.

Μηδικός: Μηδικ(ά) P.Oxy. XI 1399 verso.2 title (*μηδι^κ).

μῆκ(ος) Ber.Berl. 37 (1916) 161-70.33 T (*not clear: μηκ?). μῆκ(ος) P.Lond. V 1718 verso.77 T (μηκ/); μῆκ(ος) P.Mich. III 145^{III}vi.5, 9 etc. T (vidi: μη^κ). μήκ(ους) P.Ryl. I 27.16, 23 etc. T.

μήν: μῆ(νες) P.Mich. III 145^{III}vii.1, 5 T (vidi: μη). μῆν(ας) P.Graec.Mag. 4.836, 837 etc. T (μην') .844, 845 etc. T (μη^ν). μῆ(νας) P.Bad. IV 59.3, 6 T (*μ̅ line 3; an abbr. mark is not preserved at line 6).

μήτε: μη(τ') P.Oxy. VIII 1082^{1}ii.20 M (*μ^η).

μήτηρ: μητρ̣(ός) P.Oxy. XX 2258^{Cl} front M.1 = Callim. I fr.110.45 M (*μητ̣°).

μικρός: μικρό(ν) Ath.Pol. 23.1 = ix.35 T (*μικρ°). μικρ(όν) Et.Pap. 7 (1948) 93-109.101 T. μικ(ροῖς) Callim. I p.7.14 T, on Aet. 1.16 (*μι^κ). ἔλαττο(ν) Ath.Pol. 29.5 = xii.18 T (*ελαττ°). ἔλ(ατ)τον BKT IV: see Part II D ad fin. ἐλάχιστο(ν) An.Lond. iii.20 T (ελαχιστ̣°).

Μίμ(νερμος)? Callim. I p.3, "Schol.Lond." .13 T, on Aet. 1.11 (*μι^μ).

μιμνήσκω: μέμν[ην]τ(αι) P.Oxy. III 409.103 M (*not clear: μεμν[ην]^τ?).

Μίν̣(ως)?, so Austin, Nova Fr. Eur. 82: BKT V Pt II 73-79.44 S, βασιλ(εύς) ed.pr.; Μίν̣(ως) or Μί(νως) P.Oxy. XXVII 2461^{2}ii.9 S (*μ̣').

Μιξ(ίας?) P.Oxy. XV 1824.3 interl. S (μιξ').^{49}

Μιξ(ίδημος?), Μιξ(ωνίδης?), Μίξ(ων?): see Μιξ(ίας?).

μίσθωσις: μίσθωσ(ιν) Ath.Pol. 2.2 = i.6 T (*μισθω°).

---

49 So Austin, CGF 250; Μιξ(ίδημος), Μίξ(ων) or Μιξ(ωνίδης) ed.pr.

μετοχή - μυριάς 61

μίσυ: μίσυο(ς) PSI X 1180.104 T (*μισΟ͂).
μν(ᾶ) PSI X 1180^A ined. iii.40, ^C ined. ii.8 etc.(?) T (*μ̌). μνᾶ(ν)
    P.Holm. xxvi.11 T (Ν̇, interpreted by ed. as a monogram of μ and
    ν surmounted by α). μν(ᾶν) P.Leid. II 199-259, 11.9, 12.40 etc.
    T (μ̌). μν(ᾶς) P.Holm. xvii.8 T (μ̌).
μόδιος (modius): μόδ(ιοι) P.Lond. V 1718 verso.2, 4 etc. T (μοδ/).
    μό(διοι) ibid..18, 20 etc. T (μ̇Ο). μοδ(ίους) ibid..13, 17 etc. T
    (μοδ/). μο(δίους) ibid..3, 7 etc. T (μ̇Ο).
μο(ῖρα) P.Ryl. I 27.15 T (ϻο). μο(ίρας) (gen.) P.Mich. III 149 vii.15,
    20 T (vidi: μ̇Ο); P.Ryl. I 27.17, 18 etc. T (ϻο); ZPE 16 (1975) 47-
    50.28 (etc.?) T; μο(ίρα) Astr.Mich. recto.16, verso.13 T (*μ̇Ο).
    μοιρ(ῶν) P.Aberd. 128.2 heading. μοι(ρῶν) O.Bodl. II 2177.6 T.
    μο(ιρῶν) P.Ant. III 141.9, 32 etc. T (μ̇Ο); P.Mich. III 149 vii.29,
    x.40 T (vidi: μ̇Ο); ZPE 16 (1975) 47-50.25, 29 etc. T. μοί(ρας)
    (acc.) P.Mich. III 149 xi.30 T (vidi: μ̇Ο|). μο(ίρας) P.Ryl. I 27.26,
    48? T (ϻο).
μό(νος) P.Oxy. IX 1174 iv.23 M (*μ̇Ο). μόνο(ν) BKT VII 31-34.43 T
    (μον̇Ο). μό(νον) An.Lond. xx.45 T (μ̇Ο); P.Oxy. IX 1174 v.24, vi.5 M
    (*μ̇Ο); P.Oxy. IX 1175^5 i.20 M (*μ̇Ο). Uncertain: μό(νος)? P.Oxy.
    XXIV 2387^3 ii.19 M (*μ̇Ο). μό(νον)? P.Oxy. XXIII 2363.10 M (*μ̇Ο).
    μό(νο-) P.Oxy. XXVII 2452^1.7 M (*μ̇Ο). μονο( ) PSI VII 849.44 T
    (μον^Ο).
μόριον: μορίω(ν) PSI VII 849.51, 54 T (μοριω, μο]ριω).
μόρσιμος: μόρσιμο(ν) P.Oxy. XXXI 2536.35 T (*μορσιμ^Ο).
Μοσχίω(ν) P.Bodm. XXV S at Men. Sam. 428 (*μοσχῖω, μοσχιω). Μοσχί(ων)
    ibid. S at Men. Sam. 539 (*μοσχι'). Μοσχ(ίων) ibid. S at Men. Sam.
    61S, 328Kö = 673S (*μοσχ), 464S (*μοσ^χ?), 495S, 520S etc. (μοσχ'),
    515S (*μοσ^χ). Μοσ(χίων) P.Cair.Men. pl.XLV.1 S at Men.Sam. 271Kö=
    616S (*μοσ').
Μουσαῖος: Μ[ο]υσαί(ου) P.Corn. 55.9 T.
μοχθηρός: μοχθηρό(ν) BKT VII 31-34.54 T (μοχθηρ^Ο).
μυελό(ς) An.Lond. xiv.39 T (μυελο̄).
μ(υριάς) P.Lond. II 265.3, 17 etc. T; P.Mich. III 145^III vii.2 T;
    P.Michael. 62 tables, ii.17, iv.18 etc. T (μ); P.Oxy. XV 1808 i M.4
    (*μ). μυρ(ιάδες) P.Michael. 62^A iii.11 T (*μυρ). μυ(ριάδες)
    P.Coll.Youtie I 3.2 heading in text (*μυ). μ(υριάδες) P.Lond. II
    265.82, 85 etc. T. μυρ(ιαδῶν) P.Michael. 62 II (recto).11 T
    (*μυρ). μ(υρι)α(δῶν) P.Mich. III 146 iv.6, vii.3 etc. T (μ̇α);
    PSI VII 763.16 T (μ̇α). μ(υ)ρ(ια-) JHS 28 (1908) 125, no.VI.1 T (μ̇).

μυ(ρια-) *ibid.* .2 T ($\overset{υ}{μ}$).

Μύρσιλος: Μυρ]σίλ(ου) *P.Oxy.* X 1234²i.7 M (*μυρ]σι^λ). Μύρσιλ(ον) *P.Aberd.* 7.7 M (*μυρσί^λ).

μυρσίνη: μυρσίνη(ς) *P.Oxy.* VIII 1088.64 T.

N

Ναυαγό(ς) (title of a play of Ar., Austin CGF 18) P.Oxy. XXXIII 2659^2
 verso i.2 T (*ναυαγ^o).
ναυκραρία: ναυκραριῶ(ν) Ath.Pol. 8.3 = iii.22 T (*ναυκραρι^ω).
ναυκραρικός: ναυκραρικο(ῦ) Ath.Pol. 8.3 = iii.25 T (*ναυκραρικ^o).
ναυμαχία: ναυμαχ(ίαν) Ath.Pol. 23.5, 27.2 = ix.45, xi.21 T (*ναυμα^χ).
ναυτικός: ναυτικ(ήν) Ath.Pol. 27.1 = xi.20 T (*ναυτι^κ).
Να( ): see s.v. ἄνω with n.10.
νείαιρα: νείαιρ(αν) Callim. I fr.43.15 M (*νειαιρ̣).
Νέμεσις: Νέμ(εσιν) P.Flor. III 391.21 T.
Νεο]πτόλεμο(ς?) P.Oxy. XX 2256^{5a}.6, hypothesis (*νεο]πτολεμ^o).
νέος: ν(εωτέροις) An.Lond. ii.30 T (ν̂).
νεῦρον: νεύρο(υ) An.Lond. xxi.28 T.
νεώριον: νεωρίω(ν) Ath.Pol. 24.3 = x.14 T (*νεωρι^ω).
νήλ(ιπος) P.Oxy. XLII 3000 M.9 (*νηλ').
νῆσος: νῆσ(ου) Callim. I fr.228.15 M (νησ̄). νή(σου) P.Michael. 62^C.21
 T (*νη̄).
Νι(κάνωρ?) (Ν̸) P.Oxy. IV 671.3 M; V 841^{13}iv.122 M;$^{50)}$ IX 1174 iv.23,
 vi.18, ?ix.6 M (*Ν̸ col. iv, Ν̸ col. vi);$^{51)}$ IX 1175^{84}.2 M (*);
 XVIII 2166(c): see the following; XXI pp.130-34 no.44.15 M;
 XXIV 2394^{1}i.1 M (*); XXVI 2442^{99}.8 M (*); PSI II 123.3 M (*).
 Uncertain: P.Oxy. XXII 2327^{19}i.3 M (*]Ν̸)
Νίκαρχ(ος) BKT V Pt II 99-108 S at Ar. Ach. 910, 911 (*νικαρ^χ).
 Νίκ(αρχος) ibid. S at Ar. Ach. 918, 920 (*νι^κ).
νικάω: νικ(ῶν)τες P.Oxy. XX 2258$^{C2\ back}$ M.27, on Callim. I fr.384.4 M
 (*νικ∧τες).
Ν]ικήρατ(ος) P.Bodm. XXV S at Men. Sam. 421 (*ν]ικηρατ').

---

 50 Col.iv: scripsi, from pl.; γρ(άφεται) ed.pr.

 51 Ν̸ = Νί(κανδρος) or Νι(κάνωρ), S. Radt, TrGF IV. It should be noted, however, that in col. ix Ν̸ occurs after a lacuna. Thus the possibility remains that the scribe wrote ΑΡ]Ν̸ = 'Αρ(ιστό)νι(κος) (?), as at col. vi.8 of the same pap. Radt, TrGF IV F 313.146 expands the latter as 'Αρι(στοφά)ν(ης). Cf. n.14.

Νικήρ(ατος) ibid. S at Men. Sam. 106, 329, 431 etc. (*νικηρ/, νικηρ, νικηρ). Νική(ρατος) ibid. S at Men. Sam. 492, 532 (*νικη/, νικη). Νικ(ήρατος) ibid. S at Men. Sam. 430, 570 (*νικ᾽, νιᵏ).
νικ( ) P.Oxy. XX 2258^C2 back M.23 = Callim. I fr.384.1 M (*νιᵏ).⁵²⁾
νιφόβλητος: νιφοβλή(τοι)σιν PSI VII 844 i.3 T (*νιφοβλη↓σιν), see s.v. παλιννόσ(τοι)ο, ibid. and (τοῖς), BKT VII.
νοέω: νο̣ε̣ῖ̣τ̣(αι) PSI XIII 1348, 1.33 T (νο̣ε̣ιτ̣ι). ν(όησον) PSI XI 1182: see s.v. ἀν(τὶ τοῦ).
νομίζω: νομ(ίσδεται) P.Oxy. X 1234 (Alcaeus)²i.15 M (*νoᵘ). νομισθήσετ(αι) P.Lond.Lit. 138 ix.40 T. νομίζ(ων) BKT I xv.16 colophon (*νομι̣ζ̣).
νόμισμ(α) P.Oxy. XX 2258^C1 back M.16 = Callim. I fr.110.72 M (*νομισᵘ).
νομίσματο(ς) Ath.Pol. 10.1 = iii.44 T (*νομισματ°). νο(μίσματος) MIFAO 9 (1892) fasc.1 p.81 no.33.1, p.82 no.34.1 etc. T (*ν̊).
νο(μίσματα) ibid. p.82 no.34.1, no.35.1 etc. T (*ν̊).
νο(μισμάτων) PSI I 55.108 T (*ν̊); Schol.Sinait. 4 T (ν̊).
νομισμάτιον: νο(μισματίου) P.Michael. 62 recto.7, 28 T (*ν̊). νο(μισματίων) ibid. .9 T (*ν̊). νο(μισμάτια) ibid. .29, 30 T (*ν̊).
νόμο(ς) Ath.Pol. 47.1 = xxv.6 T (*not clear: νομ°?). νόμο(ν) ibid. 4.4 = ii.11 T (*νομ°). νόμ(ον) P.Lond.Lit. 138 ii.14 T. νόμ(οι) Ath.Pol. 53.6 = xxvii.21 T (*νοᵘ). νόμ(ους) ibid. 48.1 = xxv.37 T (*νoᵘ).
νόσημα: νοσήματο(ς) An.Lond. iii.23 T.
νοσολογέω: νοσολ(ογεῖ) An.Lond. xi.40 T (νοσο̅ᵋ).
νόσ(τιμος) An.Lond. xxix.46 T (νο̅ᵒ).
νουθετέω: νουθετο(ύ)μ(ε)νοι Callim. I fr.23.5 M (*νουθετ°μ'νοι).
νο̣υ̣( )? P.Oxy. XXV 2427⁵⁴ i.7 M (*in the phrase λεγεινο̣ᵛ), perh. λέγειν οὕ(τως).
νο( ) PSI VIII 1000.1 T (ν̊).
Νυμένιος?: Νυμενί(ου?) JHS 28 (1908) 126-27, no.VIII.9 T (νυμενι').
νύμφιος: νυμφίο(υ) P.Cair.Masp. III 67318.1 heading (νυμφιο̅).
νῦ(ν) BKT I xii.1, 32 T (*ν̊ᵛ). ν(ῦν) BKT VII 31-34.26 T (*ν'). Uncertain: νῦ(ν)? P.Oxy. XXV 2427⁵⁴ i.7 M (*ν̊ᵛ). See also τοιν(ῦν).
νύξ: νυκτ(ός) P.Mich. III 150.2, 3 etc. T (vidi: νυκᵀ). νυ(κτός) Astr.Mich. verso.4, recto.2 T (*ν̊ᵛ). νύ(κτα) P.Holm. x.1, xii.41

---

52 The abbr. occurs in the marg. note γέγραπται ἡ ἐλεγεία εἰς ... Σωσιβίου τοῦ Διοσκουρίδου ἡ νικ( ) γεγονοτ[ ]. E. Lobel (ed.pr.) doubts the acceptability of the readings ἡ νίκ(η) γέγονε̣ τ[(or π[) or β' νίκ(ας), γεγονότ[ος or ..νίκ(ου) γεγονότ[ος. R. Pfeiffer, Callim. proposes ὑ̣π̣(πο)νίκ(ου) γεγονο̣τ̣[ος.

etc. T ($\overset{\cup}{\nu}$); *P.Leid.* II 199-259, 12.47 T ($\overset{\cup}{\nu}$). Uncertain:
νυκτ(ός)? *P.Oxy.* XXVII 2452².1 M (*νυκ^τ). ν(υκτός)? *DWA* (1906)
Abh.2 p.22, pl.1 recto, top M.
νυ( ) *P.Michael.* 62 II (recto).10 T (*$\overset{\cup}{\nu}$).
νῶναι: νών(αις) *SWA* 240 (1962) Abh.2, 5-25 verso^B.7 T (*νων§).
N( )α( ): see s.v. ἄνω with n.10.

Ξ

Ξα(νθίας) BKT V Pt II 99-108 S at Ar. Ran. 607 (*ξ̣ᵅ).
Ξάνθιππο(ς) Ath.Pol. 22.6 = ix.27 T (*ξανθιππᵒ).
ξένο(ς) P.Oxy. XLV 3219²i.7 T. ξένο(ις) Callim. I p.7.23 T, on Aet. 1.22 (*ξεν̣ᵒ).
Ξενοφῶν: Ξενοφῶντο(ς) P.Vars. 5.21 T (*ξενοφωντᵒ). Ξενοφῶ(ντος) Aeg. 2 (1921) 17-22 verso.23 T (ξενοφῶ).
ξέστης: ξ(έστην) P.Ant. II 64.15 T (ξ̣); III 186¹²ᵇ.5 T (ϕ̸). ξέστ(αι) P.Lond. V 1718 verso.23, 39 T (ξε̣[σ]τ⌒, ξεσ̣τ̣⌒). ξέστ(ας) ibid. .22, 38 T (ξεστ⌒).
ξηρός: ξηρ(ά) An.Lond.ᴵ.5 T. Uncertain: ξηρ(ῶν)? P.Arg.Gr. 4-8ᴵ recto B.5 T (ξη̣ᵒ).
ξύλο(ν) Ber.Berl. 37 (1916) 161-70.4 T (*ξυλο).
ξυστός: ξυστ(οί) P.Lond. V 1718 verso.2, 10 etc. T (ξυστ⌒). ξ(υστοί) ibid. .4, 6 T (ξ/). ξ(υστῶν) P.Michael. 62ᴬi.2 T (*ξ̸/). ξυστ(ούς) P.Lond. V 1718 verso.31, 60 T (ξυστ⌒). ξ(υστούς) ibid. .3 T (ξ/).

O

ὁ, ἡ, τό (for brachygraphic abbreviations of this word see Part II):
τοῦ: το(ῦ) Callim. I frr.23.3, 24.19 M (*fr.23: τ^o); P.Oxy.
III 445 M on Hom. Il. 6.449 (*τ^o; see n.20); V 841^{13}ii.87 M
(*τ^o); XXXI 2536.21 T (*^o_t); P.Ryl. III 478.4 T; PSI VII 849.8,
10 etc. T (τ^o). τ(ο)ῦ P.Ant. III 127^{1b}.10 T, see also
τ(ο)ύς; P.Michael. 62^C.22, 23 T (*^υ_t); P.Oxy. XX 2258$^{A\ back}$.36 M
(τ^υ). τ(οῦ) BKT IV i.6, ii.21 etc. T (T); Mél.Maspero I 148-51^b
i.18 T, in the phrase ἀντ(ὶ) τ(οῦ) (*αντ^τ); P.Oxy. XVII 2087.11
T (*t̄). (τοῦ) BKT VII 31-34.11, 33 etc. T (*⊣); P.Giss.Univ.
IV 40 i.8, 9 T (*⊣); see also s.v. ἀντὶ τοῦ.

τῆς: τῆ(ς) Ath.Pol. 42.4 = xxii.2 T (*τ^η); Journ.Phil. 22 (1894)
238-46 M on Hom. Od. 3.427 (*τ^η); P.Oxy. V 841^{3}ii.57 M (*τ^η);
XXVI 2442^{29} M.12 (*τ^η); PMG p.6, M on Alcm. 1.37, 48 (*τ^η).
τ̣(ῆς) P.Oxy. XI 1371 recto top M (*τ̣̄); XLV 3238.84 T; τ(ῆς),
in the phrase [Πο]σειδωνίου ἐκ τ(ῆς) ᾱ περὶ ὀργῆς P.Ross.Georg.
I 22 i.8 T ([πο]σειδωνιου εκ^τ ᾱ περι οργης).

τῷ: τ(ῷ), in the phrase ἐν τ(ῷ): Ant.Th. M on Theocr. 12.29,
B fol.3 verso, top M.4 (*εν^τ); BKT IV iv.56 T (ε[ν]^τ); P.Oxy.
IX 1174 iv.2, 3 etc. M (*εν̄); XXV 2430^{1}ii.5 M (*εν̄).

τῇ: τ(ῇ) BKT IV vii.60 T (T); Journ.Phil. 21 (1893) 296-343, M.3
above Hom. Il. 24.721 (τ̄).

τόν: τό(ν) BKT VII 31-34.20 T (*τ^o); PSI I 17 interl. above line
2 (*τ^o). τ(όν), in the phrase ἀφιεῖσα τ(ὸν) ἰόν: BKT IV ii.15
T (*αφιεισα^{τ}ιον), and in the phrase βεβαιο(ῦν) τ(ὸν) | λόγον
at vi.53-54 T (βεβ∫ο'^{τ}| λογον); τ(όν) P.Aberd. 7.7, 8 M (*t̄);
PMG p.6, M on Alcm. 1.6, ?64 (*t̄); Schol.Sinait. 10 T (t̃).

τήν: τή(ν) P.Oxy. XXVI 2442^{1}i.1 M, ^{29} M.10 (*τ̣^{η}, τ^η).

τ(ήν) P.Lond.Lit. 138 ii.9 T; τ̣(ήν) Schol.Sinait. 18 T (τ̄).

τό: τ(ό) Callim. I fr.24.19 M (τ\).

τά: see Part II D ad fin.; see also βρο̣(ντά)ς, εὐρῶεν(τα) (βρο̣°>ς, ευρωεν>).

τῶν: τῶ(ν) P.Ant. III 143.16 T (τ^ω); MPER N.S. I 1 x.13 T (*τ̣^ω).
τ(ῶν) BKT IV iv.54, vii.57 T (T), also in the phrases ἐκ̣ τ(ῶν) | σφαλερῶ(ν) at vi.57-58 (εκ̣^τ|σφαλερώ) and τό τε τ(ῶν) | [δηγ]μά[τ(ων)] at iii.28-29 T (τοτε^τ|[...]μα[.]).

τοῖς: το(ῖς) Callim. I p.7.14 T, on Aet. 1.16 (*τ°). τ(οῖς) BKT IV i.43, v.22 etc. T (*col. v: T). (τοῖς) BKT VII 31-34.17, 28 etc. T (*ω, ↓). For ↓ = (-τοι-) see νιφοβλή(τοι)σιν̣, παλιννόσ(τοι)ο.

τούς: τ(ο)ύς APF 24/25 (1976) 55-84 ii.15 T (*τ^υς). το(ύς) BKT IV iii.17 T (τό). See also τ(ο)ῦ.

Uncertain, in alphabetical order of texts: τ̣( ), in the phrase κινοῖτ̣· ἂν κ(αὶ) αὐτὴ τ̣( ) | [: BKT IV iv.35-36 T (κινοι̣ αν κ̣ αυτη^τ |). τ(οῦ)?, in the phrase ἐλευθερία(ν) τ(οῦ) Ἀγ[τι-λόχου: P.Ant. III 143.21 T (ελευθερι^ατ αν[). το̣(ῦ)? P.Michael. 62^C.22 T (*τ°). τ(ῷ) or τ(οῖς)? P.Oxy. VIII 1092 top M.5 (*).[53] τ̣( ) P.Oxy. 2064 xi top M (*τ'); XVII 2087.6, 7 T, τ(ήν) ed.; XVIII 2166(c)^2a.16 M (τ̇). τη( ) P.Oxy. XVIII 2176^6.12 interl. (*τ^η). τ( ) P.Oxy. XX 2257^1.3 T (*τ̇). τη( ) P.Oxy. XXI pp.130-34 no.44, = XVIII 2166^2 i.7 M add. (τ^η). τ( ) ibid. .16 M (τ̇); P.Oxy. XXIV 2394^1b i.1 M (*τ'); XXVI 2451^B16.4 T (*τ̇); XXXIV 2694 recto v bottom M (*τ̇); ibid. verso.7 T (*τ̇); XXXVII 2802.19, ?20 T (*τ'), .22, 28 (*τ̣\).
ὀβολός: ὀβολ(ούς) Ath.Pol. 62.2 = xxx.32 T (*οβο^λ). ὀβ[ο]λ(ούς) P.Oxy. XVII 2087.14 T (*οβ[ο]^λ).
Ὀδύσσεια: Ὀδυσ(σείας) or Ὀδυσσ(είας) Chr.Eg. 49 (1974) 324-31.10 T (*not clear: οδυσ or οδυσ^[σ]).

---

53 The abbr. occurs in a text-critical comment accompanying a variant reading: ὁ̣ εν^τ α̣[= οὔ(τως) ἐν τ(ῷ) ἄ̣[λλῳ or ἐν τ(οῖς) ἄ[λλοις or ἐν τ(ισιν) ἄ[λλοις.

τό - Ὅμηρος   71

Ὀδ]υ̣σ̣σ̣ε(ύς) BIFAO 54 (1954) 45-62 S at Hom. Il. 1.442. Ὀδ(υσσεύς)
    BKT V Pt II 64-72.14, 18 S (*ο$\overline{δ}$). Ὀδυσ(σέως) Ant.Th. M on
    Theocr. 2.15, B fol.3 verso (*οδυ^σ).
Οἰδίπους: Οἰ]δίπ(οδος) O.Bodl. II 2171.9 T.
οιδ( ) PSI X 1180$^{2\ ined.}$.3 T (*οἰ^δ).
οἰκ]έτη(ς) P.Oxy. X 1240^3.15 S (*οικ]ετ^η).
οἰκέω: ᾤκη(σε) P.Oxy. XXVI 2442^{39}.7 M (*ωκ^η). οἰκοῦντα(ς) PMG p.6, M
    on Alcm. 1.49 (*οικουντα).
οἰκητήριο(ν) P.Köln I 12 interl. above Ap.Rhod. Argon. 1.708
    (*οικητηρι^ο).
οἶκος: οἶκο(υ) O.Stras. I 811.4, 8 T. οἴκ(ου) ibid. 9, 10 T.
οἰκτίζω: οἰκτίζεσθ(αι) Dem.Comm. .47 T (*οικτιζεσ^ϑ).
οἰκτρός: ὐκ[τ]ρ(άς), leg. οἰκτράς, P.Giss.Univ. IV 40 ii.2 T (*υκ[τ]ρ^υ).
οἶν(ος)? Akten XIII 99-110.26 T (*]οἰ^ν). ο]ἴνο(υ)? PSI X 1180$^{5\ ined.}$
    .12 T (*ο]ιν^ο).
οἷος: οἶ(ον) BKT I xiv.5 T (*οἰ); IV ii.10, 15 etc. T (*∅).
Ὀκτώβριος: Ὀκτωβ(ρίων) Quant., entry for A.D. 258 T (*not clear;
    οκτωβ. ed.)
ο̣κ( ) P.Oxy. XVIII 2166(e)^1.1 M (ο̣$^{κ-}$).
ὀλίγος: ὀλίγω(ν) Ath.Pol. 4.5 = ii.12 T (*ολιγ^ω).
ὀλκή: ὀλ(κῆς)? PSI X 1180$^{C\ ined.}$i.36 T (*ὀ^λ).
Ὀλυμπ(ία) Bacchyl., heading for Epinician 6 (*ολυμ^π).
Ὀλυμπιάς: Ὀλυμπι(άδα) P.Oxy. III 409.105 M (*ολυμπ^ι).
Ὀλυμπιονίκη: Ὀλυμπιονικ(ῶν) P.Oxy. III 409.105 M (*ολυμπιονι^κ).
ολ( ) or οπ( )? P.Oxy. XXIII 2368 ii.9 M (*ο̣).[54]
ὁμῆλιξ: ὑμάλικ(ας) P.Oxy. XXIV 2394 (choral lyric in Doric)^{1}i.1 M
    (*υμαλι^κ).
Ὁμηρικός: Ὁμη(ρικόν) P.Oxy. XXV 2429^7.15 T (*ομ^η).
Ὅμη(ρος) Journ.Phil. 22 (1894) 238-46 M on Hom. Od. 3.427 (*ομ^η);
    Ὅμη(ρος) P.Oxy. XXIV 2389^{35}.14 T (*ομ^η); Ὅμη(ρος) PSI XI 1192
    i M.2 (*ομ^η). Ὅμ(ηρος) CQ 37 (1943) 23-32 iv.6 M; P.Oxy. XX
    2258$^{C1\ front}$ M.18 = Callim. I fr.110.52 M add. (*↯). Ὁμήρ(ου)
    Chr.Eg. 49 (1974) 324-31.2 T. Ὁμή(ρῳ) P.Oxy. XXV 2429^{1a}iii.11
    T (*ομ^η). Ὅμη(ρον) PMG p.6, M on Alcm. 1.49 (*ομ̄^{η}).

---

    [54] ◌̑ is possibly a critical siglum which occurs uniquely here, and not an
abbr. It is written in the left marg., where sigla often appear in this and other
commentaries; cf. P.Flor. II 112; P.Oxy. XXI 2306, XXIV 2389, XXV 2434, XXXVII
2812.

Ὀμη(ρ-) P.Oxy. XXV 2429^7.12, ?^{1}i.12 T (*ομ^η, ο̣μ̣^{η}); XXVI 2445^{14} .4 M (*ομ^η).
ὅμοιος: ὁμ(οίου?) Ber.Berl. 37 (1916) 161-70.32 T (*not clear: ομ.?).
ὁμοί(ως) Callim. I p.7.28 T, on Aet. 1.27 T (*ομοι′); MIFAO 9 (1892) fasc.1 p.67 no.8.3 T (*ομο̣ι̣). Uncertain: ὁμοί(ως?) P.Ant. III 141.29 T (ομοι̅). ὁμο(ίως?) PSI VII 849.54 T (ομ^ο). ὁμ(οίως) or οὔ(τως) P.Oxy. XXIV 2387^{3}ii.22 M (*ο̣^{μ}). ὁμ(οίως)? P.Ryl. III 476 .25, 42 M? (*μ̣^{ο}).$^{55)}$ ὁ̣μ(οίως)? Schol.Sinait. 31 T (μ̣^{ο}).$^{55)}$
ομ̣( ) Ber.Berl. 37 (1916) 161-70.32 T (*not clear).$^{56)}$ ομ( ) P.Oxy. I 79 verso.5 interl. (ο̣^{μ}).$^{57)}$
Ὀν(ήσιμος) P.Cair.Men. pl.XIII.8, XXIV right-hand page of bifolium, S at Men. Epit.334Kö = 510S, 1021S (*ον′).
ὄνομ(α) Ath.Pol. 7.4, 17.4 = iii.7, vii.7 T (*ονο^μ). ὄν(ομα) Callim. I fr.24.19 M (ον̅).
ὄνο(ς) Callim. I p.7.22 T, on Aet. 1.19, 29-32 (*ον^ο).
ὄντ(ως) P.Oxy. III 413.129 T.
ο̣ν̣( ) or a critical siglum? WS 7 (1885) 116-22 interl. above Thuc. 8.92.3 (*ο̣$^ᷟ$ scripsi, ο^ν ed.).
ὄπισθ(εν)? P.Vars. 5.27 T (*οπιστ.)
ὀπισθόγρ(αφος) P.Vars. 5.25 (*οπιστογρ′). ὀπισθόγρ(αφοι) ibid. 5.20, 31 T (*Ο]ΠΙΣΤΟΙ^Γ, οπιστογρ′).
ὁπλίτης: ὁπλίτ(ην) P.Oxy. II 222 i.17, 30 T (*οπλει^τ, οπλεί).
ὅπλον: ὅπλο̣(υ) P.Ryl. III 510 verso.10 T (*οπλ̣^{ο}).
ὁποβάλσαμον: ὁποβαλσάμ(ου) PSI X 1180.101 T (*οπουβαλσα̃^{μ}).
ὀπτός: ὀπτο(ῦ) PSI X 1180^A ined.iii.40, ^{1} ined..2 T (*οπτ̃^{ο}).
οπ̣( ) or ολ̣( ) P.Oxy. XXIII 2368 ii.9 M (*ᷝ; see n.54).
ὀρεοσέλινον: ὀρεοσελίνο(υ) P.Oxy. VIII 1088.63 T, ὀρεοσσελίνο(υ) pap.
Ὀρέστ(ης) P.Oxy. XXII 2335 S at Eur. Andr. 993 (ορεσ^τ).

---

55 ὁμ(οίως) is the expansion of the editors of P.Ryl. III 476 and Schol. Sinait., both legal texts written in the fourth to sixth centuries. In non-legal texts dated earlier than these μ̣^{ο} is usually interpreted as a form of μόνος.

56 ομ̣( ), scripsi, is printed as ομ( ) by the ed. It occurs in a vaguely stated geometrical problem on finding the area of an isosceles triangle with an altitude of 8 schoinia and a base of 12 schoinia: ποίει τὰ σχ(οινία) ἑκάστης βάσεως (i.e., the length of one-half the base after bisection by the altitude) ἐπὶ τὰ σχοινία η′ τῆς ὀρθῆς· μη′· ὧν τὸ ἥ(μισυ)· ἑκάστου τριγώνο(υ) ἀρ(ούρας) κδ′· ομ̣( ) σχήματος· ἀρουρῶν ν′.

57 The abbr. is written between the lines in a text giving moral precepts: μηδὲν ταπινὸν | μηδὲ ἀγενὲς μη|δὲ ἄδοξ[ο]ν ˋκαὶˊ μὴ⟦δε⟧|ἀνάλκιμον ˋομ( )ˊ πράξῃς, κτλ.

ὅμοιος - οὐγκία   73

ὀρθογώνιον: ὀρθογω(νίου) MPER N.S. I 1 viii.4 T (ορθοϒ̄; for the
    expansion see ed.pr. p.47).
ὀρθῶ(ς) Mél.Maspero I 148-51ᵃi.2 T (*ορϑ^ω).
ὀρίγανον: ὀριγ(άνου) P.Cair.Masp. II 67141 fol.II recto.22 T (*ολιγ̣ς,
    leg. οριγς).
ὁρίζω: ὥρι(κεν) P.Oxy. XV 1808 i M.6 (*ωρḯ). ὁρίζ(ων) P.Oxy. XX
    2258^{C2 front} M.31, on Callim. I fr.384.23-24 M (*οριζη).
    ὡρισμέ(νης) BKT IV v.6 T (*ωρισμ^ε).
ὄρνεο(ν) Callim. I p.7.62 T, on Aet. 1.45 (*ορνε°).
ὄρνις: ὄρν(εις) P.Oxy. VI 856.59 T (*ορ^ν). ὀρνίϑ(ων) P.Amh. II 18.256 T.
ὄρο(ς) Et.Pap. 1 (1932) 13-15 no.5 M, on Callim. Dian. 52 (ορ°).
    ὁρῶ(ν) P.Köln II 59 i bottom M (ορ^ω). Uncertain: ὅρο(ς)? ibid.
    (*ορ°).
ὅρος: ὅρο(ι) P.Oxy. XV 1808 i M.13 (*ορ°).
ὅς: (ὥν) MPER N.S. I 1 x.2, 3 etc. T (*Ζ̣), see also Ζ =
    (τούτων). Uncertain: ὥ(ν)? An.Lond.: see ἔξω(ϑεν).
ὅσιος: ὅσιο(ν) Dem.Comm. .26 T (*οσι°).
οσο( ) P.Oxy. XXI 2295^{18}i.4 M (*οσδ).
ὀστρακισμός: ὀστρακισμό(ν) Ath.Pol. 22.3 = ix.18 T (*οστρακισμ°).
ὀστρακῖτις: ὀστρακ(ίτιδος) PSI X 1180.72 T (*οστρα͉).
ὅτ(ε) P.Oxy. VI 856.70 T (*o^τ).
ὅτ(ι) APF 24/25 (1976) 55-84 i.17, ii.3 T (*ο̄̄);⁵⁸ Ant.Th. M on
    Theocr. 15.63-64, B fol.6 recto bottom M.2, also B fol.9 recto,
    fr. from lower part of the col., M.11 (*o^τ); Journ.Phil. 22
    (1894) 238-46 M on Hom. Od. 3.486 (*ο̄). ὅτ(ι) Mél.Maspero I
    148-51ᵃii.4, ᵇi.4 etc. T (*o^τ; ō ed.pr.); ὅτ(ι) MPER VI 81-97
    bottom M, on Xen. Cyr. 5.2.28 (*o^τ); P.Köln I 34 interl., above
    Hom. Il. 14.315 (ō); P.Oxy. VI 856.56 T (*o^τ); PSI XIV 1449
    recto.2 M (*ο̄); Sav.Zeitschr. 23 (1902) 458-59, in the phrase
    σ(η)μ(ειωσαι) ὅτ(ι) in gloss I.1 (σμ°̄), and in gloss III.1
    (*ο̄). Uncertain: ὅτ(ι)? P.Oxy. XV 1808 i M.5 (*οτ́). See also
    δηλονότ(ι).
οὐγ(κία) P.Holm. vi.27, xxvi.24 T (γ° or γ̄° ed.). οὐγ(κίαν) ibid. ii
    .25, 29 etc. T (γ° or γ̄° ed.). οὐγ(κίας) P.Ant. III 186^{13b}.6 T (ō̄);

---

⁵⁸ The reading is that of S. Stephens. The context of each occurrence of
the abbreviations is as follows: (1) col. i.17: εἰδὼς ὅτ(ι); (2) col. ii.3: ἵνα
δὲ τεκμήριον ὑμῖν Ι [γέν]ηται ὅτ(ι) οὗτος οὐχ ὥς φη(σιν) ἵνα[   ]..ἀγωνίσωνται,
κτλ.

P.Holm. ii.27, xxvi.21 T (γ⁰ or γ̄⁰ ed.). Uncertain: ούγ(κίας?)
P.Ant. III 127⁵ᵃ.3, 4 etc. T (ο̄).
ούδείς: ούδ(έν) P.Michael. 62^A i.6 T (*ου̲δ̲).
ούδε( ) P.Oxy. XXXII 2617¹².3 M (*ουδ^ε).
ούκ( ), or ούκ? P.Oxy. XI 1364.264 M (ου^κ).
ούν: ο', ό̓ = ο(ὖν) Ath.Pol. 2.3, 47.5 etc. = i.10, xxv.26 etc. T,
hands 1 and 4 (*); BKT I xi.44, xii.4 etc. T (*); IV ii.38, v.17
etc. T (*ό̓ col. ii); VII 31-34.27, 31 etc. T (*); Callim. I
p.13.24, 30 etc. T (*); Dem.Comm. .26, 29 etc. T (*);
P.Giss.Univ. IV 40 i.5 M (*); P.Oxy. XVII 2087.9, 30 T (*).
Uncertain: P.Oxy. XXXIV 2694 recto M on Ap.Rhod. Argon. 4.433
(*ό̓; context lacunose); PSI VII 849.1, 5 etc. T (ο'; context
lacunose).
ούρανός: ούρανο(ῦ) P.Ryl. III 510 verso.12 T (*ουραν⁰). ούρανό(ν)
P.Ryl. III 478.51 T (ουρα^νο⁰?), ουρα˙νο(ν)' ed.
οὗ(τος) P.Oxy. V 841³iii.70 M (*ο̂). τοῦτ(ο) Callim. I fr.228.21 M
(του^τ). τ̣(ο)ῦτο P.Ant. III 127¹ᵃ.10 T (τ̂το). το(ῦτο) P.Oxy. XIII
1604¹i.6 M (*τ⁰). το̣ῦ(του) PSI XIV 1449 recto.10 M (τô). τούτ(ῳ)
Callim. I fr.228.4 M (του^τ). ταύτ(η) P.Oxy. VI 853 xv.4 T (ταυ^τ).
(τοῦ)το(ν) BKT VII 31-34.43 T (⊣τ⁰; see also τοῦ). ταῦ(τα)
P.Oxy. IV 663.20 T (*τα^υ). τούτ(ων) P.Oxy. III 413.160 T (*του^τ).
(τούτων) P.Chic. 3 ii.5 T (*ᒱ; see also ὦν). τούτ(οις)
An.Lond. xxv.36b M. Uncertain: τρ̣ύτω(ν)? P.Ant. III 143.16 T
(τρ̣υτ^ω).
οὕτω(ς) Callim. I p.7.14 T, on Aet.1.16 (*ουτ^ω). οὔτ(ως) P.Oxy. XX
2258^{C1 back} M.29 = Callim. I fr.110.65-68 M (*ου^τ).
ο^υ, ο̂ = οὔ(τω, -τως) An.Lond. xvi.27, xvii.24 etc. T (ō, i.e., ο̂^υ
as in P.Oxy. II 222); BKT I i.19, xii.63 T (*col. xii); IV ii.8,
v.4 etc. T (*); Journ.Phil. 22 (1894) 238-46 M on Hom. Od. 3.427,
483 (*); MPER VI 81-97 M on Xen. Cyr. 5.2.4, 5.3.5 etc. (*);
MPEF N.S. I 23 verso.3 M (*ο̂^υ); P.Haw. 24-28 M on Hom. Il. 2.782
(vidi); P.Oxy. II 222 i.17, 36 etc. T (*ō), interpreted as
οὕ(τως) by Turner, GMAW no.65; V 841⁶⁹.1 M (*); V 843.390 M (*);
VIII 1082²i.5 M (*ο^υ); VIII 1087.29 T (*); VIII 1092 ix M.5 (*);
IX 1174 i.9, iii.13 etc. M (*); IX 1175⁵i.20, ii.11 etc. M (*);
XV 1788¹⁵i.10 M (*ο̂^υ); XVII 2087 interl. above i.28 (*); XVIII
2181¹⁹.14 M; XXI p.142⁶ + 4 add. M.12 (ο^υ); XXIV 2390⁵⁰ᶜ.15 T (*ο̂
or ·ο̂^υ·?); XXIV 2394¹i.5 M (*); XXV 2427²⁷.14, ⁴¹.10 etc. M
(*; <ο̂> at ³i.5 M); XXV 2429¹ii.7 T (*ο̂^υ); XXV 2430¹i.4 M (*ο̂^υ);

οὐδείς - ὀ]ψίγονο( )? 75

XXVI 2442¹i.1 M (*); XXVI 2445¹⁸.2 M (?), ³¹.8 interl. (*oᵁ, ȍ);
XXVII 2452¹.7, ².19 M (*); XXVII 2468¹ii.13 M; XXX 2526^{A6}.3, ^{A10}
.13 interl. (*); XXXI 2536.3 T (*); XXXII 2617¹⁹ii.3 interl. (*);
XLVII 3326 i.5 M (oᵁ); *PSI* IX 1091 i.9 M (ȍ).

·ȍ· = οὕ(τω, -τως) *BKT* I, so L. Pearson and S. Stephens. See
also ȍ or oᵁ = οὕ(τως), *P.Oxy.* XXIV 2390.
Uncertain: ου = οὕ(τως?) *Ant.Th.* M on Theocr. 14.43, B fol.1
recto (*). οὕ(τως)? *BKT* V Pt I 114-17.9 M (*]oᵁ); *P.Oxy.* VI 856
.40 T (*ȍ).⁵⁹⁾ οὕ(τως) or ὁμ(οίως) *P.Oxy.* XXIV 2387³ii.22 M.
οὕ(τως)? *P.Oxy.* XXVI 2441¹i.13 M (*ȍ); οὕ(τως)? *P.Oxy.* XXXII
2617⁴i.5 M (*ȍ; context lacunose). See also ὑο( )?
οὐ(τωσ)ί *BKT* I xiii.30, xiv.7 etc. T (*·ȍ·ι col. xiv).
ου( ) *P.Cair.Masp.* II 67141 fol.II recto.21 T, heading? (*ου—)
ρφελιμ( ) *PSI* X 1180: see σφέλμα.
ὀφθαλμός: ὀ]φθ(αλ)μ(ῶν) *BKT* IV: see Part II D *ad.fin.* ὀφθαλμ(ῶν) *P.Oxy.*
VIII 1082¹ii.16 M (*οφθαλ^μ). ὀφθαλμ(ούς) *PSI* X 1180.93, 99 T
(*οφθαλ^μ; οφθαλ^μ). ὀφθ(αλμούς) *BKT* IV i.58, vii.11 T (οφ^θ, οφ^θ).
ὀ]ψίγονο( )? *P.Oxy.* XXV 2430⁷² M.1 (*ὀ]ψιγο^ο, perh. to be read as
]^η γο^ο, ed.).

---

59 ȍ occurs in the following obscure comment on *Ach.* 520, σίκυον ἴδοιεν: ȍ
σικύωι τιθωνει εοι^κ.

Π

Πάγγαιο(ν) Ath.Pol. 15.2 = v.42 T (*παγγαι^o).
παγκρατιαστ(ής) P.Oxy. III 409.103 M (*παγκρατιας^τ).
Πάγος: Πάγο(υ) Ath.Pol. 4.4 = ii.9 T (*παγ^o).
παθητικός: παθητικ(ῆς) P.Cair.Masp. II 67176, 1.11 T (π[α]θητικ/,
 παθητικ/). παθ(ητικῆς) P.Ryl. III 534.96 heading (*not clear:
 παθ§?). παθ(ητικαί) ibid. .73 heading (*παθ§).
παιδεία: παιδ(είας) Aeg. 2 (1921) 17-22 verso.23 T (παιδ).
παιδικός: παιδικ( ) PSI X 1180$^{2\ ined.}$.1 T (*παιδι^κ).
παιδίον: παιδ(ίου) P.Oxy. III 413.107 T (*παῖ^δ).
παῖς: παῖδ(ες) P.Oxy. III 413.120 T (*παι^δ). παίδ(ων) DWA (1925)
 Abh.2 fol.1b.30 T (παῖ^δ); P.Oxy. II 222 i.1, 2 etc. T (*παι^δ).
 παιδ( ) Callim. I p.7.44 T, on Aet. 1.41 (*παιδ'ʼ).
παλ(αιστή) P.Oxy. XXXI 2554^2.13 T (πα^λ). παλ(αισταί) ibid. ^{1}.17, ^{3}.13
 T (*πα^λ, fr.3). παλ(αιστῶν) MPER N.S. I 1 ii.4 T ($\underset{α}{π}^λ$).
 π(α)λ(αιστῶν) ibid. ii.4 T ($π^λ$). παλαιστ(άς) P.Lond. V 1718
 verso.82 T (παλεστ§). π(α)λ(αιστ-) MPER N.S. I 1 i.8 T ($π^λ$).
Παλ(αμήδης?) P.Oxy. XVIII 2176^4.5 T (*πα^λ).
παλίννοστος: παλιννόσ(τοι)ο PSI VII 844 i.7 T (*παλιννοσ↓ο), see also
 νιφοβλή(τοι)σιν (ibid.), (τοῖς) BKT VII.
πάλλω: πάλλ(ον) P.Flor. III 391.28 T.
Πάμφιλο(ς) PMG p.6, M on Alcm. 1.32 (*παμφιλ^o). Uncertain:
 Πα<μ>φύλ(ου)? Proc. XIV 59-65 ii.8 T (*παφῦ).
Παναθήναια: Παναθηναίω(ν) Ath.Pol. 60.1 = xxix.49 T (*παναθηναι^ω).
Πάν[δ]αρ(ος) P.Oxy. II 223 S at Hom. Il. 5.204. Πανδάρ(ῳ) ibid., with
 speaker designation at Hom. Il. 5.218.
πανημέριος: πανημ(έριοι) Journ.Phil. 22 (1894) 238-46, M on Hom. Od.
 3.486 (*πανη̇^{μ}).
πανσέληνος: πασσελήν(ῳ) Callim. I fr.228.7 M (πασσελη^ν).
παρ(ά) JEA 21 (1935) 199-209 M on Juv. 7.179 (*παρ̣); MIFAO 9 (1892)
 fasc.1 p.74 no.19.10, p.75 no.20.6 etc. T (*παρ̣). πα(ρά) MPER
 V 1-10 M.1 (*π^α); P.Michael. 62^{A}ii.7, ^{D}iii.35 etc. T (*πα̸);
 P.Oxy. XLVII 3329$^{1↑}$.5 T (*π^α).

77

π`, π̇ = π(αρά), π(αρ-): *APF* 2 (1903) 196-206 T, on Hom. *Il.* 5.225; *Ath.Pol.* 3.3, 46.2 etc. = i.20, xxv.3 etc. T, hands 1 and 4 (*); *BKT* I xi.61, xiv.10 etc. T;[60] IV ii.4, 17 etc. T;[60] *Callim.* I p.11.17, p.13.29 etc. T (*); *Dem.Comm.* .26, 45 T (*); *Mél.Maspero* I 148-51[a]ii.6 T (*not clear); *P.Heid.* N.F. II 198 i.4 T (*); *P.Oxy.* VI 856.57 T (*); VIII 1082[1]ii.18 M (*); XXVI 2451[A1]i.12, [B14]i.4 T (*π̇, π̇); XXXVII 2813[1]ii.36 T (*); *PSI* VII 849.2 T.

π/ = π(αρά) *P.Lond.* V 1718 verso.2, 3 etc. T.

Uncertain: *Mél.Maspero* I 148-51[b]i.16 T;[61] *Mizraim* 3 (1936) 18-22 .4, 19 T; *P.Amh.* II 18.113 T.

παραγίγνομαι: παραγί(νεται) *P.Lond.Lit.* 138 iii.42, iv.44 T (ΠΑΡΑΓ⊢); *P.Schub.* 3.17, 19 T. π(αρα)γενέσθ(αι) *P.Amh.* II 18.113 T.

παραγραφή: παραγρ(αφῆς) *Münch.Beitr.* 35 (1945) 184-90.49 T.
παραγρ(αφῆ) *ibid.* .51 T. π(α)ρ(αγραφῆ) *Schol.Sinait.* 35 T (πρ̣). παραγραφ(ήν) *PSI* I 55.42 T (*παραγραφ). παραγρα(φήν) *ibid.* .42, 103 etc. T (*παρ[αγ]ρ̣[α] line 103; form at line 42 not clear from pl.). παραγρα(φ-) *Münch.Beitr.* 35 (1945) 184-90.63 T. π]αρα[γ]ρα(φ-) *PSI* I 55.100 T (*π]αρα[γ]ρ̣[α]).

παραγράφω: παραγρά(φει) *PMG* p.6 M on Alcm. 1.49 (*παραγρά).

παραδέχομαι: π(αρα)δ(ε)δ(ε)γμέ(νη) *BKT* IV vi.14 T (π`δ′δ′γμ[ε]).

παραδίδωμι: παραδοθησόμενο(ν) *P.Oxy.* IV 663.40-41 T (*παραδοθησομενο′).

παραθέω: παραθ(εῖ) *P.Oxy.* XX 2258[C2] back add. right M = *Callim.* I fr.384.15 M add. (*παρα[ϑ]).

παραιτέω: παραιτουμ(ένης) *Schol.Sinait.* 3 T (π̣α̣ρετουμ̄). παραιτέο(ν) *P.Mert.* I 12.7 T (*παρετε[ο]).

παράκειμαι: παρακέ(ηται) *An.Lond.* xiv.21 T. παρακειμένο(υ) *P.Cair.Masp.* II 67176, 1.5 T (παρακειμενο̄). παρακ(ειμένου) *ibid.*, 1.11, 21 etc. T (παρακ/). παρ(ακειμένου) *P.Ryl.* III 534.77, 100 headings (*παρ̣ line 100, π]α̣ρ̣ line 77).

παραμυθέομαι: παραμυθεῖσθ(αι) *P.Ness.* II 1.844 T (παραμυθισθ̄).
παραμυθουμε( ) *Hermathena* 5 (1885) 237-57 recto.9 T (*παραμυθουμ[ε]).

---

60 π′ for π(αρά) at *BKT* I i.71 and IV vii.17 is presumably a typographic error; π` is normal in these texts. At *BKT* I iib, where the *ed.pr.* gives π′ = π(αρά), S. Stephens and L. Pearson read π′ = π(ερί).

61 π(αρά) ed. and H. Erbse, *Schol.Il.* The pl., however, seems to show π′ = π(ερί); the context is lacunose.

παραγίγνομαι - Παῦνι 79

παρασκευάζω: π(αρα)σκευασθέν(των) BKT IV ii.4 T (π'σκευασθέ̣ν̇).
παρασ( ) P.Ryl. III 475.2 T (*παρασ/).
παρατηρέω: παρατετήρητ(αι) P.Oxy. 2064 v, interl. above Theocr. 4.63 (*παρατετηρη̅τ̇).
παρατίθημι: παρ]ατίθ(ησι)? Arch.Bibl. 1 (1926) 92-93, no.24 M at Hom. Od. 3.319.
παρεγγράφω: π]αρεγγρά(φεται) P.Oxy. XXIV 2387¹ top M.2 (*π]αρενγρ̇α̇).
πάρειμι: π(αρ)όν(τος) BKT I xv.18 colophon (*π'ο̇ν̇).
παρθένος: παρθένο(υ) O.Stras. I 811.7 T. παρθ(ένου) BASP 7 (1970) 35-38.18, 19 etc. T (*παρθ); P.Lund V 77-84.9, 22 T (*παρ̣θ̣, παρθ); V 85-88.7, 10 etc. T (*π]α̣ρ̣θ, παρθ); P.Mich. III 150.7 T (vidi: παρ θ̇). πα]ρ(θένου) P.Teb. II 274ᵃ ⁺ ᵇix.13, xi.26 T (πα]ρ̣, πα]ρ̣).
   παρθ(ένῳ) P.Flor. III 391.40 T; SWA 240 (1962) Abh.2, 5-25 rectoᴮ .10 T (παρθ); παρθ(ένῳ), παρθ(ένῳ) ZPE 16 (1975) 47-50.28, 29 etc. T. παρ(θένῳ) Astr.Mich. recto.13 T (*not clear: παρ?).
   Uncertain: παρθ(ένου)? Eos 32 (1929) 27-33: see σ̣αρκ̣(ός).
   παρθ(ένου)? P.Oxy. I 35 verso.17 M. παρ(θένου or -θένῳ) MDV xi.34, xii.3 etc. T (*πα]ρ̣, παρ).
Παρμ(ένων) P.Bodm. XXV S at Men. Sam. 70S, 340Kö = 687S (*παρμ'), 296Kö = 641S, 325Kö = 670S (*παρμ). Παρ(μένων) ibid. S at Men. Sam. 62S (*π̣α̣ρ).
παρρησία: παρρησ(ίαν) P.Ant. III 413.183 T (π̣α̣ρ̣ρ̣η̣ᵒ). Uncertain: παρρησία(ν?) ibid. .21 (*παρρησιᵅ).
πᾶς: παντό(ς) P.Mert. I 12.2 T (*not clear). πάντ(α) MPER V 1-10 M.7 (*παντ̇). π(άν)τ(α) ibid.: see δε]ξ(ιω)τ(έροις). πάντ(ας) Ant.Th. M on Theocr. 24.171-72, B fol.9 verso (*πα̅ν̇).
Πασιφά(η) BKT V Pt II 73-79.4 S (*π̣α̣σ̣ι̣φᵅ).
Πάταικ(ος) P.Oxy. II 211 ii.37, 49 interl. S at Men Pk. 434Kö = 1012S, 446Kö = 1024S (παταιᵏ). Πάτ̣(αικος) P.Cair.Men. pl.XXXVI.8 S at Men. Pk. 326Kö = 749S (*πατ̣/), pl.XXXVI.17 S at Men. Pk. 335Kö = 758S (*πατ') etc.
π̣ά̣τημ(α) or π̣ότημ(α) Ant.Th. M on Theocr. 15.102, B fol.6 verso (*πατημ' or π̣ο̣τημ').
π(α)τ(ή)ρ MIFAO 9 (1893) T (π̅τ̅ρ̅; see n.7).
πάτος: πάτο(ν) Callim. I p.7.28 T, on Aet. 1.27 (*πατᵒ).
Πατρικο( ) PSI X 1180.81 T (*πατρικ̇).
πάτριος: π̣α̣τρίο(ις) Callim. I p.7.59 T, lemma from Aet. 1.44 (*π̣α̣τ̣ρ̣ιᵒ).
   πατριωτέ(ραν) P.Oxy. V 844.115 M (*πατριωτᵉ).
Παῦν(ι) P.Lund V 77-84.8, 21 T (*παυν, πα]υν);

παῦγ(ι)   P.Lund V 85-88.5 T (*παυγ).
παυσοτα( )?   P.Oxy. III 465.157 T ("corrupt," ed.).
πάχο(ς) Ber.Berl. 37 (1916) 161-70.34, 37 etc. T (*παχ^o). πάχ(ος) ibid.
    .35 T (*πα^χ); MPER N.S. I 1 iii.10 T (πα̇^{χ}). πάχο(υς) ibid. vii.15
    T (παχο̇).
Παχώ(ν) P.Teb. II 274^{d}i.40 T (παχω). Παχ̣(ών) P.Lund V 85-88.4 T (*παχ̣).
πεβ( )? Schol.Sinait. 4 T (πεβ-). [62]
πεδιακός : πεδιακῶ(ν) Ath.Pol. 13.4 = v.13 T (*not clear: πεδιακ^ω?).
Πεισίστρατο(ς) Ath.Pol. 13.4, 14.3 etc. = v.15, 28-29 T (*πεισιστρατ^o,
    πισιστρατ^o). Πεισιστράτο(υ) ibid. 17.3 = vii.3 T (*πεισιστρατ^o).
    Πεισίστρατο(ν) ibid. 14.2, 4 etc. = v.25, 34 T (*πισιστρατ^o).
Πελαργικός: Πελαργικό(ν) Ath.Pol. 19.5 = viii.16 T (*πελαργικ^o).
πέλμα: πέλμ(α)τα or πέλματ(α) P.Mert. I 12.19 T (*πελμ^{τ}α).
Πελοποννήσιος: Πελοπονν(ήσιοι) Callim. I p.7.54, T on Aet. 1.43
    (*πελοπον^ν). Πελοπο(ννήσιοι) P.Oxy. XXVII 2462.13 T (*πελοπ^o).
Πελοπόννησος: Πελ(οποννήσου) Dem.Comm. .26 T. [63]
πεμπ( ) Callim. I p.7.53 T, lemma from Aet. 1.43 (*πεμ^π).
πένταθ(λον) P.Oxy. II 222 i.10, 36 T (*πεντα^ϑ).
πεντακόσιο(ι) Ath.Pol. 24.3 = x.14 T (*πεντακοσι^o).
πεντακοσιομέδιμνο(ς) Ath.Pol. 4.3 = ii.8-9 T (*πεντακοσιομεδιμν^o).
    πεντακοσιομεδίμνω(ν) ibid. 26.2, 47.1 = xi.16, xxv.5-6 T, hands
    1 and 4 (*πεντακοσιομεδιμν^ω). πεντακοσιομεδίμνο(υς) ibid. 7.4 =
    iii.11 T (*πεντακοσιομεδιμν^o).
πέπερι: πεπέρεω(ς) PSI X 1180.102, $^{A\ ined.}$iii.45 etc. T (*πεπερε̣^{ω}).
πέρδομαι: πέρδ(εται) P.Oxy. III 413.22, stage direction in a mime
    (*πε^δ).
πε(ρί) PSI I 18.8 title; PSI I 55.91, 120 M (*π̅^{ε}).
    π', π̅ = π(ερί), π(ερ-), -π(ερ): APF 2 (1903) 196-206 T, on
    Hom. Il. 5.126, 158 etc.; Ath.Pol. 3.5, 48.2 etc. = i.35, xxv.40
    etc. T, hands 1 and 4 (*), 39.2 = xviii.28 M, beside text
    written by hand 2 (*); BKT I xi lines b, c etc., M, T (*);
    IV v.2, 7 etc. T (*); V Pt II 1-6 ii.10, 11? (*); Callim. I
    p.13.30, p.31.53 T (*); Dem.Comm. .5, 13 etc. T (*); P.Giss.Univ.
    IV 40 i.3 T (*); P.Haun. I 6^1.19 T (*); P.Oxy. X 1234^{2}i.6 M

---

62 πεβ( )? Schol.Sinait.; om. FIRA. The abbr. introduces a new topic in this Greek comm. on ius matrimonii.

63 So H.J.M. Milne, P.Lond.Lit. 179, in the phrase ἐπὶ τ(ῆς) Πελ(οποννήσου); F.G. Kenyon, Ath.Pol.^{3} (1892) 215-19 prints ἐ(πὶ) τ(ῆς) 'Ιταλ(ίας).

παυσοτα( )? - πικρός 81

(*, so Lobel and Page PLF D 12); XIII 1619.410 M (*); XVII 2087
.11, 22 T (*); XVIII 2166(c)^{2}ii.7 M; XXV 2430^{92}i.5 M (*);
XXVI 2442^{29} M.12, ^{96B} M.9 (*π̅, π̅); XXXI 2536.35 T (*ωσπ̅);
XXXVII 2802.4 T (*); SBA (1918) 749-50.12 T. Uncertain:
Mél.Maspero I 148^{a}ii.6, ?^{b}i.16 T (*fr. a: not clear; fr. b: see
n.61); P.Heid. N.F. II 197 recto ii.7, 11 heading?; P.Oxy. VI 856.43 T
(*[π́]); XXI p.142$^{6\ +\ 4}$ add. M.2 (π̅); XXV 2427^{41}.6 M (*π̅; con-
text lacunose), ^{41}.11 M (*π̅ or γ́); XXVI 2447^{23} M.4 (*π̣́);
XXXII 2637^{35}top M (*π̅́); XXXIV 2694 verso.29 T (*π̣́).
περίβλεπτος: περίβλεπτ(ον) P.Cair.Masp. II 67179.1 heading (*περιβλεπ̅^{T}).
περιγίγνομαι: π(ερι)γί(νεται) BKT IV iii.39 T (π̅π̅́);
    π(ερι)γιγνομένω(ν) Ath.Pol. 39.2 = xviii.28 M (*π́γιγνο|μεν^ω).
περιγράφω: περιεγέγρα(πτο) P.Oxy. XXIV 2387^1 M.4 (*περιεγεγρ^α).
περιέχω: π]εριέχοντ(αι) PSI XIII 1348, 4 bottom M, line e
    (π]εριεχοντ₁). π(ερι)[έ]χον(τος) BKT IV v.59 T; see also ἔχω.
Περικλῆς: Π(ερι)κλέο(υς) Ath.Pol. 27.1 = xi.19 T (*π́κλε^o).
περίμε(τρον) MPER N.S. I 1 xi a.7 T.
περίσσωμα: περισσώ(ματα) An.Lond. xxvi.10 T.
περισσ(ῶς)? P.Oxy. XIII 1604^{1}i.20 M (*περισ^σ). $^{64)}$
περισώζω: περισώζεσθ(αι) An.Lond. xxxiii.31 T.
περιφέρ(εια) Mizraim 3 (1936) 18-22.12 T.
πέρνημι: ἐπεπρ(ά)θ(ησαν) P.Michael. 62 recto.7 T (*επε|πρ̵̍).
πέψις: πέψεω(ς) An.Lond. vi.9 T (πεψε̅^{ω}).
πε( ) P.Oxy. XXIV 2387^{3}i.5 M (*π^ε).
πῆχ(υς) P.Lond. V 1718 verso.82 T. (πηχ$)$). π(ήχεως) MPER N.S. I 1 ii.16
    T (π). πήχ(εις) Ber.Berl. 37 (1916) 161-70.41 T (*πη^X); P.Lond.
    V 1718 verso.79, 81 etc. T (πηχ$)$); P.Oxy. XXXI 2554^2.13, ^{3}.13 T
    (*πη^X fr.3). πηχῶ(ν) MIFAO 9 (1892) fasc.1 p.63 no.2 top (*πυχ̣̅^{ω}
    pap., leg. πηχ̅^{ω}). πηχ(ῶ)ν ibid. p.63 no.1.1 T (*πυχ̣^{v} pap., leg. πηχ̅^{v}).
    πήχ(εων) Ber.Berl. 37 (1916) 161-70.33, 36 etc. T (*πη^X), .37
    T (*πηχ). πηχ(ῶν) MIFAO 9 (1892) fasc.1 p.63 no.2 top (*πυχ̣ pap.,
    leg. πηχ̣), p.63 no.1 top, and line 2 T (*πυχ pap., leg. πηχ);
    P.Lond. V 1718 verso.78 T (πηχ[$]). πήχ(εων) PSI III 186.2, 17?
    T (πηχ'), .15 T (πη^X). πή(χεων) PSI VII 763.16 T (ΓΗ). πη(χ-)
    ibid. .12 T (ΓΗ).
πικρό(ς) Ath.Pol.: see πιστός; πικρῶ(ν) P.Oxy. VIII 1088.64 T.

---

64 Scripsi. περισ[σ(ῶς) ed.pr., περισ[σῶς] Maehler,Pind.

Πίνδαρος: Πιν]δαρο( ) P.Oxy. V 841^126 i M (πιν]δαρ^ο). Πινδ(αρ-) P.Oxy.
    XXIII 2361² M (*πιν δ̇).
πίνω: πίν(ειν) PSI VI 718.5 T (πιν ꜱ).
πιστό(ς), written mistakenly by the scribe instead of πικρό(ς),
    Ath.Pol. 19.1 = vii.39 T (*πιστ^ο).
Πιττακός: Πιττακ(όν) P.Aberd. 7.8 M (*φιττα^κ).
πλανάω: πλανᾶσθ(αι) P.Lond.Lit. 138 iii.22 T.
πλάνη: πλάνη(ς) P.Amh. II 18.198 T.
πλάτ(ος) MPER N.S. I 1 iii.13 T; P.Lond. V 1718 verso.74 T (πλατ ꜱ).
    πλ(άτος) MPER N.S. I 1 ii.16, iii.17 T (πλ′).
πλεονάζω: πλεονάζον(τα) BKT IV iii.2 T (πλεοναζο^υ).
πλεονάκ(ις) BKT IV iii.31 T (πλεονα^κ).
πλεονασμός: πλεονασμ(όν) PSI VII 846.10 M (*πλεονα σ̄^μ).
πλετηλ( ) Callim. I fr.43.31-32 M (*πλετη^λ) ^65)
πλευρ(ά) MPER N.S. I 1 ixb.9 T (πλευρ′); P.Oxy. XV 1808 ii M.9
    (*πλευρ̇). πλευ(ρά) MPER N.S. I 1 vii.4, xii.10 T (πλευ̇); P.Chic.
    3 ii.8 T (*πλε^υ). πλε(υρά) MPER N.S. I 1 v.2, x.10 etc. T (*πλε̇^ϲ
    col. x). πλ(ευρά) ibid. v.11, xi.14 T (πλ′, πλ′). πλευ(ρᾶς) ibid.
    xii.9 T. πλευ(ράν) ibid. viii.15 T. πλε(υράν) ibid. viii.4 T.
    πλευ(ραί) ibid. vi.9, viii.13 etc. T (πλε ̣υ̇, πλευ̇). πλ(ευραί)
    ibid. viii.14, xiii.6 T (πλ́); P.Oxy. XV 1808 ii M.11 (*π^λ).
πλέω: πεπλευσμένο(ς) P.Ryl. III 534.101 T (*πεπλευσμενο̄).
πλῆθο(ς) Ath.Pol. 21.3, 26.4 = ix.4, xi.18 T (*πληθ^ο). π(λ)ῆ(θος)
    Mizraim 3 (1936) 18-22.4, 5 etc. T.
πληθυντικός: πλ(ηθυντικά) P.Cair.Masp. II 67176, 1.7, 18 etc., head-
    ings in T (πλ——); P.Cair.Masp. III 67351.4, heading in T
    (πλ——); P.Hamb. II 166.35, 47 etc., heading in T (πλ——?).
    πλ(ηθυντικά) P.Ryl. III 533.8, heading in M. π(ληθυντικά)
    Ber.Berl. 34 (1913) 219.11, heading in T.
πλη[θ]υντικ(ῶς), πληθυ[ν]τικ(ῶς) Aeg. 37 (1957) 77-88 ii.27, 37 T.
    π[λη]θυντ(ικῶς) ibid. ii.8 T.
πληρόω: πληρωθήσεσθ(αι) Ath.Pol. 63.2 = xxx.43-44 T (*πληρωθησεσθ′?).
    πληρω(θείς) An.Lond. xxxi.35 T.
πλησίος: πλησίο(ν) Ath.Pol. 3.5 = i.29 T (*not clear: πλησι^ο?).
πλινθάριον: πλινθάρ(ια) P.Lond. V 1718 verso.78 T (πλινθαρ/).

---

65 The abbr. occurs in a marg. note on lacunose text: Εὔαρχος [ἐρ]χόμ(εν)ος
ε[ἰ]ς Σικελ(ίαν) εἶχε [ναῦς] Ι πλετηλ( ) (vel ηχετ Pfeiffer) ἀγούσας, κ(αὶ) μία
κ(ατ)αχ[θ(εῖσα)] εἰ̣ [ς] Ι πέτραν ἀπώλ(εσε).

Πίνδαρος - πόλεμος 83

πλόκαμ(ος) P.Oxy. XX 2258^Cl back M.37 = Callim. I fr.110.65-68 M
   (*πλοκα^μ). πλόκαμο(ν) ibid. Cl back M.28, 34 = Callim. I fr.110
   .65-68 M (*πλοκαμ^ο, [π]λ[ο]καμ̣^ο).
πλούσιος: πλούσιο(ν) ZPE 31 (1978) 48-54.41 T (*πλουσι̊). πλουσίω(ν)
   Ath.Pol. 2.2 = i.7 T (*πλουσι^ω).
πλύνω: πεπλ(υμένου) P.Oxy. VIII 1088.5 T.
πνεῦμ(α) An.Lond. vi.14, xxiii.36 etc. T. πν(εῦμ)α MIFAO 9 (1893)
   fasc.2 T (πνα; see n.7). πνεύματο(ς) An.Lond. xxiii.11 T.
   πνεύμ(ατος) ibid. xxvii.4, xxxii.22 etc. T.
ποιέω: π̣ο̣ιοῦσ(ι) Ant.Th. M on Theocr. 15.103, B fol.6 verso (*π̣ο̣ιοῦ^σ).
   ἐποίησ(ε) ibid. M on Theocr. 2.15, 16, B fol.3 verso (*εποιη^σ).
   ἐποιήσ(ατο) BKT I x.32 T (εποι^ησ). ποίησ(ον) P.Oxy. III 413.112
   T (*ποιη^σ). πόησ(ον) ibid. .113 T (*ποη^σ). πεποιηκ(έναι)
   P.Lond.Lit. 138 iii.3 T. ποιήσασθ(αι) Ath.Pol. 19.3 = vii.43 T
   (*not clear: ποιησαδ̣^ϑ?); Journ.Phil. 30 (1907) 1-83 xxi bottom
   M.2 (ποιησαδ^ϑ). ποι̣ο̣ῦντ(α) P.Oxy. XXVI 2451^B14 i.10 T (*ποι̣ουν^τ).
   π̣ο̣ιο(ύ)μ(ε)νοι Callim. I fr.23.5 M (*π̣ο̣ι^ομ'νοι), π̣ο̣ι(ού)μ(ε)νοι
   ed.
ποίησ(ις) P.Holm. iv.11 T (ποιησ̄).
ποιητή(ς) P.Oxy. XXXVII 2819^4.15 T (*ποιητ^η). ποιητ(ής) Ant.Th. S
   at Theocr. 26.1, M at 24.171, B fol.7 recto, B fol.9
   verso (*ποιη^Τ). ποι(ητής) P.Lond.Lit. 28 S at Hom. Il. 24.659,
   668 etc. (*⌐◯⌐). πο(ιητής) BIFAO 46 (1947) 30-32 S at Hom. Il.
   1.345 (⌐ ed., leg. ◯); BIFAO 54 (1954) 45-62 S at Hom. Il. 1.245,
   325 (*◯); P.Fay. 209, presumably S; P.Grenf. I 2 S at Hom. Il.
   8.97 etc.; P.Harr. 123.1 S (◯); P.Lond.Lit. 6 S at Hom. Il.
   2.419, 441 (⌐ ed., leg. ◯); P.Oxy. II 223 S at Hom. Il. 5.217,
   239 etc.; VI 856.12 T (*◯). π(οιητής) BIFAO 46 (1947) 30-32 S
   at Hom. Il. 1.357 (Π). ποιητ(ήν) Ant.Th. M at Theocr. 24.172, B
   fol.9 verso (*ποιη^Τ). ποιη(τῶν) P.Oxy. IV 663.8 T (*ποι^η).
   Uncertain: π(οιη)τ(ής)? Ant.Th. S at Theocr. 10.56, B fol.1
   verso (*π^τ). πο(ιητήν?) P.Oxy. VI 856.74 T (*◯). ποιητ( ) P.Oxy.
   XX 2258^C fr.12 back .6 M (ποιη^τ).
ποιητικός: ποιητικό(ν) P.Oxy. XX 2258^C2 back M.25 = Callim. I fr.384.1
   (*ποιητικ^ο).
πολεμαρχεῖο(ν) Ath.Pol. 3.5 = i.32 T (*not clear: πολεμαρχει^ο?).
πολέμαρχο(ς) Ath.Pol. 3.2, 3 etc. = i.14, 23 etc. T (*π̣ο̣λεμαρχ^ο,
   πολεμαρχ^ο).
πόλεμο(ς) Ath.Pol. 27.2 = xi.22 T (*πολεμ^ο). πολέμο(υ) P.Oxy. III 465.27 T.

πόλεμο(ν) Ath.Pol. 23.2, 24.3 etc. = ix.39, x.17 etc. T
   (*πολεμ^o); BKT VII 31-34.20 T (*πολεμ^o); P.Oxy. IV 663.16 T
   (*πολεμ^o). πόλε(μον) BKT I x.33 T (πολ^ε).
Πο]λέμ(ων) P.Oxy. II 211 ii.35 S at Men. Pk. 432Kö = 1010S (πο]λε^μ).
   Πολέ(μων) ibid. ii.43, 49 S at Men. Pk. 440Kö = 1018S, 446Kö =
   1024S (πολ^ε, πολ^ε). Πολ(έμων) P.Cair.Masp. pl.XXXIII.32 S at Men.
   Pk. 261Kö = 511S (*πολ'). Uncertain: Π[ο](λέμων)? P.Oxy. XXXVIII
   2830 S at Men. Pk. 224Kö = 474S (*π$^{[o]}$).
πόλ(ις) Callim. I fr.43.33 M (*πό^λ); I fr.228.43 M (πο^λ); P.Oxy. XXX
   2526^{B2}.3 M (*πό^λ). πό(λις) Quant., entry for A.D. 330 T (*π̊).
   πόλεω(ς) Ath.Pol. 8.5, 13.1 etc. = iii.32, v.2 etc. T (*πολε^ω).
   πόλ(εως) Ath.Pol. 42.4 = xxii.2 T (*πο^λ). πό(λιν) Quant., entry
   for A.D. 336 T (*π̊).
πολιτεύω: πολιτεύεσθ(αι) Ath.Pol. 28.5 = xi.45 T (*πολιτευεσ^θ).
πολίτης: πολίτο(υ) Ath.Pol. 28.5 = xi.45 T (*πολιτ^o). πολιτ(ῶν)
   Ath.Pol. 43.1 = xxii.10 T (*πολι^τ).
πολιτικός: πολιτ<ικ>ῶ(ν) Ath.Pol. 8.4 = iii.27 T (*πολιτ^ω).
πολλάκ(ις) BKT IV v.9, xi.19 T (*πολλα^κ col. v).
π]ολλαχόθ(εν) PSI VII 849.64 T (π]ολλαχο^θ).
πόλος: πόλο(υ) P.Lond.Lit. 51.1 T (πολō).
Πολύιδ(ος) P.Oxy. XXVII 2453^{44}.1 S (*πολυι^δ).
Πολυξένη: Π]ολυξ(ένην) P.Cair.Masp. III 67316 verso.1 heading
   (π]ολυξ/).
πολ(ύς) P.Oxy. III 413.69, 92 etc., in a stage direction (*π̥^{λ}).
   πολλῶ(ν) Ath.Pol. 5.1, 29.9 = ii.3, xi.48 T (*πολλ^ω); πολλῶ(ν)
   Callim. I p.7.61 T, on Aet. 1.44 (*πολλ^ω). πολλ(ῶν) P.Oxy. V 844
   .411 M (*πολ^λ). πλε[ί]ω(ν) An.Lond. xxvi.21 T (πλε[ι^ω]). πλεῖ(ον)
   P.Holm. iv.17 T (πλεῖ). Uncertain: πολέω(ν)? P.Oxy. XXV 2430
   (choral lyric in Doric) ^{92}i.7 M (*πολε^ω).
πολύτ(λας) P.Schub. 3.13 T.
πολ( )? P.Ryl. III 476.35 heading (*π̥^{λ}).
πονηρία: πονηρί(αν) P.Oxy. III 413.119 T (*not clear: πονηρ^ι?).
πορδ(ή) P.Oxy. III 413.39, 93 etc., stage direction in a mime (*πο^δ).
πορθμ(ός) P.Oxy. XX 2255^{12}i.5 M (*πορθ^μ).
πορφύρα: πορφ(ύρας) P.Leid. II 199-259, 12.45 heading in T (πορφ').
   πορ(φύρας) ibid., 12.37 heading in T (πορ?).
Ποσειδ]ωνιάτ(ης) P.Oxy. II 222 i.33 T (*ποσειδ]ωνια^τ).
πόσος: πό(σον) Mizraim 3 (1936) 18-22.15 T; P.Michael. 62 recto.16 T
   (*π̊). π(όσον) P.Mich. III 145^{III}vii.11 T (vidi: π).

πόσ(αι) MIFAO 9 (1892) fasc.1 p.81 no.33.1, p.82 no.34.1 T
(*ποσ).[66] πό(σαι) P.Mich. III 145^{III}vii.1, 5 etc. T (vidi: πο̣,
πο). π(όσαι) ibid. III 145^{III}v.5 T (vidi: Π). πόσ(ους) P.Lond.
V 1718 verso.3, 17 etc. T (ποσ$, π^{o}σ$). πό(σους) ibid. .21, 22
etc. T (π^o). πόσ(ας) ibid. .2, 20 etc. T (ποσ$, π^{o}σ$). πό(σας)
Mizraim 3 (1936) 18-22.11 T; P.Lond. V 1718 verso.42, 44 etc. T
(π^o); P.Michael. 62 recto.5, 6 etc. T (*π̣$^o_π$). πόσ(α) P.Lond. V 1718
verso.4, 16 etc. T (ποσ$, π^{o}σ$); MIFAO 9 (1892) fasc.1 p.82
no.36.2, no.37.2 etc. T (*ποσ). πό(σα) Mizraim 3 (1936) 18-22.6
T; P.Lond. V 1718 verso.26, 34 etc. T (π^o); P.Michael. 62 recto
.6, 9 etc. T (*π̣$^o_π$). Uncertain: πό̣(σαι) or π(όσαι) P.Mich. III
145^{III}vii.1, 5 T (πο̣ or π).

ποταμ(ός) CQ 37 (1943) 23-32 ii.16 M (ποτα^μ). ποταμ(οῦ) Callim. I
fr.43.33 M (*ποτα^μ). Uncertain: ποταμό(ν) or ποταμ(όν) Eos 32
(1929) 27-33 ii.23 T (*ποτα$^{[.]}_μ$).

πότημ(α): see πάτημα.

πούς: ποδ(ῶν) Ber.Berl. 37 (1916) 161-70.33 T (*π$^δ_ο$); MPER N.S. I 1 ii.5,
10 etc. T ($^δ_π$), ix b.2, xi.10 etc. T (πδ̣; for the form see p.47
ad loc.). πο(δῶν) ibid. viii.12 T ($^o_π$; see also the figures with
Aufgabe 2: $^o_π$, ^π_o). πόδ(ας) BKT IV ii.23 T (*πο^δ). Uncertain:
ποδ(ός?) Ber.Berl. 37 (1916) 161-70.35 T (*ποδ).

πρᾶγμα: πράγματο(ς) Ath.Pol. 7.4 = iii.7 T (*πραγματ^o).

Πραξι(νόη) Ant.Th. S at Theocr. 15.46, B fol.6 recto (*πρα̣ξ').
Πρ(αξινόη) ibid. S at Theocr. 15.69, 148, B fol.6 recto, B fol.7
recto (*πρ̣).

πρᾶξις: πράξεω(ς) Ath.Pol. 18.4 = vii.28 T (*πραξε^ω).

πράσσω: πεπραγμένο(ν) BKT VII 31-34.16-17 T (*πε|πραγμεν^o).

πρα( ) or πρ( ) O.Wilck. II 1488 verso.2 T ($^{ρL}_Ⅲ$).

πρέσβυς: πρεσβύτερο(ς) Ath.Pol. 18.1 = vii.11 T (*πρεσβυτερ^o).

Πρίαμο(ς) P.Oxy. XXXVI 2746.1 S (*πρι]αμ^o). Πρί]αμ(ος) ibid. .5 S
(*πρι]α^μ).

πρ(όβουλος)? P.Cair.Men. pl.L.15 S at Eup. Demoi = Austin CGF no.92.37
(*πρ̣').

πρόθεσις: προθέσ(εως) P.Haun. I 3.8 T. πρόθ(εσιν) P.Oxy. XXVI 2441^{1}i.15
M (*προ^ϑ). πρόθ(εσιν) Callim. I fr.228.13 M (προ^ϑ).

προίημι: προ]ίεσθ(αι) P.Oxy. XXVI 2450: see s.v. ἵημι.

---

66 For the expansion as a nom. cf. the similarly phrased mathematical prob-
lem in P.Mich. III 145 vi.

π]ρόκ(ατε) *P.Oxy.* XX 2258^{Cl} front M.9 = *Callim.* I fr.119.52 (*π]ρο^κ).
πρόκειμαι: προκειμέ(νου) *BKT* IV vi.1 T (προκειμ^ε). πρ]οκ(είμεναι)
   P.Mich. III 145^{III}vi.8 T (vidi: πρ]ο^κ). προ(κείμενα) *P.Vars.* 5.29
   T (*προ^κ).
προκρίνω: προκρίνεσθ(αι) *Ath.Pol.* 26.2 = xi.15 T (*προκρινεσ^θ).
   προκριθέντω(ν) *ibid.* 21.6 = ix.11 T (*προκριθεντ^ω).
προοίμιο(ν) *Dem.Comm.* .12 T (*προοιμι^ο).
πρό(ς) *MPER* V 1-10 M.2, 6 (*πρ^ο). πρ(ό)ς *P.Lond.Lit.* 6 with a speaker
   designation at Hom. *Il.* 2.284.
   ⳨ = πρ(ός): *Ant.Th.* M on Theocr. 18.53, B fol.5 recto (*);
   BIFAO 54 (1954) 45-62, with speaker designation at Hom. *Il.*
   1.255, 334 etc. (*); *BKT* IV v.3, 5 etc. T (*); VII 31-34.11, 42
   T (*line 11); *Mél.Maspero* I 148-51^{a}i.10 (so Erbse, *Schol.Il.*),
   ii.14 T (*col. ii); *P.Ant.* II 66.7, 10 etc. T; *P.Lond.Lit.* 138
   ii.25, iii.22 etc. T (⳨̇); *P.Mich.* inv. 2459 ined. i.19 T (vidi);
   P.Oxy. IV 663.7, 36 T (⳨̇, ⳨); VI 856.35 T (*); XXII 2321^{14}.1 M
   (*); XXXIV 2694 recto M on Ap.Rhod. *Argon.* 4.440 (*); *PSI* X 1180
   .67, 92 etc. T (*).
   π^ο = πρ(ός) *Ath.Pol.* 51.4 = xxvi.39 T (*).
   π(ρός) *An.Lond.* iv.21, vi.1 etc. T (*π′ col. iv); *P.Lond.* V 1718
   verso iv.71, 73 etc. T (π/); *P.Oxy.* VIII 1086.43, 47 etc. T
   (*π̅); XVII 2087.33 T (*π'); π(ρός) *PMG* p.6, M on Alcm. 1.37,
   48 (*π̇).
   Uncertain, unless otherwise noted, πρ(ός) is printed without
   further description: *JHS* 62 (1942) 33-38.1, 6, headings in M;
   P.Lond.Lit. 172 i.7 T (⳨; context lacunose); *P.Oxy.* II 223, with
   speaker designation at Hom. *Il.* 5.204; XVIII 2166(e)^8.5 M
   (⳨; context lacunose); XXVI 2442^{97}.3 M (*⳨; context lacunose),
   πρ(οτέρου?) Maehler *Pind.*; XXVI 2445^8.3 M (*⳨; context lacu-
   nose); XXXIV 2694 verso.13 T (*⳨; context lacunose);
   P.Ross.Georg. I 22.5 T (⳨; context lacunose).
προσάγω: πρ(οσαχθέν?) *P.Oxy.* XIII 1604: see πρ(οστεθέν?).
προσδοκία: προσδοκ(ίαν) *MPER* V 1-10 M.1 (*προσδο^κ).
προσέχω: προσέχ(οντες) *P.Oxy.* III 413.136 T (*προσε^χ).
προσήκω: πρ(ος)ήκον(τι) *BKT* IV i.6 T (⳨ηκο^ν).
πρ(όσθεσις?) *Astr.Mich.* recto.13 T (*⳨); *SWA* 240 (1962) Abh.2, 5-25
   recto^B.26, verso^B.17 T (*⳨).
προσκοπέω: προυσκοπεῖτ(ο) *MPER* VI 81-97 M on Xen. *Cyr.* 5.2.22
   (*προεσκοπει^τ).

πρόκατε - πώποτε 87

προσκρίνω: προσκριθέντω(ν) Ath.Pol. 21.6 = ix.11 T (*προσκριθεντ^ω).
προσποιέω: προσποιησομ(αι), so Austin CGF 83, MPER V 1-10 M.7
    (*προσποιησο͞ο).
προστίθημι: πρόσθε̣(ς) P.Mich. III 145^{III}ii.5 T (vidi: προσθ^ε).
    πρόσθ(ες) ibid. ^{III}ii.6 T (vidi: προσ^ϑ). πρ(όσθε)ς P.Ryl. I 27.65,
    66 T (†ς). πρ(όσθες) ibid. I 27.2, 4 etc. T (†).
    πρ[οστιθέ]⟦μεν(ον)⟧ An.Lond. xxxvii.50 T (πρ[οστιθε]⟦μεν͞⟧).
    Uncertain: πρ(οστεθέν?) P.Oxy. XIII 1604^{1}i.20 M (*†).
προσυβρίζω: πρ(οσ)υβριζοίμ(ην) P.Lond.Lit. 138 iii.34 T.
προσχέω: προ<σ>χέετ(αι) Callim. I fr.24.22 M.
προσχράομαι: π(ροσ)χρώμεθ(α) An.Lond. iv.21-22 T (*π'χρωμε^ϑ).
πρότ(ερος) P.Haw. 24-28 M on Hom. Il. 2.707 (vidi: προ^τ). πρότερο(ν)
    Callim. I p.7.32 T, on Aet. 1.33 (*not clear). πρ(ότερον)
    An.Lond. xxxvi.47 T (†). Uncertain: πρ(ώτου?) P.Haun. I 6^1.14 T
    (*†).^{67} πρ(ώτην?) ibid. ^{1}.25 T (*†).^{67} πρ(ωτ-) JHS 28 (1908)
    131-32, no.XVI.1 M (†).
πρυτανεῖο(ν) Ath.Pol. 3.5, 24.3 = i.31, x.19 T (*πρυτανει^o).
πρύτανις: πρυτανέω(ν) Ath.Pol. 29.5 = xii.16 T (*πρυτανε^ω).
πρ( ) (†): see s.v. πρα( ), πρός, προστίθημι, πρότερος.
Πτολ(εμαῖος) P.Oxy. XI 1361^{5}i.13 M (*πτο^λ). Πτολ(εμαίου) P.Oxy. XXIV
    2387^1 M.4 (*πτο͞λ). Uncertain: Π̣(τολεμαῖος?) P.Oxy. XXIV 2387^{3}ii
    .19, 22 M (*π̣). Πτολεμαίο(υ?) P.Haun. I 6^1.4 T (*πτολεμαι^o).
Πυθόδωρο(ς) Ath.Pol. 29.3 = xii.5 T (*πυθοδωρ^o).
πυνθάνομαι: πυνθάνετ(αι) P.Oxy. VI 856.63 T (*πυνθανε^τ).
πῦρ: πυρῶ(ν) Ath.Pol. 51.3 = xxvi.37 T (*πυρ^ω).
πυραμ(ίς) MPER N.S. I 1 v.5 (πυρα͞μ).
πυρετός: πυ̣(ρετόν) P.Ant. II 66.10 T (π̣^{υ}).
Πυρωνίδ(ης) P.Oxy. X 1240^1.1 S (*πυρωνι̣͡δ).^{68}
πωλέω: πωλ( ) P.Mich. III 145^{VIII}.1 T (vidi: πω^λ).
πῶλος: πώλ(ῳ) P.Oxy. III 413.119 T (*πω^λ).
πώποτε: πώπο(κα) P.Oxy. XXV 2429^7.17 T, lemma in comm. on Epich.
    (*πωπ^o).

---

67 The expansions πρ(ώτου), πρ(ώτην) are by A. Oikonomides, ZPE 32 (1978)
85, who restores the relevant passages of this work on Ptolemaic history as fol-
lows: (1) fr.1.14: [Πτολεμαίου Εὐεργέτου ἐπίκλησιν Ε]ὐφράτου πρ(ώτου); (2) fr.1.
25:] τὴν ἐν Συρίᾳ πρ(ώτην) | [μάχ]ην (or [μάχην]) (a reference to the first
Syrian campaign of Ptolemy II Philadelphus.

68 Scripsi. Πυρωνίδ[ης ed.pr. and Austin, CGF 93.

P

ῥαγάς: ῥαγάδ(ας) PSI X 1180.60 T (*ραγά^δ).
ῥᾳδίω(ς) Journ.Phil. 30 (1907) 1-84 xxxiii bottom M (ραιδι^ω).
ῥευστικός: ῥευστικ(ά) An.Lond. xxxvi.38 T.
ῥητίνη: ῥητ(ίνης) PSI X 1180.35 T (*ρη^τ). ῥητ(ίνῃ) ibid. T (*ρῆ^τ).
    ῥητ( ) ibid. .31: see ψιμιθ(ίου).
'Ρ]ητορικ(ός) P.Oxy. III 432.2 S, 'Ρ]ητορικ(ή) Austin CGF 352.
ῥητός: ῥητ(ῶν?) P.Oxy. XV 1808 ii M.6 (*ρη^τ).
ῥυπαρός: ῥυπαρ(αί?) P.Lond. V 1718 verso.70 T (ρυπαρ̟).
ῥυσόκαρφος: ῥυ[σόκ]αρ(φα) An.Lond. xxxii.46 T (ρυ[σοκ]αρ̄).
ῥώννυμι: ἔρρω(σο) PSI XII 1285 iv.16 T (*ερρ̣^{ω}).
ρ( ) Münch.Beitr. 35 (1945) 184-90.30 T (ρ/); ρ( ) ZPE 38 (1980) 229-
    43.55 T (ρ̣?).

Σ

Σαλαμίς: Σαλαμ(ῖνι) Ath.Pol. 23.5 = ix.45 T (*σαλα^μ).
Σάμιος: Σαμίω(ν) Ath.Pol. 24.2 = x.8 T (*σαμι^ω).
σάννιο(ν) P.Oxy. XLVII 3329^1↑.5 T (*σαννι°).
Σαραπεῖο(ν) P.Oxy. XXXI 2553^1.10, 15 T (*σαραπι°).
σάρξ: ςαρκ(ός) or παρθ(ένου) Eos 32 (1929) 27-33 i.6 T (*not clear).
Σατρα( )? O.Mich. I 659.2 T (*σατρα).
σατυρικός: σατυ(ρικῷ) P.Oxy. XX 2256^3.7, T of hypothesis (*ΣΑΤ⋎).
σάτυρος: σάτυ(ροι) P.Oxy. IV 663.42 T (*ΣΑΤ⋎). ςατύ(ρων) P.Oxy. IX 1174 iii.5 S (*σατ^υ).
Σεβαστεῖο(ν) P.Oxy. XXXI 2553^1.12, 14 T (*σεβαστι°).
σειωνο( )? P.Oxy. XXIV 2394^1 i.3 M (*·σειων°·).[69]
Σελευκ( ) P.Ryl. III 510 verso.7 T (*σελευκ′).
σελήνη: σελήν(ης) O.Stras. I 811.5 T. σ]ελ(ήνης) P.Mich. III 149 vi.14 T (vidi: σ]ε^λ·). ς(ε)λ(ήνης) ibid. viii.9 T (vidi: σλ).
Σελινοῦς: Σ[ελι]ν(οῦντος) Callim. I fr.43.33 M (*σ[ελι]^ν).
Σελλ(οί) Callim. I fr.23.3 M (*σελλ′).
σελωνιο( )?: see ελωνιο( ).
Σεπτέμ(βριος) DWA (1906) Abh.2 p.18, pl.1 recto.3 T (*σεπτεμ⌡).
   Σεπτεμβρ(ίων) ibid. p.74, pl.6 verso.15, pl.6 recto.26 T (*σεπτεμβρ⌡, σεπτ]εμβρ⌡).
σημαίνω: σημαίνετ(αι) PSI XIII 1348, 3.33 T (σεμενετ¬).
σημεῖο(ν) Ath.Pol. 7.4 = iii.6 T (*σημει°); Mél.Maspero I 148-51^b i.4, 6 T (*σημει°). ση(μεῖον) P.Lit.Pisa 8.3 T (*σ^η).
σημειόω: σημ(ειῶσαι) Schol.Sinait. 10, 23 etc. T (σημ, σημ); P.Ryl. III 475.22 M (σημ); PSI XIV 1449 recto.2 M (*σημ′); Sav.Zeitschr. 23 (1902) 458-59, gloss III.1 (*σημ). σ(η)μ(ειῶσαι) ibid., gloss II.1 (σμ). Uncertain: σεσημείωτ(αι?) Journ.Phil. 21 (1893) 296-343, M on Hom. Il. 23.850 (σεσημειωτ).

---

69 The dots designate the abbr. as a variant, perh. for syllables within a word, as in fr.2.5 μυρ·ω̊ῠ· and fr.6.2 ·ω̊ῠστ· of the same pap. If σειωνο( ) is the beginning of a word, however, it remains unrecognized.

Σθέν(ελος) P.Oxy. II 223 S at Hom. Il. 5.243. Σθένε(λον) ibid., with a speaker designation at Hom. Il. 5.252 (σ_θε νε).
Σικελία: Σικελ(ίας) Ant.Th. M on Theocr. 15.101, B fol.6 verso (*σικε^λ). Σικελ(ίᾳ) Ath.Pol. 29.1 = xi.46 T (*σικε^λ). Σικελ(ίαν) Callim. I fr.43.31-32 M (*σικε^λ).
Σικελικός: Σι]κελ(ικοῦ)?: see Κελ(τικῆς).
Σίκ(ων) P.Bodm. IV S at Men. Dysc. 487 (*σικ').
Σιληνό(ς) P.Oxy. IX 1174 iii.20 S (*σιληνᵒ).
Σιμίκ(η) P.Bodm. IV S at Men. Dysc. 874, 882 (*σιμικρ' [sic, line 874; see n.22], σιμικ' line 882).
Σιμ]ωνί(δης)? Akten XIII 99-110.53 T (*?σιμ]ωνί).
σίναπι: σινάπε(ως) P.Oxy. VIII 1088.16 T.
Σινωπῖτις: Σινωπίτιδ(ος) PSI X 1180.55 T (*σινοπιτί^δ).
σῖ(τος) Mizraim 3 (1936) 18-22.15 T. σί(του) ibid.; P.Michael. 62^D i.26, iii.31 etc. T (*σι̸).
σκέλος: σκέλ(η) MPER N.S. I 1 viii.2 T (σκελ').
σκόρδον: σκόρδο(υ) PSI X 1180.46 T (*σκορδᵒ).
σκορπίος: σκορπ(ίου) BASP 7 (1970) 35-38.2 T (*σκορπ); σκορπ(ίου) P.Mich. III 150.9 T (vidi: σκορ^π). σκορ(πίου) P.Lund V 77-84.11, 24 T (*σκορ, σκορ̄); P.Teb. II 274^a + ^b xi.17 T (σκορ). σ[κ]ορπ(ίῳ) SWA 240 (1962) Abh.2, 5-25 recto^B.14 T (*not clear: σ[κ]ορπ?); σκορπ(ίῳ), σκορπ(ίῳ) ZPE 16 (1975) 47-50.33, 34 T. Uncertain: σκορ(πίου or -πίῳ) MDV ii.25, iii.27 etc. T (*σκορ).
Σκυθία or Σκυθικός: Σκυθί[α](ς) or Σκυθι[κ](όν) P.Oxy. XX 2258^Cl front M.14 = Callim. I fr.110.48 (*σκυθι[ ]).
Σμερδίης: Σμερδ(ίην) P.Oxy. XXII 2321^14.1 M (*σμερ^δ).
Σμικρί(νης) P.Bodm. XXVI S at Men. Aspis 18 (*σμικρ|). Σμικρ(ίνης) ibid. S at Men. Aspis 33 (σμικρ/), 205 (σμ]ικρ̣), 471 (*σμικ_ρ/), 166, 433 (*σμικ_ρ), 250 (*σμικρ); PSI II 126 S at Men. Aspis 21Kö = 149S (*σμικρ—). Σμικ(ρίνης) P.Cair.Men. pl.VI.17, S at Men. Epit. 94Kö = 270S (*σμικ'). Σμι(κρίνης) ibid. pl.XVI.7, S at Men. Epit. 439Kö = 615S (*σμι'), pl.XXV.3, S at Men. Epit. 704Kö = 1062S (*σμί). Σμ(ικρίνης) ibid. pl.XVI.13, 32, S at Men. Epit. 445Kö = 621S, 461Kö = 637S (*σμ').
σμύρνα: ζμύρνη(ς) P.Oxy. VIII 1088.39 T; PSI X 1180^A ined. iii.40 T (*ζμυρν^η).
σολοικισμός: σολοικισμο(ῦ) P.Oxy. XIII 1604^1 i.6 M (*σολοικισμ̊).
Σόλων: Σόλωνο(ς) Ath.Pol. 2.2, 8.3 etc. = i.9, iii.23 etc. T (*σολων°).

Σοφοκλ(ῆς) MPER N.S. I 34 recto.4 M?. Σοφοκλέ(ους) Aeg. 2 (1921) 281-88
    ii.20 T.
σπέρμα: σπέρμα(τος) P.Oxy. VIII 1088.15, 65 T. σπέρμ(ατος) P.Ryl. I 29
    .11 T; PSI X 1180.45 T (*σπερ^μ).
σπερματικός: σ[περμ]ατικ(οῖς) An.Lond. xxv.43 T (σ[περμ]ατ^{κ}ι).
σπονδεῖ(ον) Callim. I fr.228.1 M (σπονδεῖ).
στάσις: στάσεω(ς) Ath.Pol. 5.2 = ii.14 T (*στασε^ω).
στατήρ: στατῆρο(ς) P.Mich. III 145^{III}iii.1, 5 etc. T (vidi: στατηρ^o).
σταφίς: στα]φίδ(ος) PSI X 1180$^{10\ ined.}$.1 T (*στα]φ^{δ}ι).
στερ(εός?) P.Lond. V 1718 verso.78 T (στερ/).
στέφανος: στεφαν.( ) PSI Omaggio 1.11a M (*στεφαν̇).[70]
στίμμι or στῖμι: στίμ(μεως or -εως) PSI X 1180.95, 102 etc. T (στῖ^μ).
στίχος: στίχ(ου) P.Oxy. XV 1788^{15}i.15 M (*στῖ^χ). στίχ(οι) P.Oxy. XXI
    2294.14 T (*στῖ^χ); στί[χ](οι), στίχ(οι) SBA (1912) 1210-11, colo-
    phons of Hom. Il. 11, 12 (*στῖ^χ, after Il. 12). σ(τίχοι) ibid.,
    in the stichometric total for the last page of Hom. Il. 14 (σλβ),
    i.e., σ(τίχοι) λβ.
στρατεύω: στρατεύεσθ(αι) Ath.Pol. 53.7 = xxvii.23 T (*στρατευεσθ').
    στρατευομ(έν)(ων) APF 24/25 (1976) 55-84 ii.9 T (στρατευομ'';
    see n.45).
στρατηγέω: στρατηγοῦντο(ς) Ath.Pol. 27.1 = xi.19 T (*στρατηγουντ^o).
στρατηγό(ς) Ath.Pol. 22.3 = ix.19 T (*στρατηγ^o). στρατηγῶ(ν) ibid.
    23.1, 26.1 = ix.37, xi.12 T (*στρατηγ^ω). στρατηγο(ύς) ibid.
    4.2, 22.2 etc. = ii.3, ix.16 etc. T (*στρατηγ^o).
στρ]ατιώτ(ης) Ant.Th. M at Theocr. 14.4, B fol.1 verso (*στρ]ατιω^τ).
    στρ(ατιώτῃ) P.Flor. III 391.3, 7 etc. T. στρατιωτ(ῶν) P.Oxy.
    III 409.29 M (*στρατιω^τ).
Στράτ(ων) PSI I 99.27, 30 etc. S (*στρα^τ).
στρογγύλος: στρογγύλ(ης) PSI X 1180$^{C\ ined.}$i.33 T (*στρογγύ^λ).
στ(ῦ)λος MPER N.S. I 1 xv.4 T.
στυπτηρία: στυ(πτηρίας) P.Leid. II 199-259, 9.44 T (*στ^υ)
στύραξ: στύρακο(ς) PSI X 1180$^{C\ ined.}$i.32 T (*στυρακ^o).
συγγένεια: συγγ(ένειαν?) PSI VI 724.20 T (*συγγ).
συγγίγνομαι: συγγίγνεσθ(αι) Ath.Pol. 15.1 = v.40 T (*συγγινεσ^θ).
συγκαταριθμ(ῶ) PMG p.6, M on Alcm. 1.2 (*συνκατα|ρι^{μ}θ).
σύζυξ: σύνδυγο(ς) P.Oxy. XXI 2292.3 T, lemma in comm. on Sappho
    (*συνδυγ̇^{o}).

---

70 So E. Handley, BICS 16 (1969) 96.

συλλαμβάνω: συλλαβόντ(ες) P.Oxy. III 413.120 T (*συνλαβον^τ).
συλλέγω: σ(υλ)λεγομ( ) P.Ryl. III 510 verso.10 T (*σ₇λλεγομ$).
σύλληψις: συλλήψεω(ς) Ath.Pol. 18.3 = vii.23 T (*συλληψε^ω).
συμβαίνω: σ(υμ)βαίνον(τα) BKT IV i.4, iv.54 T (σ'β[αινο]^ν, σ'βαινο^ν).
συμβάλλω: σ(υμ)βαλλ(όμενος) Callim. I p.7.22 T, on Aet. 1.30 (*σ'βαλ^λ).
συμμαχία: σ(υμ)μαχ(ίαν) Ath.Pol. 29.1 = xi.46 T (*σ'μα^χ).
σύμμαχος: σ(υμ)μάχω(ν) Ath.Pol. 24.3 = x.12 T (*σ'μαχ^ω).
σύμφορος: συμφορο( ) P.Oxy. XXV 2427^54 ii.5 M (*συμφορ̊).
σ(υμ)φω(ν-) PSI VII 849.29 T (σ'φ^ω).
σύν: σ', ȣ = σ(ύν), σ(υγ-), σ(υλ-), σ(υμ-): Ath.Pol. 2.1, 47.2 etc.
    = i.3, xxv.13 etc. T, hands 1 and 4 (*); BKT I i.15, vi.69 etc.
    T; IV v.5, vi.12 etc. T (*); VII 31-34.59 T; Callim. I p.3,
    "Schol.Flor." .12, p.11.16 T (*); I p.7.22 T, on Aet. 1.30 (*);
    Dem.Comm. .13 T (*); Mél.Maspero I 148-51: see s.v. δ(έ); P.Oxy.
    XV 1808 i M.7 (*); PSI VII 849.5, 28 etc. T.
    σ₇ = σ(ύν), σ(υλ-) P.Ryl. III 510 verso.8, 10 T (*).
συνακολουθέω: συνακολουθ(οῦσι) P.Oxy. IV 663.41-42 T (*συν|ακολου^ϑ).
συνάλλαγμα: συναλλάγμ(ατι) PSI XIII 1348, 2.33 T (συναλλαγμ').
συναντιλαμβάνω: συναντιλαμβ(άνεσθαι) An.Lond. xxxiv.11 T (συναντιλαμβ̄).
Συνερώσα: Συνερώ(σης) P.Oxy. XLII 3005 ii.6 M (*συνερ^ω).
συνεσταλμένω(ς) P.Oxy. XXI 2295^28.2 M (*συνεσταλμε^ω).
συνίστημι: συνίστασθ(αι) An.Lond. xiii.24 T.
σύνολος: σ]υνόλ(ου) P.Mich. III 145^III vi.3 T (vidi: σ]υνο^λ).
    σ]ύν(ολον) ibid. ^III vii.11 T.
συντίθημι: συνθ(ές) P.Mich. III 145^III ii.3 T (vidi: συν^ϑ).
    συντιθέσθ(αι) Ath.Pol. 29.5 = xii.19 T (*τι̊ϑ̊ε̊σ^ϑ).
συντρέφω: συντεθραμμ(ένων) P.Oxy. III 413.118 T (*συντεθραμ^μ).
συγ( )? P.Heid. N.F. II 197: see αν( ).
Συρ(ίσκος) P.Cair.Men. pl.VII.3, S at Men. Epit. 117Kö = 293S (*συρ̊'),
    pl.IX.5 S at Men. Epit. 193Kö = 369S (*συρ/) etc.
συχνός: συχνό(ν) BKT IV v.28 T (συχνο').
συ( ) P.Oxy. XXXV 2735^13.3 M (*σ̊^υ).
σφαῖρος: σφαῖρο(ν)? P.Oxy. XLV 3210^2.12 T (*σ̊φ̊α̊ιρο').
σφαλερός: σφαλε(ρά)? Callim. I p.7.38 T, on Aet. 1.35 (*not clear).
σφέλμα: σφέλ{ι}μ(ατος)? PSI X 1180.38 T (*σφελι̊).^71)

---

71 σφέλ{ι}μ(ατος) or οφελιμ( ) ed.pr., I. Andorlini. The abbr. stands for an ingredient in a medical prescription. The context is as follows: πρὸς λέπρας καὶ ἀγρίους λιχῆν(ας) καὶ ψώρας εὐδοκιμῶν. θείου ἀπύρου ϟι φελι^μ ϟβ ἀσφοδέλου ϟδ ἐλλεβόρου λευκοῦ ϟβ· λέαινε μετ' ὄξους καὶ ἔμπλασσε εἰς δέρμα ἢ εἰς ὀθόνιον.

σφέτερος: σφ(έτερον) DWA (1925) Abh.2 fol.2a.20 T (σφ/).
Σφί(γξ)? P.Oxy. XXV 2427^8.2, S or title of a play (*σφι).
σφραγίζω: ἐσφράγι(σται) P.Mert. I 12.25 T (*not clear).
σχῖνος: σχί(νου) PSI X 1180.31, 55 T (*σχ^ι).
σχιστός: σχι(στοῦ) P.Oxy. VIII 1088.5 T. Uncertain: σχι]στο(ῦ)? PSI
    X 1180$^{C\ ined.}$ i.32 T (*σχι]σ̣τ̣?). σ<χ>ιστ(ῆς)? P.Leid. II 199-259,
    9.44 T (*σισ̣τ̣).
σχοι(νίον) P.Lond. V 1718 verso.85, 87 etc. T (σχοι/). σχοι(νία)
    P.Mich. III 145^{III}vi.5, 7 etc. T (vidi: σχ̣^{οι}, σχ̣^{οι}). σχ(οινία)
    Ber.Berl. 37 (1916) 161-70.9, 27 etc. T (*σχ$^\backslash$). σχ(οινίων)
    ibid. .1, 22 T (*σχ$^\backslash$). Uncertain: σχο(ινίων)? MPER N.S. I 1.
σχοῖνος: σχοίνω(ν) P.Mich. III 145^{III}v.5 T (vidi: σχοιν^ω). σχοί(νων)
    ibid. ^{III}v.5, 9 T (vidi: σχ̣^{οι}|, σχ̣$^{[ο]ι}$).
σῴζω: σῴζετ(αι) P.Oxy. XXI 2295^{28}.18 M (*σωζε^τ).
σῶμα: σώματο(ς) An.Lond. xxxi.37, 39 T; Philol. 80 (1925) 339-40.8 T
    (σωμα$^ο_τ$); σ]ώμ(ατος) An.Lond. xxxix.12 T. σώ(ματος) ibid. xxxix.11 T.
Σωσ(ίας) P.Oxy. VI 855 i.17 S (*σω^σ).[72]
Σώστρα(τος) P.Bodm. IV S at Men. Dysc. 168 (*σωστρα′). Σώστρ(ατος)
    ibid. S at Men. Dysc. 171, 179 etc. (*σωστρ′), Dysc. 551 (*σωστρ̣/),
    Dysc. 611 (*σωστρ/), Dysc. 136 (*σωστρ), Dysc. 860, 866 (*σ[ωσ]τρ̣,
    σωστρ̣; see n.22). Σώστ(ρατος) ibid. S at Dysc. 288, 358 (*σωστ′).

In favor of the interpretation as σφέλματος Pl. NH 24.4 may be cited, where the berry of the ilex (not its blossom) is said to be used with vinegar to treat fresh wounds.

72 The line to which this speaker designation refers was assigned to Λάχης by Grenfell and Hunt, ed.pr. They took Σωσ(ίας) as a speaker's note attached to the lost preceding col.

T

τάλαντο(ν) Ath.Pol. 22.7 = ix.30 T (*ταλαντ^o).
Ταλθ]ύβι(ος) or Ταλθ]ύβι[ο](ς) P.Oxy. XLIV 3151^4.14 S (*ταλθ]υβι or ταλθ]υβι$^{[o]}$).
ταμίας: ταμιῶ(ν) Ath.Pol. 8.1 = iii.17 T (*ταμι^ω).
Τάνταλο(ς) P.Oxy. XXVI 2442^{39}.7 M (*ταντaλ^o).
τάξις: τάξεω(ς) Ath.Pol. 5.1 = ii.13 T (*ταξε^ω).
ταῦρος: ταύρο(υ) Callim. I fr.24.19 M (ταυρ^o; see n.2), ταύρ(ου) ed.;
    P.Mich. III 150.3 T (vidi: ταυρ^o). ταύρ(ου) BASP 7 (1970) 35-38
    .10, 11 T (*ṭαυρ); P.Lund V 77-84.5, 18 etc. T (*ταυρ); V 85-88
    .6 T (*ταυρ); ταύ]ρ(ου) P.Teb. II 274^a + ^{b}xi.23 T (ταυ]ρ).
    ταύρ(ῳ) Astr.Mich. recto.12 T (*ταυρ). Uncertain: ταύ(ρου or
    -ρῳ) MDV ii.39, iii.13 etc. T (*ṭαυ, τα]υ).
ṭ(ε) PMG p.6, M on Alcm. 1.64ff (*ṭ).
τέθριππος: τέθρι(ππον) P.Oxy. II 222 i.18 T (*τεθρ^ι).
τεῖχο(ς) Mél.Maspero I 148-51^{a}ii.9 T (*not clear: τεἰχ̣?). τείχου(ς)
    Ath.Pol. 50.2 = xxvi.25 T (*τειχο^υ). τειχῶ(ν) ibid. 23.4 = ix.42
    T (*τειχ^ω).
τελευταῖος: τελευτ(αία) Callim. I fr.228.1 M (τελευ^τ).
τελευτάω: τελευτήσαντο(ς) Ath.Pol. 28.3 = xi.35 T (*τελευτησαντ^o).
τελέω: τελ(έειν) P.Oxy. XX 2258^{A2} front M.14 = Callim. II p.47, M on
    Ap. 14 (τε^λ).
τέλο(ς) Ath.Pol. 7.4 = iii.13 T (*τελ^o). τέλο(υς) ibid. 7.4 = iii.7 T
    (*τελ^o).
τερεβίνθινος: τερεβ(ινθίνης) PSI X 1180$^{C\ ined.}$ ii.8 T (*τερε^β).
τέταρτος: τέταρτ(ον) P.Ryl. I 29.3 T. Uncertain: τετ̣(άρτη?) P.Oxy.
    XIII 1609 verso.31 T (τεṭ').
τετράγω(νος) MPER N.S. I 1 viii.1, 12-13 T (τετραγ̋, τ]ετραγ̋).
    τετραγώνο(υ) Ber.Berl. 37 (1916) 161-70.28 T (*not clear:
    τετραγων^o?). τετραγωνο( ) P.Oxy. XV 1808 ii M.3 (*τετραγων^o).
τετραίνω: τετρη(μένον) P.Oxy. XXI p.142$^{6 + 4\ add.}$ M.3 (τετ̣ρ̣).
τετρακόσιοι: τετρακοσίω(ν) Ath.Pol. 29.1 = xi.47 T (*τετρακοσι^ω).
    τετρακοσίο(υς) ibid. 8.4 = iii.25 T (*τετρακοσι^o).

98   Index of Greek Abbreviations

τετρ( ) P.Ryl. III 475.3 T (*τετρ/).
τέττιξ: τέττιγ(ι) Callim. I p.7.22 T, on Aet. 1.30 (*τεττί^γ).
τεύχω: τετύκο(ντο) Et.Pap. 1 (1932) 13-15 no.5 M on Callim. Dian. 50
     M (τετυκ^ο).
Τηλέμαχος: Τηλέμ̣(αχον) Ant.Th. M on Theocr. 2.16, B fol.3 verso
     (*τηλέ̣^μ).
Τήλεφος: Τη]λεφο( ) P.Oxy. IX 1175^5i.1 M (*τη]λεφ^ο).
τηλικοῦτος: τηλικα(ύτη) MPER N.S. I 1 vi.3, 6 etc. T (τηλικά)
τη( ): see s.v. ὁ, ἡ, τό, uncertain cases.
Τιβέριος: ?Τιβε]ρ̣ιο( ) P.Fouad 8.2 T (?τιβε]ρ̣ι^ο).
Τιθωνός: Τι]θω(νοῖο) P.Schub. 3.9 T.
τίκτω: τίκτο(υσα) Callim. I p.7.26 T, on Aet. 1.22 (*τικτ^ο). Uncertain:
     ἔτεκ(εν?) P.Oxy. XX I 2442^96A.5 M (*ετε^κ).
Τίμαρχος: Τιμάρχ(ου) Dem.Comm. .53 T (*τιμαρ^χ).
τιμή: τιμ(ῆς) P.Michael. 62^Aiii.10 T (*τιμ́). τιμ(αῖς) P.Oxy. V 841^11
     iii.11 M (*τι̣^μ).
Τιμοκράτης: Τ̣[ι]μοκ(ράτους) P.Oxy. XVII 2086 verso^1.1 T.
Τιμοσθένης: Τιμοσθένο(υς) Ath.Pol. 23.5 = ix.45 T (*τιμοσθεν^ο).
τιμωρέω: τιμωρο(ύμενος) P.Oxy. XXVII 2462.12 T (*τιμορ^ο).
τιν( ) P.Oxy. XXI 2306 i.25 T (*τι^ν).
τίρ(ων) Aeg. 13 (1933) 621-43^A.12, 26 T (pl. not clear; τιρ/ ed.).
τι(ς) BKT IV viii.24 T (τ^ι). τι(νές) P.Haw. 24-28 M on Hom. Il. 2.782
     (vidi: τ^ι). τι(σί) Journ.Phil. 22 (1894) 238-46 M on Hom. Od.
     3.490 (*τ^ι); P.Haw. 24-28 M on Hom. Il. 2.665, 865 (vidi: τ^ι);
     P.Oxy. XXXVII 2806^1i.10 M (*τ^ι). Uncertain: τιν(ές?) P.Oxy. XXVI
     2441^1i.13 M (*τι^ν). τι(νές)? Callim. II no.45 M on Del. 94
     (*τ^ι);^73) Journ.Phil. 22 (1894) 238-46 M on Hom. Od. 3.391, 444
     etc.(?) (*τ^ι). τ(ισίν)? P.Oxy. VIII 1092: see n.53.
τίτλος: τί(τλου) Schol.Sinait. 2, 9 etc. T. τ(ίτλου) ibid. 31 T (τ).
     τί(τλῳ) ibid. 5, 6 etc. T (τ̇^ι); PSI XI 1182^Ftop M.2 (τ̇^ι). τ(ίτλῳ)
     Schol.Sinait. 9 T (τ). Uncertain: τ̣(ιτλος)? Schol.Sinait. 54 T;
     τ(ίτλος)? PSI XIV 1399: see s.v. τ( ).
Τι( ) Mél.Bidez 603-12 S, = Austin CGF 73.85 (*τ^ι).
τοίν(υν) BKT IV iii.2, 56 etc. T (τοιν'), cf. ν' = ν(ῦν).
τοιοῦτος: τοιούτω(ν) An.Lond. xvii.26 T (τοιουτ^ω).

―――――――――

73 Scripsi. The abbr. accompanies a variant reading or lemma attached to
Del. 94 (not preserved):]τ^ι (or] τ^ι) τομώτερον, verified as possible readings
by R.A. Coles; Pfeiffer, Callim. gives].η̣ τομωτερον, ante η fort.]ν̣.

τετρ( ) - τροχίσκος   99

τόκ(ος) P.Michael. 62^B.17 T (*τοκ̑). τόκ(ου) ibid. T (*τῶ̑^{κ}).

τοξότης: τοξότ(ου) P.Mich. III 150.10 T (vidi: τοξο^T). τοξό(του) BASP
    7 (1970) 35-38.3, 4 T (*τ]ο̣ξ̣ο̣, τ[ο]ξ̣[ο]); P.Lund V 77-84.12, 25
    T (*τοξο); P.Mich. III 150.11 T (vidi: τοξ^O). τοξ]ό(του) P.Teb.
    II 274$^{a + b}$ix.6 T (τοξ]ο). τοξ(ότου) ibid. $^{a + b}$ix.16, xi.5 T
    (το]ξ, τ[ο]ξ). τοξό̣(τη) ZPE 16 (1975) 47-50.35.36 etc. T.
    τοξ(ότη) Astr.Mich. verso.2 T (*τοξ). Uncertain: τοξ(ότου or
    -ότη) MDV i.25, ii.27 etc. T (*τοξ).
τοπ( ) P.Oxy. XX 2257^1.14 T (*το̣^{π}).
τοσόσδε: τοσσ(ήνδε) P.Oxy. XX 2258$^{Cl\ back}$ M.21 = Callim. I fr.110.75-
    76 M (*τοσ^σ).
τοσοῦτος: τοσούτω(ν) Ber.Berl. 37 (1916) 161-70.35, 40 etc. T (*not
    clear: τοσουτω?). τοσ(ού)των P.Michael. 62^B.12 T (*τοσῶ̑^{T}).
το( ) P.Mich. III 145^{III}i.3 T (vidi: τ^O). το( ) SBA (1899) 857-64.3
    interl. (*το᾽).$^{74)}$
τραγῳδός: τρα(γῳ)δ(οῦ) Proc. XIV 59-65 ii.4, 6 T (*τρα̑^{δ}).
τράχηλος: τράχ(ηλον) BKT IV iii.36 T (τρα^χ).
τρέφω: τρέ[φ]εσθ(αι) An.Lond. xiii.40 T. τρέφεσθ(αι) Ath.Pol. 24.3 =
    x.12 T (*τρεφεσ^θ).
τρίβων: τρίβω(να) P.Teb. I 2 verso^d.17 T.
τρ[ίγ]ωνο(ς) MPER N.S. I 1 vi.3 (τρ[ιγ]ῶ^O). τρίγω(νος) ibid. v.6 T
    (τριγ̑^{ω}). τριγώνο(υ) Ber.Berl. 37 (1916) 161-70.31 T (*not clear:
    τριγων^O?). τρίγωνο(ν) MPER N.S. I 1 v.15 T (τριγω̑^{O}). τρίγω(νον)
    ibid. vi.1, 7 etc. T (τριγ̑^{ω}). [τ]ρ̣ίγ̣(ωνον), τρίγ(ωνον) ibid. vi.9,
    vii.10 T. τριγω(ν-) ibid. xi.3 T (τριγ̑^{ω}).
τριήρης: τριήρ(ους) DWA (1925) Abh.2 fol.2a.22 T (τριηρ/).
τρίτ̣(ος)? Callim. I fr.194.2-5 M (*τρ̣ι̣^{T}).
τροπή: τρ(οπήν)? P.Oxy. XV 1808 i M.6 (*τρ̥).
τρόπος: τρ(όπου) BKT IV v.13 T (*τρ̥). τρόπ(ον) Ath.Pol. 43.1 = xxii.11
    T (τρο̑^{π}); P.Oxy. XXXII 2636 ii.14 T (*τρο̑^{π}). τρ(όπο)ν BKT IV iv.43
    T (τ̥ν). τρ(όπον) ibid. i.24, iv.28 etc. T (*τ̥ col. iv).
τροφ(ή) An.Lond. xxix.41 T (τρο̑^{φ}). τρο(φή) ibid. xxvi.8 T. τροφ(αῖς)
    Callim. I p.7.57 T, on Aet. 1.43 (*τρο^φ).
τροφ(ός) BKT V Pt II 88-96 S at Eur. Hipp. 284 (τροφ̣); P.Oxy. XLIV
    3152 S at Eur. Hipp. 271, 284 (*τροφ, τροφ̣). τρ(οφός) BKT V Pt II
    88-96 S at Eur. Hipp. 271 (τ^O).
τροχ(ίσκος) PSI X 1180.53 T (*τρο^χ).

---

74   So O. Masson, REG 64 (1951) 427-42; π^O = πό(λεως) ed.pr.

+τροχοίδη(ς) P.Oxy. IX 1174 xii.6 M (*τροχοιδ^η).[75]
τροχ<ώ>δης: see +τροχοίδη(ς).
?Τ]ρύ(φη): see ?Χ]ρύ(σις).
τυγχάνω: ἔτυχο(ν) Ath.Pol. 24.2 = x.10 T (*ετυχ^o). τυγχ(άνειν) An.Lond. xxiv.36 T (τυγ̆). τυχ(εῖν) Dem.Comm. .48 T (*τυ^χ).
Τυδείδης: Τυ(δείδη) P.Oxy. II 223 in speaker designation, Hom. Il. 5.243.
τ(υμπανισμός?) P.Oxy. III 413.10, 39 etc., stage direction (*τ̄).
Τυνδ(άρεως) P.Oxy. XI 1370, S at Eur. Or. 470 (*ΤΥΝΔ), Τυνδ(άρευς) ed.
τυραννίς: τυραννίδο(ς) Ath.Pol. 28.2 = xi.32 T (*τυραννιδ^o); P.Oxy. IV 663.14 T (*τυραννιδ^o).
τύραννος: τυράννῳ(ν) Ath.Pol. 16.10 = vi.38 T (*τυραγγ^ω).
Τυχαῖος: Τυχαῖο(ν) P.Oxy. XXXI 2553^1.3 T (*τυχαι^o).
τ( ), or a siglum? PSI XIV 1399.10, 45 etc. M (τ$^\smile$, τ); τ( ) P.Ant. III 141.30 T. See also ὁ, ἡ, τό, Uncertain cases.

---

75 So S. Radt, TrGF IV F 314.302; τροχ⟨ώ⟩δη(ς) ed.pr.

Υ

ὕαινα: ὑαίνη(ς) PSI X 1180.103 T (*ὑαιν̣ῃ).

ὕβρις: ὕβρεω(ς) Dem.Comm. .24 T (*υβρε^ω).

ὑδροχόος: ὑδρο(χόου) P.Lund V 77-84.2, 27 etc.(?) T (*υδρο); V 85-88 .4 T (*υδρο); P.Mich. III 150.13 T (vidi: υδρ^ο); P.Teb. II 274^(a+b) xi.6, 7 etc. T (υδρο). ὑδρο(χόῳ) Astr.Mich. recto.6 T (*υδρ^ο); ZPE 16 (1975) 47-50.40 T. Uncertain: ὑδρ(οχόου or -οχόῳ) MDV i.30, ii.32 etc. T (*υδρ).

ὕδω(ρ) P.Ryl. I 29b.4 T. ὕδ(ωρ) PSI X 1180.80, 98 etc. T (*ῠ^δ). [76] ὕδ(ατος) P.Oxy. V 841^(129-31) i.4 M (υ^δ). ὕδα(τα) An.Lond. xxiv.46 T. Uncertain: ὕδ(ατι)? P.Oxy. VIII 1088.69 T.

υἱό(ς) P.Oxy. V 841^9 i.61 M (*υι^ο). ὐ(ιό)ς MIFAO 9 (1893) T (υ̅ς̅; see n.7). υἱο(ῦ) Callim. I fr.23.3 M (*υι^ο), υἱ(οῦ) ed.

ὑμνέω: ὑμνήσ(ατε) P.Oxy. III 413.136 T (*υμνη^σ).

ὕμνος: Ὕμ(νοι) Chr.Eg. 49 (1974) 324-31.13 T (*ῠ^μ). Uncertain: ὕμνο(ν?) PSI VII 849.9 T (υμνο').

ὑοσκύαμος: ὑοσκυάμο(υ) P.Oxy. VIII 1088.39 T.

ὑο( )? PSI XIII 1348, 4.29 T (ῠ).

ὑπαναχώρησις: ὑπαναχω(ρήσεως) PSI I 55.92 M (*υπαναχ^ω).

ὑπάρχω: ὑπ(ῆρχεν) An.Lond. xxxi.25 T (ῡ). ὑπ(άρχῃ) ibid. iv.38 T (*not clear: ῡ?). ὑπ(άρχουσα) ibid. xxxii.4 T (ῡ). ὑπ(αρχούσης) ibid. xxii.28, 34 etc. T (ῡ^π). ὑπάρχου(σαν) Schol.Sinait. 4 T (υπαρχ^ο). ὑπ(άρχουσαι) An.Lond. xxviii.29 T (ῡ^π). ὑπ(άρχοντα) (nom.) ibid. xxxiv.49 T (ῡ). ὑπ(αρχόντων) ibid. xxxii.33 T (ῡ). ὑπ(άρχουσιν) ibid. xxvii.20 T (ῠ).

ὑπατεία: ὑπ(ατείᾳ) Quant., entries for A.D. 326, 336 etc. T (*υπ·, υπ').

ὑπεξ(ούσι)ος Schol.Sinait. 49, 50? T (υπεξ̣ος). ὑπεξ(ούσιο)ς ibid. 28 T (υπεξ̣).

ὑπ(έρ) Ath.Pol. 42.2, 44.3 = xxi.24, xxiii.22 T (*ῡ^π); ὑπ(ερ-) P.Cair.Masp. II 67176 p.1.5, 21 T (ῡ^π, ῡ^π).

---

76 For the expansion as a nom. cf. P.Teb. II 273.28, 41 etc.

υ᾽, ὐ = ὐ(πέρ) APF 2 (1903) 196-206 T, on Hom. Il. 5.138, 150; BKT IV vi.55 T; VII 31-34.14, 15 T (*).
ύ = ὐ(πέρ) P.Oxy. XVII 2087.38 T (*).
ὒ = ὐ(πέρ) Ath.Pol. 42.2, 44.3 = xxi.24, xxiii.22 T (*).
ỿ = ὐ(πέρ) P.Michael. 62^{A}i.3, 5 etc. T (*).
Uncertain: ὐ(πέρ) or ὐ(πό) P.Oxy. XVII 2076 i.11 M (*ỳ); P.Ryl. III 510 verso.5 T (*ὒ). For ρ/ = (ὐπέρ)? see ρ( ).
ὐπερέχω: ὐπερέχ(ει)? P.Mich. III 145^{II}.2 (vidi: υπερε^χ).
ὐπερόριος: ὐπερόριο(ι) Ath.Pol. 24.3 = x.16 T (*υπερορι^o).
ὐπερσυντέλικος: ὐπ(ερ)συντελίκο(υ) P.Cair.Masp. II 67176, 1.5, 21 etc. T (ῡσυντελικο̄). ὐπερσ[υ]ν[τελ]ίκ(ου) ibid., 4.24 T (υπερσ[υ]ν[τελ]ικ/). ὐπερ(συντελίκου) P.Ryl. III 534.77, 100 heading (*not clear: υπερ?).
ὐπ(ό) P.Oxy. XXXV 2741^{IB}ii.13 T (*υ^π).
υ᾽, ὐ = ὐ(πό): Ath.Pol. 50.1, 51.1 etc. = xxvi.19, 30 etc. T (*υ᾽); P.Oxy. XX 2257^1.9 T (*ὒ).
ῦ = ὐ(πό) BKT IV i.40, vii.17 T.
Uncertain: ὐ(πό) or ὐ(πέρ) P.Oxy. XVII 2076 i.11 M (*ỳ); P.Ryl. III 510 verso.5 T (*ὒ).
ὐπογύω(ς) P.Schub. 4.10 T.
ὐποδέχομαι: ὐποδέξον(ται) P.Ant. I 23 M on Eur. Med. 827 (*not clear).
ὐπόκειμαι: ὐ(πό)κε[ι]τ(αι) P.Oxy. XX 2257^1.9 T (*υ᾽κε[ι]^τ).
ὐπόκ(ειται) Ber.Berl. 37 (1916) 161-70.11 T (*υπο^κ).
ὐποκεῖσθ(αι) An.Lond. xvi.19 T. ὐποκείμεν(ον) ibid. xxxi.31 T (υποκειμεν̄). ὐποκείμ(ενοι) Comm.Arat. III B.2 M (*υποκειμ´; see n.36).
ὐπόλοιπος: ὐπολοίπ(ο)υ P.Michael. 62^C.23 T (*υπολοιπ̃).
ὐπ(όμνημα) P.Oxy. XXV 2433.2, in title on a sillybos (*π̃). Uncertain: ὐπ(όμνημα)? P.Amh. II 18.275 M, .189 T (*ῡ^π line 189).
ὐποπετρίδιος: ὐ[πο]π[ετρ]ιδίο(υς) PMG p.6, M on Alcm. 1.49 (*υ[πο]π[ετρ]ιδί^o).
ὐπόσχεσις: ὐποσχ(έσεις) Dem.Comm. .36 T (*υποσ^χ).
ὐποτείνω: ὐποτ(είνουσαν) Ber.Berl. 37 (1916) 161-70.12 T (*υπο^τ).
ὔστερος: ὐστέρα(ις) PSI VII 849.53 T (υστερ^α).
ὐφαιρέω: ὔφελ(ε) MIFAO 9 (1892) fasc.1, 66 no.6.1, 4 etc. T (*υφηχ).
῾Υψιπύ[λ(η)] P.Oxy. VI 852^{1}iv.26 S (υψιπυ$^{[λ]}$). ῾Υψιπ(ύλη) ibid.^{1} iv.33, ^{64}ii.72 etc. S (*υψι^π, fr.64). ῾Υψιπ(ύλης) ibid. ^{64}ii.69 S (*υψι^π).

Φ

Φαίδ(ρα) P.Oxy. XIX 2224 S at Eur. Hipp. 596.
Φαίνιππος: Φαινίππο(υ) Ath.Pol. 22.3 = ix.17 T (*φαινιππ^o).
φαίνω: φαίνεσθ(αι) An.Lond. xiv.29 T.
Φαμε(νώθ) P.Lund V 77-84.2, 12 etc. T (*φαμε); P.Teb. II 274^{d}i.38, 51 T (φαμε). Φαμ(ενώθ) P.Lund V 85-88.2 T (*φαμ).
φαντάζομαι: ἐφαντάσθ(ησαν) P.Oxy. III 413.130 T (*not clear: εφαντα$\overset{\vartheta}{\delta}$?).
Φαρμοῦθ(ι) SWA 240 (1962) Abh.2, 5-25 verso^B.27 T (*φαρμουθ).
  Φαρμο(ῦθι) P.Lund V 77-84.5 T (*φαρμο); P.Teb. II 274^{d}i.52 T.
  Φ[α]ρ[μ](οῦθι) P.Lund V 85-88.3 T (*φ[α]ρ[μ]). Φαρμ(οῦθι) P.Teb. II 274^{d}i.39 T (φαρμ).
φαῦλος: φαῦλο(ν) BKT VII 31-34.16 T (*φαυλ^o).
Φαῶφ(ι) P.Lund V 77-84.10, 20 etc. T (*φαωφ, φα]ωφ).
φ(α-) P.Oxy. XVIII 2176: see φημί.
Φειδιπ(πίδης) P.Oxy. XI 1371 recto, S at Ar. Nub. 38 (*φειδἵ^π).
Φειδώνειος: Φειδωνείω(ν) Ath.Pol. 10.2 = iii.44 T (*not clear: φειδωνει^ω?).
Φερεκύ(δης) PMG p.6, M on Alcm. 1.6 (*φερεκ$\overset{υ}{}$).
φέρω: φέρετ(αι) An.Lond. xxv.36b T.
φεύγω: φεύγοντο(ς) Ath.Pol. 53.2 = xxvii.7 T (*φευγοντ^o). πεφευγο(τ-), so Page, PMG p.245: P.Oxy. XXV 2430^{1}i.3 M (*πεφευγ^o).
φημί (see also εἶπον, ἐρῶ): φη(σί, -σίν): Akten XIII 99-110.2, 38 etc. T (*φ^η); APF 24/25 (1976) 55-84 ii.3 T (*φ^η);$^{77)}$ P.Oxy. VIII 1087.39, 46 etc. T (*φ^η); XXI 2301$^{1(a)}$.3 M (*φ^η); XXI pp.130-34^{41}.2 M (φ^η); XXXVII 2802.15 T (*φ^η); PMG p.6, M on Alcm. 1.98 (*φη).
  φ(ησ)ί P.Oxy. XXXI 2536.17 T (*φἵ).
  ɸ, φ, ⱷ = φ(ησί, -ησίν) An.Lond. v.3, 35 etc. T (*ⱷ); P.Oxy. XX 2258^{C2} back M.28, 37 etc. = Callim. I fr.110.65-68 M (*ɸ); XXV 2429^7.18 T (*ɸ); Schol.Sinait. 4, 9 etc. T (ⱷ).

---

77 So S. Stephens; for the context see n.58.

φ᾽ = φ(ησίν) P.Oxy. III 409.105 M (*).
φ∫ = φ(ησί) P.Oxy. VI 856.65, 73 T (*).
φ = φ(ησί) Schol.Sinait. 9, 11 etc. T.
φ(αμέν) An.Lond. xxxiv.42 T (φ). φα(σίν) P.Oxy. XXXI 2536.12 T
(*φα̣λ). φ(ασίν) An.Lond. ii.20.24 etc. T (φ). φ(ασί) P.Oxy. VI
856.6, 54 etc. T (*φ∫); P.Oxy. XX 2258$^{Cl\ back}$ M.22, 28 = Callim.
I fr.384.9-12, fr.110.65-68 M (*φ̄). ἔφ(ασαν) An.Lond. xxxi.43a
M. Uncertain: φ(ησίν?) P.Oxy. XXV 2427^{41}.6 M (*φ᾽). φ(ησί?)
P.Oxy. XXIV 2389^{35}.5 T (*φ̄). φ(ησί)? P.Oxy. XVIII 2176^{8}.27 M
(*φ̄), φ(ασί) ed.
φιάλη: φιάλ(αι) P.Oxy. XV 1811 ii.5 M (*φια^{λ}).
φιλέω: ἐφίλησ(εν) Ant.Th. M on Theocr. 15.102-03, 15.128, B fol.6
verso bottom M, B fol.7 recto (*εφιλη^{σ}).
Φίλιν(να) PSI I 100.7 S (φιλιν').
Φίλιπ(πος) BKT I xv.17 colophon (*φιλι̣^{π}). Φί]λιπ(πος) MPER N.S. I 25
verso.3 T. Φιλίππ(ου) P.Lond. II 265.15, 19 etc. T (φιλιππ^{L}).
Φιλίπ(που) MPER N.S. I 25 verso.5 T. Φιλιπ(π-) P.Oxy. XVII 2086
verso^{1}.13 T.
Φίλισ(τος) P.Oxy. II 222 i.36 T (*φιλισ).
Φιλοκτή(της?) P.Oxy. XX 2256^{5a}.7 T of a hypothesis (*φιλοκτ^{η}).
φίλ(ος) Ath.Pol. 20.1 = viii.22 T (*φι^{λ}).
Φι]λόχο(ρ)ο(ς) Stud.Cald. .4 T (*φι]λοχ̣^{ο}).
φλεγμασία: φλεγμ(ασίαν) PSI X 1180.61 T (*φλεγ^{μ}).
φλέψ: φλέβ(ες) An.Lond. xxviii.21 T. φλεβῶ(ν) ibid. xxviii.45 T (φλεβ^{ω}).
φλόξ: φλογ(ός) P.Oxy. XX 2258$^{A4\ back\ add.}$ M = Callim. II p.56, M on
Dian. 116 (φλο^{β} ed.pr., leg. φλο^{γ}).
Φοῖβος: Φοίβ(ου) P.Oxy. XX 2258$^{A2\ back}$ M.36 = Callim. II p.47, M on
Ap. 36 (φοιβ').
φοινίσσω: φοινισσομ(ένη) O.Wilck. II 1488 recto.6 T.
φονικός: φονικῶ(ν) Ath.Pol. 7.1 = ii.40 T (*φονικ^{ω}).
φόνος?: φονο( ) P.Oxy. XXI 2295^{18}i.4 M (*φονο̣).
φόρετρο(ν) P.Mich. III 145^{III}vi.1 T (vidi: φορετρ^{ο}). φόρε(τρον)
ibid. ^{III}v.5 T (vidi: φορε). φορέτ(ρου) ibid. ^{III}v.4 T. φορέ(τρου)
ibid. ^{III}vi.3 T (vidi: φορ^{ε}).
φορτικός: φορτικ(όν) P.Amh. II 13 i.1 M (*φορτι̣^{κ}).
φορτίον: φο̣ρ̣τ(ίου) P.Mich. III 145^{III}vii.11 T (vidi: φορ^{τ}). φορτ(ία)
P.Mich.^{III}iv.1, vii.11 etc. T (vidi: φορ^{τ}).
φρουρός: φρουρο(ί) Ath.Pol. 24.3 = x.14 T (*φρουρ^{ο}).
?Φ]ρυ(γία): see ?Χ]ρυ(σίς).

φιάλη - φ( )

Φρύνων: Φρύ(νωνα) P.Oxy. XXI 2295[28].17 M (*φρ̾ύ).
φρ( ) BIFAO 46 (1947) 66-67 M, in the left margin beside Hom. Od.
   17.358 (φ̇).[78]
φύλαρχος: φυλάρχο(υς) Ath.Pol. 30.2 = xii.26 T (*φυλαρχ̾ο).
φυλ(άτ)τομ(εν) BKT IV: see Part II D ad fin.
φυλή: φυλ(ῆς) Ath.Pol. 22.2 = ix.16 T (*not clear: φυ̾λ?). φυλ(ήν)
   ibid. 53.2 = xxvii.7 T (*φυ̾λ). φυλῶ(ν) ibid. 8.1 = iii.14 T
   (*φυλ̾ω).
φύλ(λον) P.Ant. I 17.39 M.[79] φ(ύλλων) Schol.Sinait. 31, 35 T (φ).
   φ(ύλλα) (acc.) ibid. 36 (φ̄).
φυράω: φύρασ(ον) or φυράσ(ας) PSI X 1180[C ined.].i.35 T (*φυρα̾σ).
φῦσα: φυσῶ(ν) An.Lond. vi.37 T (φυσ̾ω̄).
φώγω: πεφωγμ(ένου) PSI X 1180[A ined.] iii.34 T (*πεφωγ̑).
φ( ) P.Ant. III 141.30 T (φ′).

---

78 This monogram is discussed in *Anecdoton Parisinum* (Paris BN[?] *Cod.Reg.* 7530 fol. 28-29), ed. T. Bergk, *Zeitschrift für die Altertumswissenschaft* 11 (1845) 88: φ̇ *fi et ro haec apponuntur quotiens vel emendatio vel eius versus sollicitius est inspiciendus*. The correct expansion, however, is not obvious; φρ(άσις), as in *Schol. Ar. Nub.* 488, is not apposite here. H. Cockle reports that the same abbr. occurs in the marg. of an unpublished Oxyrhynchus pap. of Soph. *Ant*.

79 φυλ( ) ξβ is written in the left marg. at midcolumn, *prima facie* an unlikely place for a folio number. But if φύλ(λον) (Pfeiffer, quoted *ad loc.*) is the correct expansion, the use of the term here antedates by perh. two centuries the earliest occurrence of the word with this meaning; see Lampe s.v.

X

Χαιρέ(ας) *P.Bodm.* IV S at Men. *Dysc.* 50 (*χαιρε). Χαιρ(έας) *ibid.* S at
   Men. *Dysc.* 112 (*χαιρ'), 116, 125 (*χαιρ).
Χαιρ(έστρατος) *P.Bodm.* XXVI S at Men. *Aspis* 251 (*χαιρ); Χ̣α̣ιρ(έστρατος)
   P.Cair.Men. pl.XII, S at Men. *Epit.* 500Kö = 691S (*χ̣αιρ').
χαίρω: χα(ίρειν) or χ(αίρειν) *P.Oxy.* IX 1184.21 T (*not clear).
Χαιρ( ) *P.Cair.Men.* pl.XLVIII.4 S in unknown comedy (*χαιρ⁀).
χαλεπ(ῶς) *P.Oxy.* XVIII 2180 M on Soph. *OT* 418 (*χαλε⁊).
χάλκανθον: χαλκάνθ(ου) *PSI* X 1180.41, 55 etc. T (*χαλκαν̣ϑ̣).
χαλκῖτις: χαλκίτιδ(ος) *PSI* X 1180$^{1\ ined.}$.5 T (*χαλκιτι^δ).
χαλκός: χαλκ(ο)ῦ *P.Ant.* III 127^{10a}.1 T (χαλκ̆υ). χαλκο(ῦ) *PSI* X 1180.73,
   103 etc. T (*χαλκ̥̆). χ]αλκ̆(οῦ) *ibid.* $^{9\ ined.}$.12 T (*χ]αλ̆). χα̣(λκοῦ)
   P.Mich. III 145^{III}iii.5, 8 T (*vidi*: χ^L, leg. χ^α?). χα̣(λκῷ) *P.Lond.*
   II 265.122 T (χ^L, leg. χ^α?).
Χάλυψ: Χάλυβ(ες) *P.Oxy.* XX 2258$^{C1\ front}$ M.14 = *Callim.* I fr.110.48 M
   (*χαλυ^β).
χαρακτήρ: χαρακ[τ]ηρ( ) *PSI* VII 849.18 T (χαρακ[τ]η^ρ).
Χαρ(ίσιος) *P.Cair.Men.* pl.XXII.22, S at Men. *Epit.* 588Kö = 908S (*χαρ/).
χάρτης: χάρτ(ο)υ *P.Ant.* III 127^{2b}.5 T (χαρτ̆).
χάρτινος: χάρτ(ινον) *Eos* 32 (1929) 27-33.16 T (*χαρτ̆).
Χαυνοπολίτης: Χαυνοπολ(ίτας) *P.Oxy.* VI 856.69 T (*χαυνοπο^λ).
χείρ: χερ(ός) *BKT* IV v.9 T (*χε^ρ). χεῖρ(α) *Callim.* I fr.228.4 M (χει^ρ).
   χερσί(ν) *BKT* IV i.61 T (χερ^σ). χέ̣ρ(ας) *ibid.* ii.30 T (*not clear:
   χε̣^{ρ}?)
χερσαῖος: χερ]σαίω(ν) *BKT* IV i.53 T (χερ]σ∫^{ω}).
χίλιο(ι) *Ath.Pol.* 24.3 = x.13 T (*χιλι^o).
Χῖος: Χίω(ν) *Ath.Pol.* 24.2 = x.8 T (*χι^ω).
χιτώνιον: χιτωνί(ου) *P.Oxy.* III 413.156 T (*χιτων̆).
χλευάζω: χλευάζουσ(ιν) *P.Oxy.* IV 663.12 T (*χλευαζου^σ).
χνόος: χν(ο)ῦς *P.Oxy.* XX 2258$^{A2\ back}$.37 M (χν^{υ}ς).
Χοιά(κ) *P.Lund* V 77-84.3, 6 T (*χ]οια, χοια); *P.Teb.* II 274 i.35, 48
   T (χοια).
χοῖνιξ: χοι(νίκῳ) *P.Mich.* III 145^{III}vii.8, 10 T (*vidi*: χ̥^{ι}).

χοί(νικα) P.Holm. xxi.4 T (Χο). χοί]νιϰ(ες) P.Lond. V 1718 verso.11 T (χοι]νι̣ϰ̣/). χο(ίνικες) ibid. .41, 43 etc. T (χ°). χοι(νίκων) P.Mich. III 145^IX.4 T (vidi: χ̇ι). χοίνικ(ας) P.Lond. V 1718 verso.10, 20 etc. T (χοινι^ϰ/). χο(ίνικας) P.Holm. xxi.4 T (Χο); P.Lond. V 1718 verso.42 T (χ°). Uncertain: χοί(νικας?) P.Mich. III 145^IX.3 T (vidi: χ̇ι).

χοιράς: χοιράδ(ας) PSI X 1180^C ined.ii.18 T (*χοιρα^δ).

χολή: χολ(ῆς) PSI X 1180.103 T (*χο̇^λ).

χοραύλης: χοραύλ̣(ου) Proc. XIV 59-65 ii.8 T (*χοραῦ^λ). χορ(αύ)λ(ου) ibid. i.1 T (*χο̇ρ̇^λ).

χορ̣(ός) BKT V Pt II 88-96 S at Eur. Hipp. 272 (ρ̇̊ ed.pr.; χ̇̊ Turner GMAW p.15 n.3); χορ(ός) ibid. 99-105 S at Ar. Ach. 929, 971 (*χ̊ρ); ibid. 105-07 S at Ar. Ran. 242, 257 (*χ̊ρ); P.Ant. III 211³ S (χορ), fr. of Ar. Lys. with no legible text; P.Oxy. XI 1369 S at Soph. OT 689 (χορ; for the form see Turner GMAW p.15 n.3); P.Oxy. XI 1370 S at Eur. Or. 1249 (*χ̊); P.Oxy. XI 1401² recto.1 S. χο(ρός) P.Harr. 38 S at Eur. Med. 1292, 1306 (χ]ο), *χ̊); P.Oxy. VI 852¹ iii.18, ¹³.4 etc. S(*χ̊ fr.1); VIII 1083¹.6 S (*χ̊); IX 1174 iii.5, vii.12 etc. S (*χ°); X 1240³.1 S (*χ̊); XX 2255¹²ii.7 S (*χ̊); XX 2256⁴.3 T of hypothesis (*χ̊); XXII 2335 S at Eur. Andr. 1009 (χ̊); XXIII 2369¹ii.18, 23 etc. S (*χ̊); XXVII 2458²ii.64 S (*χ̊); XXVII 2461²ii.8 S (*χ°); XXXVI 2746.5, 6 etc. S (*χ°); XXXVII 2810.25 S (*χ̊); XLIV 3151⁴.6 S (*χ̊); ZPE 41 (1981) 1-7 S at Ar. Ach. 490 (*χ̊). χο(ρόν) P.Oxy. XXXVII 2813¹i.36 T (*χ̊). Uncertain: χορ(ός) or χ(ο)ρ(ός) BKT V Pt II 108-110 S at Ar. Nub. 959 (χ̇).

χο( )? MPER N.S. I 1 ii.11 T (χ̊).

χράω: ἔχρη(σεν) P.Oxy. XXVI 2442²⁹ M.9 (*εχρ^η). χρ(ῶ) P.Ant. III 132^{1b}.6 T (ρ̣); P.Arg.Gr. 4-8^{II} verso.17 T (ρ̣); P.Oxy. XI 1384.2, 31 etc. M (ρ̣);⁸⁰⁾ PSI X 1180.36, 56 etc. T (*ρ̣); ZPE 29 (1978) 279-86.6 T (vidi: ρ̣). χρᾶσθ(αι) Callim. I p.7.57 T, on Aet. 1.43 (*χρασ^θ); χρῆσθ(αι) Ath.Pol. 22.1, 53.3 = ix.13, xxvii.10 T, hands 1 and 4 (*χρησ^θ, χρησθ'). Uncertain: χρ(ῶ)? P.Cair.Masp. II 67141 fol.II recto.29 T (*ρ̣).

Χρεμ(ύλος) P.Oxy. XIII 1617 S at Ar. Plut. 22 (χρεμ).

χρέος: χρεῶ(ν) Ath.Pol. 11.2 = iv.9 T (*χρε^ω).

χρηματίζω: χρηματίζεσθ(αι) Ath.Pol. 30.5 = xii.44 T (*χρηματιζεσ^θ).

---

80 The same pap. also contains two theological texts, each introduced by the same monogram, which in those cases presumably has Christian significance.

χοιράς - χρυσός

χρήσιμος: see χρηστός.
χρ(ῆσις?)[81] P.Oxy. VIII 1086.43, 57?, 112 M (*ꝑ); XIII 1611.56 M
    (ꝑ). Less certain cases: P.Oxy. XXIX 2506^{1}ii.10, ^{46}ii.2 M (*ꝑ);
    XXXII 2637^{30}.7 M (*ꝑ); XXXV 2741^{1B}iii.15 M (*ꝑ).
χρηστή(ριον) P.Oxy. XXVI 2442^{29} M.11 (*χρηστ^η).
χρηστός: χρ(ηστόν?)[81] Anc.Eg. 1 (1914) 52, between cols. (ꝑ);
    P.Oxy. VIII 1088.68 M (ꝑ); XX 2255^{25}.4 M (*ꝑ); XXVII 2452^3.11, ^{19}
    etc. M (ꝑ); XLIV 3151^{1}ii.16 M (*ꝑ); PSI XI 1182.84 M (*ꝑ).
    Less certain cases: χρ(ηστόν?), perh. ἀρ( ) or δρ( ) ed.:
    P.Oxy. VI 885.41, 87 M (ꝑ). χρ(ηστόν or -ῆσις?) P.Oxy. VIII 1086.57
    M (*ꝑ). χρ(ηστόν?) P.Oxy. XXIX 2506^{1}ii.10, ^{46}ii.2 M (*ꝑ); XXXII
    2637^{30}.7 M (*ꝑ); XXXV 2741^{1B}iii.15 M (*ꝑ).
χρόνος: χρό(νου) P.Hamb. II 166.196, 213 etc., heading in text (χρ^o/).
    χρ(όνου) Ath.Pol. 4.1, 12.4 = i.41, iv.30 T (*ꝑ); BKT IV v.41,
    52 etc. T (*ꝑ); P.Cair.Masp. II 67176 p.IV.28 T (χρ/); P.Ryl.
    III 533.11, 36 etc., headings in T (ꝑ). χρ(όνῳ) BKT IV iv.56 T
    (ꝑ). χρ(όνον) Ath.Pol. 2.1, 16.9 etc. = i.4, vi.35 etc. T (*ꝑ);
    BKT I xii.29 T (ꝑ, so L. Pearson and S. Stephens); IV i.12 T
    (ꝑ). χρ(όνων) Ath.Pol. 13.2 = v.5 T (*ꝑ); BKT IV v.44, 46 etc. T
    (ꝑ). χρ(όνοις) Ath.Pol. 3.3, 26.1 etc. = i.21, xi.12 etc. T
    (*ꝑ). χρόνο(υς) An.Lond. xvi.31 T. χρ(όνους) BKT IV vii.43 T
    (ꝑ). Uncertain: χρ(όνων?) P.Rein. II 86.2, 9 T (ꝑ).
χρύσεος: χρυσ(ᾶ?): see χρυσ(οῦ?).
Χρύσ(ιππος?) P.Oxy. V 841$^{83\ +\ 84}$.13 M (χρυ^σ).
Χρυσί(ς) P.Bodm. XXV S at Men. Sam. 154Kö = 369S (*χρυσῖ). Χ]ρυ(σίς)
    ibid. S at Men. Sam. 223Kö = 568S (*χ]ρυ). Uncertain: Χ]ρυ(σίς)?
    P.Oxy. XXXIII 2656 S at Men. Misoum. 155 (*]ρῡ), perh. Τ]ρύ(φη)
    or Φ]ρυ(γία) ed.
χρυσός: χρυ(σοῦ) P.Michael. 62^{D}ii.29 T (*χρ̥); χρ(υσοῦ) MIFAO 9 (1892)
    fasc.1 p.81 no.33.1, p.82 no.34.1 etc. T (*χρ); P.Leid. II 199-
    259, ll.41 T (χρ). Uncertain: χρυσ(οῦ?) P.Leid. II 199-259,

---

81 When ꝑ, written in the marg., marks the beginning of a quotation as in P.Oxy. VIII 1086.43, 112 (comm. on Hom. Il.) and P.Oxy. XIII 1611 (work on literary criticism?) it may stand for χρ(ῆσις); see Grenfell and Hunt, P.Oxy. XIII 1611.56 n. Elsewhere it perhaps represents a form of χρηστός or χρήσιμος and was used to mark either passages considered useful, as in P.Oxy. VI 885 (treatise on divination), ?VIII 1086.57 (comm. on Hom. Il.), VIII 1088 (medical prescriptions), PSI XI 1184 (Gaius Inst.); or passages suitable for quotation, e.g., P.Oxy. XX 2255 (Aesch. varia), XXVII 2452 (Soph. Thes.), XLIV 3151 (Soph. Ajax Locrus). See Turner GMAW p.17.

9.40 T (χρυσ). χρυ(σοῦ)? P.Ness. II 11^A.27, 34 T (χρ^υ). χρ(υσ-)? ibid. ^{E}verso.3 T (χρ/).
χρ( ) (⳨): see s.v. χράω, χρῆσις, χρηστός, χρόνος.
χυλόω: χυλοῦσϑ(αι) An.Lond. xxiv.35 T.
χώρα: χώ(ραν) P.Oxy. IV 663.25 T (*χ^ω).
χωρίζω: χώρισ(ον) MIFAO 9 (1892) fasc.1 p.88 no.50.5, 7 etc. T (χωρισ).
χωρίο(ν) Ath.Pol. 15.2, 16.6 = v.41, vi.23 T (*χωρι^o). χωρίο(υ) ibid. 16.6 = vi.24 T (*not clear: χωρι^o?).
X( )ν( )χ( )? P.Hamb. II 120 i.1 S? (*χνχ).
χ as a critical symbol.[82]
χ( )?MPER VI 81-97 M on Xen. Cyr. 5.3.19 (*χ^L).

---

82 The siglum χ which occurs in the marg. of some literary papyri has been omitted from this index. Although it perh. originally represented χρηστόν or the like, it was eventually used as a multi-purpose symbol, not an abbr. In three papyri (P.Oxy. XX 2255, XXVII 2452, XLIV 3151) χ and ⳨ = χρ(ηστον?) were both added in the marg.

Ψ

ψήφισμα: ψηφίσματο(ς) Ath.Pol. 29.1 = xi.47 T (*ψηφισματ^o).
ψιμίθιον: ψιμιθίο(υ) PSI X 1180.55 T (*ψιμιθι^o), <ά?>ψινθίο(υ) ed.pr.;
    ibid.$^{C\ ined.}$ii.7 T (*ψιμιθι̇^{o}). ψιμιθ(ίου) ibid. .31 T (*ψιμι̇$^\vartheta$; καὶ
    ρη^τ ed.pr.).
ψοφέω: ψοφέο(ντες) Callim. I p.7 T, on Aet. 1.19 (*ψοφε^o).
ψυχή: ψυχ(ῆς) An.Lond. xxxii.5 T; ψυχ̇(ῆς) P.Oxy. XVII 2087.22 T (*ψυ̇^{X}).
    ψυχ(ήν) An.Lond. xxxviii.5 T (ψὒ).
ψύχω: ψυχόμ(ενα) BKT IV v.2-3 T (*ψυχο^μ).
ψῶ̇μισ(μα) P.Oxy. VIII 1088.39 T.
ψωρώδης: ψωρώδ(εις) PSI X 1180.92, 99 T (*ψωρω^δ, ψωρῶ^δ).

Ω

ὦ (ἄνδρες) 'Αθ(ηναῖοι)[83] BKT I i.27, xv.17, T and colophon (*ὦἀᶿ col.xv). ὦ (ἄνδρες 'Α)θ(ηναῖοι) Journ.Phil. 22 (1894) 247-61 i.32 (Dem. 19.13), ii.6 (Dem. 19.14) etc. T (ὦ̔); P.Ant. I 27.52 T (ὠᶿ'); P.Mich. inv. 1359 ined. ↑.14 T (vidi: ὦ̔); P.Ryl. I 58.92, 118 etc. T (*ὦ̔ line 118); Pap.Brux. XIII 11 p.4 i.22 T (*ὦ̔).
ὦδ(ε)? PSI XII 1287 i.5 M (*ὦ̑).[84]
ᾠδή: ᾠδ(αί) Proc. XIV 59-65 i.1 M, ii.4 T (*ὦ̑). Uncertain: ᾠδ(ή)? P.Oxy. XXXV 2741^1B iii.22 M (ὦ̑).
ωδ( ) Journ.Phil. 30 (1907) 1-83 xxvii.9 M (ὦ̑).
ωθ( ): see ὦ ἄνδρες 'Αθηναῖοι.
ωι( ) P.Oxy. XXXV 2741: see Ζωί(λος).
ὥρα: ὥρ(α) Astr.Mich. recto.16, 17 T (*φ); P.Ant. III 141.2 T (φ). ὥρ(αν) P.Holm. vii.4 T (ὡ̇, i.e., φ?); P.Ryl. I 27.66 etc.? T (φ). ὥρ(αι) P.Ant. III 141.3 T (φ). ὥρ(ας) P.Holm. vi.28, vii.26 etc. T (ὡ̇, i.e., φ?). Uncertain: ὥρ(α?) MDV xv.27, 28 etc. T (*φ).
ὡραῖος: ὡρ(αῖον) P.Ryl. III 475.22 M (φ̇); III 476.30 M? (*φ); PSI XI 1182.45 M (*φ̇). ὡ(ραῖον) Schol.Sinait. 12 T (ὠ̇).
'Ωρί(ων) P.Oxy. XX 2258^C2 back .3 M, = Callim. I fr.110.93-94 M (*ωριᴧ).
ὥσπ(ερ) P.Oxy. XVII 2087.33 T (*ω̣σπ̣' or ωσ̣^π').
ὥστ(ε) Aeg. 13 (1933) 621-43^B.13 T (ωστ').
ὠφελ(ία) P.Oxy. XXXV 2741^1B ii.10 T (*ωφέ⟦λ̇ια⟧). ὠφελ(ίαν) P.Flor. III 391.37 T.
ὠ( ), in the marginal variant ·ουνεχ^ω·: P.Oxy. XXV 2427^51.14 M (*).

---

83 Abbr. of this phrase occur exclusively in texts of Dem. and comm. on his speeches.

84 The abbr. occurs in the marg. beside a line in which the scribe has converted χειριαδης to χαριαδης, leg. Χαροιάδης.

PART II:
SYLLABLES REGULARLY REPRESENTED BY PARTICULAR ABBREVIATION MARKS

A. ʼ = -ῆς, -ᾶς:
   Ath.Pol. 2.2, 47.1 etc. = i.9, xxv.5 etc. T, hands 1 and 4
   (*προστατʼ, τʼ); BKT I xi.6, xii.59 etc. T (συμβουλʼ, συμφορʼ);
   IV v.9, vi.9 etc. T (*τʼ, αρχʼ); VII 31-34.15, 21 etc. T (*τʼ);
   Callim. I p.13.26, 34 etc. T (*τʼ); I fr.228.24 M (τʼ); Dem.Comm.
   .3, 7 etc. T (*τʼ); P.Giss.Univ. IV 40 i.4, 9 etc. T (*τʼ, πατρʼ);
   PSI VII 849.53, 60 etc. T (τʼ, αρχʼ). Uncertain: P.Ryl. III 510 4 T(*δικʼ).

   ʃ = -ης (ʃ also stands for -αι- in some of these texts):
   Ant.Th. M at Theocr. 24.172, B fol.9 verso (*διαδοχʃ); Callim.
   I fr.23.1 M (*θρακʃ), Θράκ(η)ς ed.; P.Lond. V 1718 verso.22 T
   (ξεστʃ); P.Oxy. XX 2258$^{C1 \text{ front}}$ M.11 = Callim. I fr.110.53 (*αυτʃ),
   leg. ἀ<ή>τ(ης), $^{C2 \text{ front}}$ M.34 = Callim. I fr.110.93-94 (*τʃ) etc.

B. ʼ = -ην, -αν:
   An.Lond. v.26 T (*not clear: κεφαλʼ?), xiii.22 T (τρ[ο]φʼ) etc.;
   APF 2 (1903) 196-206 T, on Hom. Il. 5.158, 167 etc. (τʼ); Ath.Pol.
   2.3, 42.4 etc. = i.10, xxii.2 etc. T, hands 1 and 4 (*τʼ); BKT
   I xi.18, xii.39 etc. T (*τʼ, αρχʼ); IV ii.7, 11 etc. T (*τʼ);
   VII 31-34.21, 31 etc. T (*τʼ); Callim. I p.3, "Schol.Lond." .10 T,
   on Aet. 1.9-10 (*τʼ, μακρʼ); I p.11.17, p.13.28 etc. T (*τʼ,
   αυλητʼ); I fr.24.20 M (τʼ); I fr.43.31-32 M (*τʼ); I fr.193.9 M
   (*not clear: τʼ?); Dem.Comm. .6, 14 etc. T (*τʼ); P.Ant. III 143
   .17, 21 etc. T (τʼ, φιλικʼ); P.Giss.Univ. IV 40 ii.5, 6 etc. T
   (*ηρʼ, πτεριʼ); P.Heid. N.F. II 198 i.2 T (*τʼ); P.Mich. inv.2459
   ined. i.11, ii.25 T (vidi: τʼ); P.Oxy. V 841[1] M at Pind. Paean 2.3, [3]i
   .43 etc. M (τʼ); XVII 2087.18, 30 T (*δικʼ, σοφιστʼ), for τ(ήν?)
   (ed.) see Part II D; XXIV 2389[35].7 T (*τʼ); XXXVII 2813[5].25 T
   (*αυτʼ); P.Ryl. III 510 verso.9 T (*τʼ); PSI VII 844 i.13 T
   (*ανδρομεʼ, αρετʼ); VII 849.6 etc. T (τʼ, αρχʼ).

C. ́ or ‾ = -ων; the variant -ώ = -ω(ν) is also included here:
An.Lond. iv.7, v.21 etc. T (*τ′, υγροτητ′); APF 2 (1903) 196-206 T,
on Hom. Il. 5.220, 222 T (τ′); 24/25 (1976) 55-84 i.16, ii.9 T
(τ′, τ′ στρατευομ′′); [85] Ath.Pol. 2.2, 47.2 etc. = i.7, xxv.10
etc. T, hands 1 and 4 (*τ′); BKT I xi.26, 46 etc. T (*τ′,
αμφικτυον′); IV v.8, 24 etc. T (*τ′, αλλ′), v.24, 25 etc. T
(*ζωιώ, λεπτοτερω′); VII 31-34.14, 21 etc. T (*τ′), .26 T (*σκοπ–);
Callim. I p.3, "Schol.Flor.".9, 15 etc. T (*αυτ, τ); I fr.194.2-5
M (*not clear: τιν′?);   Dem.Comm. .5, 36 etc. T (*αδικηματ, τουτ′);
Et.Pap. 1 (1932) 13-15 no.5 M at Callim. Dian. 52 (τ′); MPER N.S. I
23 verso M.6 (*λευκοπωλ′); P.Giss.Univ. IV 40 i.3 T (*αυτ′);
P.Haun. I 6[1].19 T (*τ′);   P.Michael. 62[A]i.4, 5 T (*<η>μερ′); P.Oxy.
V 841[3]i, ii etc. M, on Pind. Paean 2.43, 55 (*τ′); XVII 2087.22,
26 T (*πλατ′), .11 T (τ′), τ(οῦ) ed., .6, 7(?) T (*τ), τ(ήν?),
τ(ήν) ed.; XVIII 2176[6].12 interl., [8].27 M (*τ′); XX 2256[4].5 T
(*προλογιζ‾); XXIV 2390[50b].23, 1[C].2 T (*ισ′, τ′); XXV 2429[1]ii.6
T (*τ′); XXVI 2451[B14]i.6, 9 etc. T (*τ′, θρεμματ′); XXXVII 2813[1]
i.9 etc. T (*τ′, πολειτ′); XXXVII 2819[4].6 T (*τ′); PSI VII 844
i.11, 12 etc. T (*ψυχρ′, μακαρ′); VII 849.50, 51 etc. T (τ′);
SBA (1901) 1319-21[7].8, 9 etc. T (τ); SBA (1918) 749-50.5, 13 T,
ἐργ(ων),]ν(ων); SBA (1918) 752-62.24a.1 M (*προτειχισμα|τ′).
Uncertain: Mél.Maspero I 148-51[a]i.5, 12 T (*τ′); P.Oxy. XXXIV 2694
verso.7 T (*τ′).

ˋ = -ων:
Akten XIII 99-110.34 T (*αυτˋ, τουτˋ); P.Oxy. VI 856.26, 52 T (*τˋ);
VIII 1086.51, 52 etc. T (*τˋ, τουτˋ); PMG p.6, M on Alcm. 1.6
(*τˋ). Uncertain: P.Oxy. XLVII 3329[1↑].2 T (*τˋ).

D. ˋ = -υς, -ας, -α (acc.):
ταύτ(ας), τ(άς) Ath.Pol. 13.1 = v.2 T (*ταυτˋ, τˋ). φρουρο(ύς),
το(ύς) BKT I xi.48, xii.6 etc. T (*φρουρὸ, τὸ). τ(άς) BKT IV iii
.43, v.7 etc. T (*τˋ col. v). τ(ά), κέρατ(α) ibid. i.51, iii.24 T
(τˋ, κερατˋ). τ(ά) P.Oxy. XXXV 2741[1B]ii.13 T (*τ). Uncertain:
τ(ά)? Callim. I p.3 "Schol.Flor.".13 T (]τ).

---

85 So S. Stephens, who reads λιπαρησας ἀπ' αὐτ(ῶν) at col. i.16. For the
context at col. ii.9 see n.45.

Syllables Regularly Represented by Abbreviation Marks   117

\ representing -α-, or -α- followed by a consonant (in BKT IV only):
μ'β'λειν, i.e., μ(ετα)β(α)λεῖν i.21 T; ο]φθ'μ', i.e.,
ὁ]φθ(αλ)μ(ῶν) i.55 T; λ'βα[νε]ται, i.e., λ(αμ)βά[νε]ται i.53 T;
ελ'τον, i.e., ἔλ(ατ)τον ii.16 T; φυλ'τομ', i.e., φυλ(άτ)τομ(εν)
v.3 T ('); αγ'κη, i.e., ἀγ(άγ)κη iii.17 T.

E. ʃ, ʕ = -αι (for ʃ = -ης see Part II A):
Ant.Th. M at Theocr. 15.20, 24.136 etc., B fol.5 recto, 9 recto
(*αγοραςʃ, κοιμᾶʃ); Ath.Pol. 12.1, 43.1, 48.5 etc. = iv.15, xxii
.13, xxv.52 etc. T, hands 1, 3 and 4 (*μεμνητʃ, κʃ, θεσμοθετʕ);
BKT IV v.5, 6 etc. T (*προτερʃαι, επαναστησεσθ); V Pt II 19-55
.84 T (*]αμηθεισʃ); VII 31-34.24, 33 etc. T (*ποιησασθʕ,
γεγενησθʕ); P.Amh. II 160 verso.3, 4 T (κʃ); P.Ant. I 23 M above
Eur. Med. 865 (*μολυνʃ); III 124⁸ᵃ.1, 4 T (κʃ); III 126ᵇ.8 T
(*κʃ); III 127¹ᵃ.10, ¹ᵇ.6 T (κʃ, γιγνητʃ); III 130³ᵇ.8 (etc.?) T
(κʃ); III 143.14, 27 etc. T (χαρισʃ, δουνʃ); III 183³ᵇ.2 M (*]τʃ);
III 207 M on Theocr. 15.123 (]...ουσʃ); P.Cair.Masp. I 67055
verso.2, 24 T (κʕ); II 67141 fol.II recto.22, 23 T (*κʕ); II
67176, 1.5, 12 etc. T (κʕ); II 67179 M.15 (*κʃ); III 67318.12 T
(κʕ); III 67351.8 heading in T (κʕ); P.Giss.Univ. IV 40 i.8, ii.10
etc. T (*ʃαντος, κʃ); P.Holm. iii.42, xiii.46 etc. T (κʃ); P.Leid.
II 199-259, 5.8 T (κʃ); P.Mert. II 57 i.3, ii.1 etc. T (*κʃ);
P.Mich. III 145ᴵᴵᴵi.5, ii.1 etc. T (vidi: κʃ); inv. 1359 ined. ↑.2,
3 etc. T (vidi: κʕ); P.Oxy. IV 663.9, 17 etc. T (*κʃ), see also
Part I s.v. κ' = κ(αί); VIII 1099.27, 36 T (κʃ); XX 2257¹.8, 11
etc. T (*ερα[σ]τʕ, κʕ); XX 2258ᶜ¹ ᵇᵃᶜᵏ M.29 = Callim. I fr.110.65-
68 M, ᶜ¹ ᶠʳᵒⁿᵗ M.15 = Callim. I fr.110.48 M (*κʃ); XXII 2318¹⁹i.4
M (*]πικʃ χαλκʃ); XXIV 2390¹ᶜi.3, 5 etc. T (*φοιβʃω[,]·νωσʃ);
XXV 2430¹¹³i.7 M (*κʃ); XLII 3000 M.15 (*φυρωντʃ); XLVII 3329¹↑
.7, 8 T (*]σθʃ, πλησασθʃ); P.Ross.Georg. I 18 recto.5, 26 etc. T;
P.Ryl. III 510 verso.8, 9 T (*κʕπερ, ωρασθʃ); PSI I 17.1 T (*κʃ);
I 55.6, 73 etc. T (*κʕ, δυνατʃ); VII 844 i.4, 6 etc. T (*ʃει,
μελʃναν); VII 849.50 T ([ελ]εγχεσθʃ); XI 1182.74 M (*ζητειτʃ);
XIII 1350 recto.5, 6 etc. T (*κʃ); Pap.Brux. XIII 11 p.3 i.10, 20
T (*κʕ). Uncertain: Callim. I fr.228.1, 11 M: see Part I s.v.
ἐπιδέχετ(αι), κ(αί). MPER N.S. I 34 recto.6 M? (]σσετʃ).

APPENDIX I

Deviations from the Suprascript-Letter Method
in Suspensions (p.xii *supra*)

1. Suprascription of a letter other than the last one retained in a word: ανολεθρ$\overset{o}{υ}$ = ἀνολέθρου(ς); κ$\overset{λ}{ι}$ = κλί(νεται); $\overset{λ}{ι}$ = forms of λίτρα; $\overset{π}{o}$ = πο(δῶν). See also $\overset{ζ}{ωι}$ = Ζωί(λος)(?); $\overset{η}{μ}$ = ἡμ(έραν)(?); and Sections 2 and 3 *infra*.

2. Suprascription of more than one letter: γ^{υν} = γυν(αικείῳ?); κ^{ε}φ^{α} = κεφα(λή?); $\overset{οι}{κ}$ = κοι(νῇ); μισθω^σ = μίσθωσ(ιν); ουρα^{νο} = οὔρανο(ν). See also κ^{αυ} = καυ( ); $\overset{ο}{μ}$| = μοί(ρας); σ$\overset{οι}{χ}$, σ$\overset{οι}{χ}$^{ι} = σχοί(νία); σ$\overset{οι}{χ}$^{ι} = σχοί(νων); $\overset{οι}{χ}$^{ι} = forms of χοῖνιξ; $\overset{ο}{χ}$(?) = χορ(ός). In some of these cases the scribe may have originally intended to write a more concise abbreviation, but changed his mind.

3. "Enclosure" of one or more letters by another, sometimes also with abbreviation mark: ΑΙ$\overline{ο}$ = αἰγό(κερω); ΖΥ$\overline{ο}$ = ζυγο(ῦ); Η$\overline{ο}$ = ἤγο(υν); /ἐ\ = λε(ίπει); /ο\ = forms of λόγος, λοιπός; ⊙ = forms of μοῖρα; $\overline{ο}$ = οὑγ(κίας); ο̄ = πο(ιητής); σ$\overset{οι}{χ}$, σ$\overset{οι}{χ}$^{ι} = σχοί(νία); σ$\overset{οι}{χ}$^{ι} = σχοί(νων); $\overset{οι}{χ}$^{ι} = forms of χοῖνιξ. See also ο̄ = ποι(ητής); χο$\overset{ρ}{\rho}$ = χορ(αύ)λ(ου); $\overset{ο}{ρ}$ = χορ(ός); and Section 7 *infra*.

4. Vertical configuration of three letters, usually with the initial in the center, the second letter below it and the third suprascript. An abbreviation mark may also be added: $\overset{γ}{\underset{ο}{λ}}$ = λόγ(ους); $\overset{λ}{\underset{α}{π}}$ = παλ(αιστῶν); ο̄ = ποι(ητής); $\overset{λ}{\underset{ο}{π}}$ = πολ(ύς); $\overset{δ}{\underset{ο}{π}}$ = ποδ(ῶν); $\overset{ο}{\underset{ς}{χ}}$, $\overset{ο}{\underset{ς}{χ}}$ = χορ(ός). See also ημιο$\overset{·}{χ}$ = ἡμιχόρ(ι)ο(ν)(?); $\overset{λ}{\underset{ο}{π}}$ = πολ( )(?); φι]λο$\overset{ο}{\underset{·}{χ}}$ = Φι]λόχο(ρ)ο(ς); $\overset{ρ}{\underset{ο}{ρ}}$ or $\overset{ο}{\underset{ς}{χ}}$ = χορ(ός). Letters were also sometimes written radially around the initial, even without abbreviation: ο$\overset{ο}{\underset{ς}{χ}}$ρ, *P.Ant.* III 211 (see Turner *GMAW* p.15 n.3).

5. Combination of suprascript letter and abbreviation mark: αντιπαραγρ^α = ἀντιπαραγρα(φήν) etc.; Α$^{Ν\!\!\!/}$ = ἀν(τὶ τοῦ); γεωμ[ετ]ρι^κ/ = γεωμ[ετ]ρικ(όν); γ$^{ο\prime}$ = γο(ῦν); διαθεδ^{ε}ς = διαθέσε(ως).

Appendices   119

δογ$\overset{α}{μ}$ = δόγμα(τος); δδ$\overset{μ-}{}$ = δομ(εστικόν?); εγ]κλι$\overset{ες}{δ}$ = ἐγ]κλίσε(ως);
εμπεφυση$^{μ'}$ = ἐμπεφυσημ(ένοις); επα$\overset{χ}{ρ}$ς = ἐπάρχ(ων); επε$\overset{ω}{ρ}$ = forms
of ἐπερώτησις; επιτρ^{ο} = forms of ἐπίτροπος; ευρισ$^{κ-}$ = εὑρίσ-
κ(εται); ιερατι^{κ}/ = ἱερατικ(όν); κεφ$\overset{α}{}$ = forms of κεφάλαιον;
κλει$^{σ-}$ = Κλεισ(θένης); κουμο^{υ}λ/ = κουμουλ(άτους); μ̄ = μῆ(νας);
μοσ$^{χ'}$ = Μοσχ(ίων); $\overset{..}{ο}$· = οὕ(τως); παρ[αγ]ρ$\overset{α}{}$ = παρ[αγ]ρα(φήν);
π^{ο}σ$\int$ = πόσ(ους, -ας, -α); συγ$\overset{γ}{}$ = συγγ(ένειαν?); χοινι^{κ}/ =
χοίνικ(ας); χρ^{ο}/ = χρό(νου). See also αγ$\overset{ω}{}$/ = αγω( ); εξκ^{τ}/ =
ἐξκ(ουβί)τ(ωρ); επε$\overset{ω}{ρ}$θεις = ἐπερω(τη)θείς; επε$\overset{ϑ}{ρ}$θεντα =
ἐπερω(τη)θέντα; ευστ$\int$ = forms of εὐσταθμος; κεκαυμ$\overline{ν}$ = κεκαυμ(ε)-
ν(ο)υ; κατεστεμ$^{μ'}$(?) = κατεστεμμ(ένοις); λ$\overset{γ}{}$ς = λόγ(ους); $\overset{κ-}{ο}$ =
οκ( ); $\mathcal{M}$ = Ὅμ(ηρος); ωρ$\overset{ι}{.}$ = ὥρι(κεν); επεπρ$_{/}$ = ἐπεπρ(ά)θ(ησαν);
παραμυθουμ$\overset{ε}{\int}$ = παραμυθουμε( ).

6. Monograms: ⩜ = forms of αἰτία, αἴτιον, αἴτιος; AN̄ = ἀντ(ὶ τοῦ);
Ⱶ, Ⱶ = forms of γίγνομαι (also in compounds); Ⱶ, Ⱶ = forms of
γράφω (also in compounds and cognates); ⩜, ⩜ = δι(ά), forms of
διορθόω; ΕΛΛΑΝ̇ = Ἑλλάνι(κος); Ⱶ = ἥγ(ουν); λεπⲦ = λεπτ(ῷ); N̄ =
μνᾶ(ν), N̄ = Νι(κάνωρ?); ⌀ = οἷ(ον); IH = forms of πῆχυς; ⲡ̄ =
πρ(ός), πρ(όσθεσις?), forms of προστίθημι, πρότερος; Ᵽ = forms of
τρόπος; ⲡ̄ = ὑπ(όμνημα); ⲣ et sim. = χρ(ῶ), χρ(ῆσις?), χρ(ηστόν?),
forms of χρόνος; ⲫ, ⲫ = ὡρ(αῖον), forms of ὥρα. See also APN̄ =
Ἀρ(ιστό)νι(κος)?, Ἀρ(ιστο)νί(κου)?; AN̄ = Ἀ(ριστό)νι(κος)?;
Ⱶ = γ(ά)ρ; Ⱶ^ϑ = γί(νεσ)θ(αι); Δ$\hat{⧖}$ = Διδ(ύμου)?; M̄ = μ(υ)ρ(ια-);
ⲡ̄^{L} = πρα( ) or πρ( ); ⌀ = φρ( ); ⲣ̊(?) = χορ(ός); ⲭ = αρ( ),
δρ( ) or χρ( ).

7. Last letter retained written in an unusual way: AKO^γ = ἀκού(σας);
αλλ^η = ἄλλη(ς); ΓΟΡΓ̄ = Γοργί(ας); δικα| = Δικαι(όπολις); ΔΙΟΝ^γ =
Διόνυ(σον); ερασιστ^ρ = Ἐρασιστρ(ατείοις); θυγατε^ρ = θυγατέρ(ων);
μ̣| = μοί(ρας); νειαρ$\overset{.}{ρ}$ = νείαιρ(αν); σατ^γ = σατυ(ρικῷ), σάτυ(ροι);
σμικρ| = Σμικρί(νης); χαλε^η = χαλεπ(ῶς). See also γραμματ† =
γραμματι(κοῦ); ομο⊥ = ὁμοί(ως); σ⊦ = σί(του); and Section 3 supra.

8. Other unusual placement of letters: βαλλομε$_ν$ = βαλλομέν(ῳ); δ$_ι$κ =
Δικ(αιόπολις); ηπε$_ι$ = Ἠπεί(ρου); θ$_η$β = Θηβ(αῖος); σ$_{θε}$νε =
Σθένε(λον); σμικ$_ρ$ and σμικ$_{ρ'}$ = Σμικρ(ίνης).

APPENDIX II

Papyri Containing "Pseudo-Abbreviations" (pp.xii-xiii supra)

An.Lond.; Ant.Th.; APF 2 (1903) 196-206; Ath.Pol.; BKT I; Callim. I frr. 227, 228; Chr.Eg. 49 (1974) 324-31; DWA (1925) Abh.2; Eos 32 (1929) 27-33; Et.Pap. 1 (1932) 13-15; Festschr.Berlin 397-98; 401-02; 435-38; JEA 21 (1935) 199-209; Journ.Phil. 22 (1894) 238-46; 30 (1907) 1-83; MPER V 1-10; P.Amh. II 18; P.Ant. II 66; III 127; III 211; P.Arg.Gr. 4-8; P.Bodm. XXV; P.Cair.Masp. II 67141; II 67175; II 67176; II 67185; P.Haw.; P.Hib. II 176; P.Köln II 59; P.Lond. II 265; V 1718 verso; P.Lond.Lit. 6; P.Marm.; P.Mich. III 145; III 150; P.Michael. 62; P.Oxy. IV 700; V 841; IX 1174; IX 1176; X 1235; XIII 1604; XV 1788; XV 1793; XV 1802; XV 1808; XVII 2077; XVII 2087; XX 2256; XX 2258; XX 2262; XXIII 2367; XXIV 2390; XXIV 2396; XXV 2427; XXV 2429; XXVI 2445; XXVI 2447; XXVI 2450; XXVII 2452; XXVII 2455; XXXI 2536; XXXII 2617; XXXII 2636; XXXVII 2803; XLIV 3160; XLIV 3207; XLVII 3320; P.Ross.Georg. I 4; I 22; PSI I 10; VII 844; XI 1219; PSI Omaggio 1; PMG p.6; Schol.Sinait.; ZPE 31 (1978) 48-54. See also Proc. XIV 133-48.

APPENDIX III

Contractions (p.xiii supra)

1. Significant endings or portions of endings retained: ἤκο(υ)σεν, ἄλλ(ο)υ, ἀν(θρώπ)ου, ἄν(θρωπ)ον, ἀν(θρώπ)ων, ἀν(θρώπ)οις, ἀπαγαγό(ν)τα̣[ς], βάπτ(ε)τ(αι), βρο̣(ντά)ς, γί(νεσ)θ(αι), γενήσ(εσ)θ(αι), γυμνάζ(ε)σθ(αι), διαλεκτ(ικ)όν, δ(οθ)ῇ, εἰπ(οῦσα)ν, ἔκτ(ο)υ, ἐπερω(τη)θείς, ἐπερω̣(τη)θέντα, ἐ]περω(τή)σεως, ζητ(ο)υμ(έν)ου, θ(εό)ς, θ(εο)ῦ, θ(ε)ῷ, θ(εό)ν, θ(ε)ῶν, θ(εῶ)ν, Ἰωάνν(ο)υ, κεκαυμ(έ)ν(ο)υ, κ(ύριο)ς, κ(υρίο)υ, κ(ύρι)ε, μέλλο(ν)τας, νουθετο(ύ)μ(ε)νοι, τ(ο)ῦ, τ(ο)ύς, τ(ο)ῦτο, π(α)τ(ή)ρ, ἐπεπρ(ά)θ(ησαν), πηχ(ῶ)ν, πν(εῦμ)α, π̣οι̣ο(ύ)μ(ε)νοι, πρ(όσθε)ς, σ̣τ(ῦ)λο̣ς, τοσ(ού)των, τρ(όπο)ν, ὑ(ιό)ς, ὑπεξ(ούσι)ος, ὑπεξ(ούσιο)ς, ὑπ(ερ)συντελίκο(υ), ὑπολοίπ(ο)υ, φ(ησ)ί,

Φι]λόχο(ρ)ο(ς), χαλκ(ο)ῦ, χάρτ(ο)υ, χν(ο)ῦς. See also γ(ά)ρ,
'Ι(σρα)ήλ, οὐ(τωσ)ί, πρ(ό)ς; and the doubtful cases ἀ(ρχ)ή,
δ(ε)ῖ, δε]ξ(ιω)τ(έροις), εἶ(ρη)τ(αι), 'Ελλ(ήν)ῳ(ν), ἡμιχόρ(ι)ο(ν),
μέν(ον)τ(ος), πέλμ(α)τα.

2. Initial letter of final syllable retained: 'Αρί(σταρ)χ(ος),
ἐξκ(ουβί)τ(ωρ), ἐπ(ει)δ(ή), θέρμ(αι)ν(ε), Καλλί(νι)κ(ον),
κ(α)τ(ά), κ(α)τ-, κ(ά)τ(ω), κτήμ(α)τ(α), μ(έ)ρ(η), μ(ε)τ(ά),
τρα(γῳ)δ(οῦ), χορ(αύ)λ(ου). See also the doubtful cases
'Αρι(στάρ)χ(ου), π(οιη)τ(ή)ς.

3. Other letters retained: ἀν(α)τ(ελλοντ-), εὐστ(ά)θ(μου),
εὐστ(α)θ(μα), μ(υρι)α(δῶν), μ(υ)ρ(ια-), π(α)λ(αιστῶν),
π(α)ρ(αγραφῇ), π(λ)ῆ(θος), σ(ε)λ(ήνης), σ(η)μ(ειῶσαι). See also
the doubtful cases 'Αρ(ιστό)νι(κος), 'Α(ριστό)νι(κος),
'Αρ(ιστο)νί(κου), δ(ε)ῖ(να), λ(ά)χ(ανα).

APPENDIX IV

Non-Alphabetic Symbols for Words (p.xiii *supra*)

σ = καί (*Et.Pap.* 1 [1932] 13-15).
Ɔ, Ɔ? = μετά, μετ- (*Mél.Maspero* I 148-51).
↰ = forms of αὐτός (*Ath.Pol.*, *Dem.Comm.*, written on opposite sides of the same roll).
⊣ = forms of the definite article (*BKT* VII 31-34, *P.Giss.Univ.* IV 40).
Ƨ = ὦν (*MPER* N.S. I 1), and = τούτων (*P.Chic.* 3).

APPENDIX V

Bilingual Papyri Containing Greek Abbreviations (p.xv *supra*)

Aeg. 13 (1933) 621-43 (legal text); *JEA* 21 (1935) 199-209 (Juv. with Greek marginalia); *Münch.Beitr.* 35 (1945) 184-90 (legal text); *P.Oxy.* VIII 1099 (Greek paraphrase of Verg. *Aen.*); *P.Ryl.* III 475 (legal text); *P.Ryl.* III 476 (legal text); *P.Ryl.* III 478 (Verg. *Aen.* 1 with Greek paraphrase); *PSI* I 55 (Greek index to *Dig.*); *PSI* XI 1182 (legal text); *PSI* XIII 1348 (legal text); *PSI* XIV 1449 (legal text);

Sav.Zeitschr. 23 (1902) 458-49 (legal text);   *Schol.Sinait.* (legal text); *ZPE* 3 (1968) 15-49 (Men. *Sententiae* with Coptic translations);   *ZPE* 38 (1980) 229-43 (Greek-Latin glossary).

APPENDIX VI

Secular Papyri Containing Christian Abbreviations (p.xv *supra*)

DWA (1906) Abh.2, 1-118 (world history combining a record of secular events with quotations from the prophets and New Testament); *MIFAO* 9 (1893) fasc.2 (Philo); *PSI* II 155 (theological prose?); *MPER* N.S. I 23 marg. (Pind. *Pyth.*);   *P.Ross.Georg.* I 18 (life of Aesop); *P.Achm.* 2 (paraphrase of Hom. *Il.* 1); *P.Graec.Mag.* 4.437-56 (hymns to various divinities); *P.Holm.* (treatise on chemistry). Uncertain (plate not available): *ZPE* 3 (1968) 15-45 (Men. *Sententiae* with Coptic translations).

APPENDIX VII

Acrophonic Numerals (p.xv *supra*)

Journ.Phil. 21 (1893) 296-343 (Hom. *Il.* 23):   ....HHΜΔΔΔΔ; *Journ.Phil.* 26 (1899) 25-59 (Hom. *Il.* 14): ΓΔΔ (520); *P.Oxy.* X 1231 fr.56 (Sappho): XHHHΔΔ (1320); *P.Oxy.* XLII 3000 (Eratosth. *Hermes*): XΓΗΔΔ[ΔΔ] or XΓΗΓΔ[ΔΔ] (1540 or 1570); *P.Ryl.* III 540 xx (Hom. *Il.* 2): ΓHHHHΔΔΔΔ[(a number from 840 to 849); *PSI* XI 1194 (Ar. *Thesm.*):]ΧΗΠΙ? (XHHΔΔΔΙ, *i.e.* 1231, expected).